本书由暨南大学高水平大学建设“华侨华人与国际问题研究”项目资助出版

澳门历史文献辑译

（第一辑）

张廷茂 编译

暨南大學出版社
JINAN UNIVERSITY PRESS

中国·广州

图书在版编目（CIP）数据

澳门历史文献辑译. 第一辑/张廷茂编译 . —广州：暨南大学出版社，2016. 10
ISBN 978 –7 –5668 –1922 –2

Ⅰ. ①澳⋯　Ⅱ. ①张⋯　Ⅲ. ①澳门—地方史—文献资料　Ⅳ. ①K296. 59

中国版本图书馆 CIP 数据核字（2016）第 205685 号

澳门历史文献辑译（第一辑）
AOMEN LISHI WENXIAN JIYI（DIYIJI）
编译者：张廷茂

出 版 人： 徐义雄
责任编辑： 沈凤玲　黄　球
责任校对： 黄志波
责任印制： 汤慧君　周一丹

出版发行： 暨南大学出版社（510630）
电　　话： 总编室（8620）85221601
营销部（8620）85225284　85228291　85228292（邮购）
传　　真：（8620）85221583（办公室）　85223774（营销部）
网　　址： http：//www. jnupress. com　http：//press. jnu. edu. cn
排　　版： 广州良弓广告有限公司
印　　刷： 佛山市浩文彩色印刷有限公司
开　　本： 787mm × 960mm　1/16
印　　张： 15
字　　数： 285 千
版　　次： 2016 年 10 月第 1 版
印　　次： 2016 年 10 月第 1 次
定　　价： 38. 00 元

前　言

关于史料发掘对于历史学发展的重要性，前辈学者已经做了颇多论证和阐述，几乎没有留下多少可以留待吾辈概括和感慨的余地，只有努力去做。

众所周知，四个多世纪的澳门历史，沉积了中葡两个族群共同生活的经历，而记载这一历史进程的史料，也主要以中葡两种文字载体存世，所以，对于澳门历史文化的研究，葡语文献的重要性不言而喻。明清政府管辖下的“字遵汉文”时期是这样，葡萄牙管治下的“以西洋文为正”时期更是如此。事实上，西方学者作品的每次汉译，都会对澳门史研究产生显著的促进作用。例如施白蒂的《澳门编年史》中文版陆续出版后，得到了我国学者的普遍重视，其中所披露的葡语史料广为征引，从而极大地丰富了我国学者的研究成果。

经过新时期三十余年的努力，我国的澳门史研究已经取得了显著的进步，也拥有了较为可观的学术 GDP。然而，从整体来看，似乎仍未走出“在西方学者的成果基础上加上中文资料”的模式。这样的模式在学术的起步阶段有其必要性与合理性，但是我们不能就此止步。葡萄牙人做过的，我们要借鉴和吸收，葡萄牙人没有做的，我们要努力去做。作为中国学者，我们不仅要发挥好中文资料的天然特长，还要努力在葡语史料的开掘和运用上下功夫。唯其如此，我们才能在选题的开拓和研究的深度上不受限于他人。秉持这样的理念，笔者近些年做了一些尝试，也取得了一定的成绩[①]。这样的努力还将继续下去。

此次收入本书的文献均为笔者近年来在研究澳门历史过程中所辑录的葡语原始文献，共计 58 篇，分为七个专题：葡萄牙海外省律令、澳葡政府机构、澳门港口章程、澳门猪肉牛肉承充章程合约、澳门娼寮章程、澳门仁慈堂彩票章程合约、澳门译务署与译学馆。[②] 其中大部分篇目此前渐次译出，或提供给

---

① 参见张廷茂：《晚清澳门番摊赌博专营研究》，广州：暨南大学出版社，2011 年；《晚清澳门海上贸易研究》，北京：社会科学文献出版社，2015 年；《澳门华政衙门研究》（澳门政府文化局学术研究奖励课题结项成果，待出）。

② 有关华政衙门的行政和司法文献，已收入《澳门华政衙门研究》一书的“文献辑录”，本辑不再收录。

学生写入了毕业论文，或呈现于本人近几年发表的有关论文，有些篇目是此次出版计划立项后补译的。这些文献中少数几篇见诸葡萄牙学者有关论著的附录（例如叶士朋的《澳门法制史概论》和萧伟华的《澳门宪政史资料汇编》），大部分为笔者在阅读《澳门宪报》及有关单行本时所得；由于叶著和萧著的中译本均略去了文献，所以，此次结集出版的文献全部为首次全文汉译。

这些文献涵盖了近代澳门历史的多个方面，对于相关领域的研究而言，不是“边角料”，而是“核心史料”，具有不可替代性。利用这些文献，不仅可以丰富近代澳门史研究的内容，还可以纠正目前所见有关论述中的模糊和错乱。相信这些文献的辑译出版，将会对澳门史有关方面的研究产生积极的促进作用。

张廷茂

2016 年 6 月

目 录

二、澳葡政府机构

三、澳门港口章程

四、澳门猪肉牛肉承充章程合约

五、澳门娼寮章程

六、澳门仁慈堂彩票章程合约

七、澳门译务署与译学馆

一、葡萄牙海外省律令

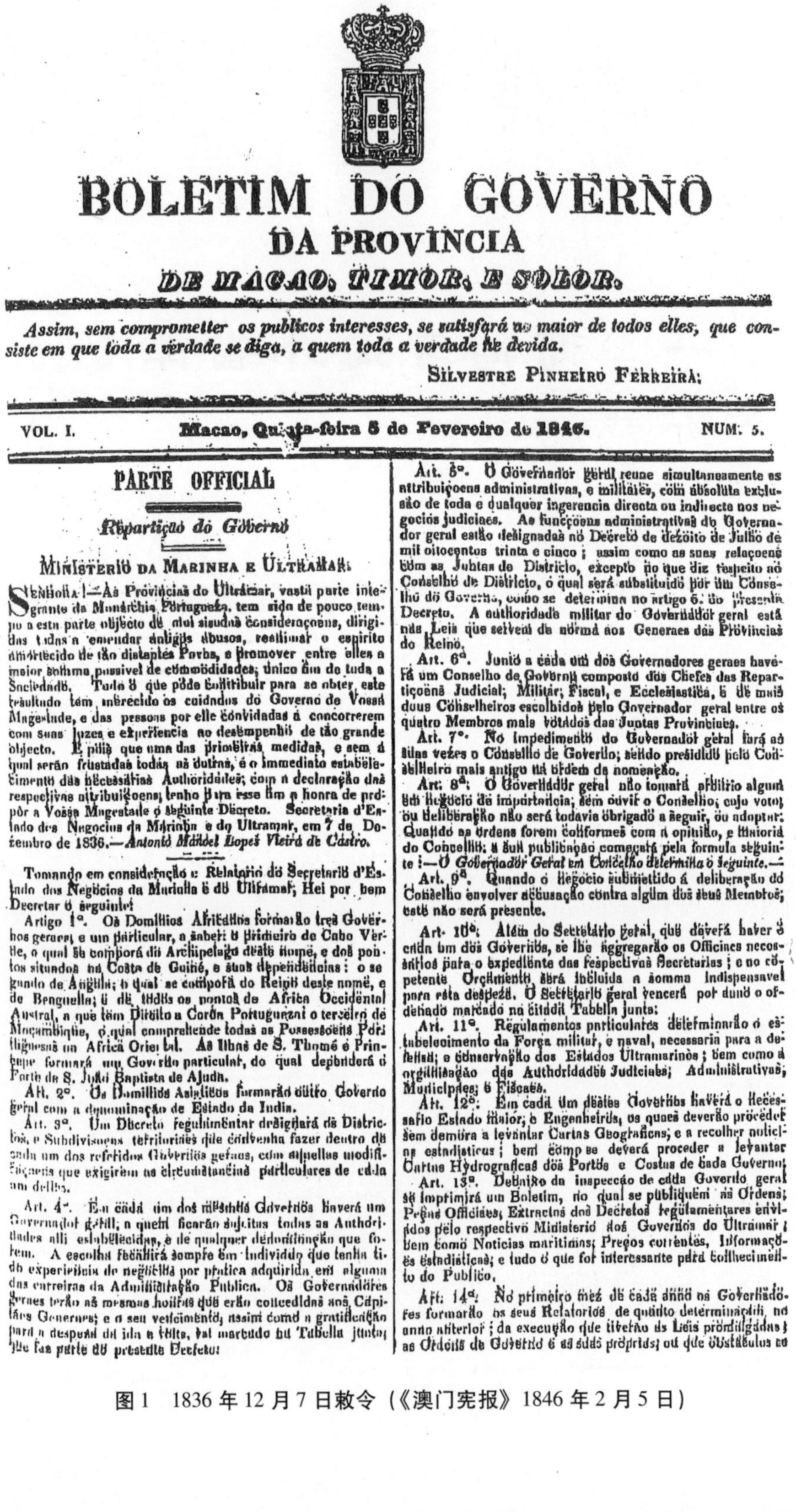

BOLETIM DO GOVERNO
DA PROVINCIA
DE MACAO, TIMOR, E SOLOR.

Assim, sem comprometter os publicos interesses, se satisfará ao maior de todos elles, que consiste em que toda a verdade se diga, a quem toda a verdade he devida.

SILVESTRE PINHEIRO FERREIRA.

VOL. I. Macao, Quinta-feira 5 de Fevereiro de 1846. NUM. 5.

PARTE OFFICIAL

Repartição do Governo

MINISTERIO DA MARINHA E ULTRAMAR.

SENHORA!—As Provincias do Ultramar, vasta parte integrante da Monarchia Portugueza, tem sido de pouco tempo a esta parte objecto de mui sisudas considerações, dirigidas todas a emendar antigos abusos, reanimar o espirito amortecido de tão distantes Povos, e promover entre elles a maior somma possivel de commodidades; unico fim de toda a Sociedade. Tudo o que póde contribuir para se obter este resultado tem merecido os cuidados do Governo de Vossa Magestade, e das pessoas por elle convidadas a concorrerem com suas luzes e experiencia ao desempenho de tão grande objecto. E pois que uma das primeiras medidas, e sem a qual serão frustadas todas as outras, é o immediato estabelecimento das necessarias Authoridades, com a declaração das respectivas attribuições, tenho para esse fim a honra de propôr a Vossa Magestade o seguinte Decreto. Secretaria d'Estado dos Negocios da Marinha e do Ultramar, em 7 de Dezembro de 1836.—*Antonio Manoel Lopes Vieira de Castro.*

Tomando em consideração o Relatorio do Secretario d'Estado dos Negocios da Marinha e do Ultramar, Hei por bem Decretar o seguinte:

Artigo 1°. Os Dominios Africanos formarão tres Governos geraes, e um particular, a saber: o primeiro de Cabo Verde, o qual se comporá do Archipelago deste nome, e dos pontos situados na Costa de Guiné, e suas dependencias: o segundo de Angola, o qual se compôrá do Reino deste nome, e de Benguella, e de todos os pontos da Africa Occidental Austral, a que tem Direito a Coroa Portugueza; o terceiro de Moçambique, o qual comprehende todas as Possessões Portuguezas na Africa Oriental. As Ilhas de S. Thomé e Principe formarão um Governo particular, do qual dependerá o Forte de S. João Baptista de Ajuda.

Art. 2°. Os Dominios Asiaticos formarão outro Governo geral com a denominação de Estado da India.

Art. 3°. Um Decreto regulamentar designará os Districtos, e Subdivisoens territoriaes que convenha fazer dentro de cada um dos referidos Governos geraes, com aquellas modificações que exigirem as circumstancias particulares de cada um delles.

Art. 4°. Em cada um dos mesmos Governos haverá um Governador geral, a quem ficarão sujeitas todas as Authoridades alli estabelecidas, e de qualquer denominação que forem. A escolha recahirá sempre em individuo que tenha tido experiencia de negocios por pratica adquirida em alguma das carreiras da Administração Publica. Os Governadores geraes terão as mesmas honras que erão concedidas aos Capitães Generaes; e o seu vencimento, assim como a gratificação para a despeza da ida e volta, vai marcado na Tabella junta, que faz parte do presente Decreto.

Art. 5°. O Governador geral reune simultaneamente as attribuiçoens administrativas, e militares, com absoluta exclusão de toda e qualquer ingerencia directa ou indirecta nos negocios judiciaes. As funcçoens administrativas do Governador geral estão designadas no Decreto de dezoito de Julho de mil oitocentos trinta e cinco; assim como as suas relaçoens com as Juntas de Districto, excepto no que diz respeito ao Conselho de Districto, o qual será substituido por um Conselho do Governo, como se determina no artigo 6. do presente Decreto. A authoridade militar do Governador geral está nas Leis que servem de norma aos Generaes das Provincias do Reino.

Art. 6°. Junto a cada um dos Governadores geraes haverá um Conselho de Governo composto dos Chefes das Repartiçoens Judicial, Militar, Fiscal, e Ecclesiastica, e de mais duas Conselheiros escolhidos pelo Governador geral entre os quatro Membros mais votados das Juntas Provinciaes.

Art. 7°. No impedimento do Governador geral fará as suas vezes o Conselho de Governo; sendo presidido pelo Conselheiro mais antigo na ordem da nomeação.

Art. 8°. O Governador geral não tomará arbitrio algum em negocio de importancia, sem ouvir o Conselho; cujo voto, ou deliberação não será todavia obrigado a seguir, ou adoptar. Quando as ordens forem conformes com a opinião, e maioria do Conselho, a sua publicação começará pela formula seguinte:—*O Governador Geral em Conselho determina o seguinte.*—

Art. 9°. Quando o negocio submettido á deliberação do Conselho envolver accusação contra algum dos seus Membros; este não será presente.

Art. 10°. Além do Secretario geral, que deverá haver em cada um dos Governos, se lhe aggregarão os Officiaes necessarios para o expediente das respectivas Secretarias; e no competente Orçamento será incluida a somma indispensavel para esta despeza. O Secretario geral vencerá por anno o ordenado marcado na citada Tabella junta.

Art. 11°. Regulamentos particulares determinarão o estabelecimento da Força militar, e naval, necessaria para a defeza; e conservação dos Estados Ultramarinos; bem como a organisação das Authoridades Judiciaes, Administrativas, Municipaes, e Fiscaes.

Art. 12°. Em cada um destes Governos haverá o necessario Estado maior, e Engenheiros, os quaes deverão proceder sem demora a levantar Cartas Geograficas, e a recolher noticias estadisticas; bem como se deverá proceder a levantar Cartas Hydrograficas dos Portos e Costas de cada Governo.

Art. 13°. Debaixo da inspecção de cada Governo geral se imprimirá um Boletim, no qual se publiquem as Ordens, Peças Officiaes, Extractos dos Decretos regulamentares enviados pelo respectivo Ministerio dos Governos do Ultramar; bem como Noticias maritimas, Preços correntes, Informações estadisticas, e tudo o que for interessante para conhecimento do Publico.

Art. 14°. No primeiro mez de cada anno os Governadores formarão os seus Relatorios de quanto determinárão no anno anterior; da execução que tiverão as Leis promulgadas; as Ordens do Governo e as suas proprias; ou que obstaculos os

图1　1836 年 12 月 7 日敕令（《澳门宪报》1846 年 2 月 5 日）

本专题辑录有关葡萄牙海外省的法令和章程，共计 12 篇；它们构成近代澳门政治史和法制史研究的基础。

长期以来，葡萄牙对分散在各大洲的海外属地并无统一的管理体制。19 世纪初期，在宪政进程中产生了海外省的管理体制。葡萄牙政府相继为海外省颁布和制定了一系列的法令和章程，使得海外省立法成为葡萄牙法律体系的重要组成部分。

1836 年 12 月 7 日颁布的两个敕令，分别对各个海外省的政府架构和司法管理体制作了安排；1837 年 1 月 16 日敕令决定在海外省重建财政委员会；1838 年宪法第十章第一百三十七条设“海外省”专条，授予中央政府在海外省管理方面的紧急情况立法权；1854 年敕令决定将 1852 年核准之《刑法典》伸行于海外省；1858 年 5 月 7 日法令对海外省司法区域划分与司法管理机构做出了新的规定；1866 年 12 月 1 日敕令核准了新的海外省司法管理章程，对海外省司法管理的多个方面进行了大幅度的改革；1869 年 11 月 17 日敕令决定将海外省设为东西两个中级司法辖区；同月 18 日敕令决定在海外省实行 1867 年 7 月 1 日法令核准之《民法典》；1869 年 12 月 1 日敕令核准了海外省政府机构章程；1878 年 11 月 14 日敕令对东西两个司法辖区的内部结构进行了较大调整；1881 年 8 月 4 日敕令决定将 1876 年 11 月 8 日法令核准之《民事诉讼法》在海外省实行。

近代澳门作为葡萄牙海外省体系中的一员，其政府体制和司法体制等均遵行葡萄牙海外省立法的制度设置；行政和司法运作过程中的调整，也按照葡萄牙海外省改革的法令和章程而行。所以，研究近代澳门政治法律史，必须从葡萄牙海外省行政司法体制的设置和调整的一般进程出发，将相关研究置于葡萄牙海外省的总体框架下，才能了解澳门近代政治制度、政府机构、司法管理等发展演变的轨迹。

就目前所见的近代澳门政治法制史的研究而言，这方面存在较多问题。由于缺少对葡萄牙海外省一般立法进程的关照，相关陈述存在较多的模糊和错误。例如，将理事官误为检察官，将总督公会误为议政公会，将澳葡居民选举葡国议会代表误为澳门华人推选澳葡官员，将氹仔公局之设误为仿照华政衙门而行等。这些有关海外省的法令章程的刊布将有助于澄清相关的问题，促进相关研究的改进和丰富。

01. 1836年12月7日敕令

Decreto de 7 de Dezembro de 1836

考虑了海事海外部部长的报告，现颁布敕令如下：

第一条 葡萄牙在非洲的属地将组建三个省政府（Governos Geraes）和一个特别政府（Particular）。第一个是佛得角（Cabo Verde）省政府，由佛得角群岛（Archipelago deste Nome）和位于几内亚海岸（Costa de Guiné）的地方及其附属地构成。第二个是安哥拉省政府（Angola），由安哥拉王国（Reino deste Nome）、本盖拉（Bengiella）以及葡萄牙王室在南部西非（Africa Occidental Austral）拥有的所有地方构成。第三个是莫桑比克（Moçambique）省政府，包括葡萄牙王室在非洲东部（Africa Oriental）的属地。圣多美岛和普林西比岛（As Ilhas de S. Tomé e Princinpe）联合组成一个特别政府（Governo Particular），包括圣若昂·巴布蒂斯达·德·阿茹达要塞（Forte de S. João Baptista de Ajuda）。

第二条 葡萄牙在亚洲的属地组成一个省政府，名为“印度邦”（Estado da India）。

第三条 将制定一部法规来确定构成各个省政府的地区和内部分区的地域范围，并将根据各自的不同情况进行相应的修改。

第四条 每个省政府设一名大总督（Governador Geral），领导所有在此设立的以任何名称命名的政府部门（Authoridades）。总督应始终从有从政经验的人中挑选出。总督享有授予 Capitães Generaes 的荣誉，其薪水将在本敕令之附表中加以规定，并有一份额外酬金以供往返开销之用。

第五条 总督同时具备行政和军事管辖权（Attribuições Administrativas e Militares），但绝对不得直接或间接干预司法事务（Negocios Judiciaes）。总督的管理职责在1835年7月18日敕令内规定；他与 Juntas Districto 的关系也在该敕令中规定，与 Conselho de Districto 的关系除外，因按照本敕令第六条规定，该 Conselho de Districto 将由一个 Conselho de Governo 取代。省政府的军事权力遵行对王国各省省长通行之法令的规定。

第六条 与总督一起，设一个政府委员会（Conselho do Governo，澳葡当局汉译为“总督公会”），由司法、军事、财税部门的首领和教会首领组成，总督另从省委员会（Juntas Provinciaes）得票最多的四名成员中挑选两名委员。

第七条 当总督因故不能到场时，将由总督公会代替其履行职责，由任命最早的成员主持会议工作。

第八条 总督对任何重要事务做出裁决都必须听取总督公会的意见，但是，总督并非必须遵循或者采纳它的表决（Voto）或决定（Deliberação）；如果命令与多数人意见一致，将依照下列格式加以公布：“本总督经总督公会同意现决定如下”（Governador Geral em Conselho determina o seguinte）。

第九条 如果提交总督公会讨论的事务涉及公会中的某位成员，则该成员不得出席会议。

第十条 每个省政府设立一个秘书长（Secretario Geral，澳葡当局汉译为“辅政司”），此外，还应给他添加别的官员以便处理相关秘书的公文。预算中应该包括这笔不可缺少的开销。辅政司每年获得一笔由附表所规定的薪水。

第十一条 将制定具体的法规来确定军事和海军机构的设置，也将通过具体法规确定司法、行政、市政和财税机构（Authoridades Judiciaes，Administrativas，Municipaes，e Fiscaes）的设置。

第十二条 每个省政府应设有必要的记录员（Estado Maior）和工程师（Engenheiros），他们应该不失时机地绘制地图（Cartas Geograficas），收集统计资料；并应该绘制每个省的港口和海岸的水文地理图（Cartas Hydrograficas）。

第十三条 在省政府监管下，各省出版一份公报（Boletim），刊布各项命令（Ordens）、官方卷宗（Peças Officiaes）、有关部发给海外省政府之部令摘要（Extracto dos Decretos），以及海上消息、时价、统计数据以及所有公众所关注的信息。

第十四条 在每年的首月，总督应撰写有关报告，内容包括前一年所做出的决定，所颁布法律的执行情况，政府的和本人颁布的命令，或阻碍它们施行的障碍等；并以最简洁的文字寄送这些报告。同样要提出自认为对民众有益的建议，寄送征询的意见和公会纪要复本。除此之外，总督还应尽可能频繁地与中央政府（Governo）保持联络。

第十五条 总督公会的每位成员，应在同样的时间寄送他们对于国家现状的观察，提出可以改进的建议，尤其是认为应该让海外部（Secretario d'Estado da Repartição do Ultramar）知道的事项。

第十六条 总督可召集任何办事公正、聪明的市民到公会，讨论最新的法律，下令部分或全部实施可实行的法律（Lei）和法令（Decreto），并立刻向政府报告针对各省情况所采取的措施的理由。

第十七条 在每个海上或者大陆内的要塞和据点，设一位副总督（Governador Subalterno）；他将依照王国要塞（Praças do Reino）副省长（Governos Subalterno）的规则行使政治和军事权力。

第十八条 帝汶和梭罗政府（Governo de Timor e Solor）暂时从属于澳门总督（Governador de Macáu）。

第十九条 废除与此相反的法令。

海事海外部部长照此办理。

女王，1836 年 12 月 7 日，于王宫。安东尼奥·曼努埃尔·洛佩斯·维埃拉·德·卡斯特罗（Antonio Manoel Lopes Vieira de Castro）（附签）

本敕令所指海外省总督及其辅政人员薪水、酬金一览表　单位：厘士

亚洲大总督（Governador geral da Asia）	年薪 4 800 000
莫桑比克总督	年薪 4 000 000
安哥拉总督	年薪 4 000 000
佛得角总督	年薪 3 000 000
圣多美—普林西比总督	年薪 2 000 000
亚洲、莫桑比克、安哥拉辅政司	年薪 1 000 000
佛得角辅政司	年薪 800 000
圣多美—普林西比辅政司	年薪 400 000

上述薪水一律以葡萄牙货币支付，停止给付任何其他薪水；所有到好望角以远地区任职的职员，在离开首都前往任职地点、因任职期限届满或奉政府之命返回欧洲时，均可得到一笔相当于其年薪四分之一的津贴，在好望角任职的官员所得津贴为其年薪的五分之一；他们不论乘坐官船还是私船，交通费用均由公款支付，没有现金或实物的膳食补贴。

安东尼奥·曼努埃尔·洛佩斯·维埃拉·德·卡斯特罗，1836 年 12 月 7 日，于王宫。

——*Boletim Official*, Vol. Ⅰ, N.º 5, 05 - 02 - 1846, pp. 1 - 2; Jorge Noronha e Silveira, *Subsídios para a História do Direito Constitucional de Macau (1820 - 1974)*, Macau: Instituto Português do Oriente, 1991, pp. 79 - 80.

02. 1836 年 12 月 7 日司法敕令

Decreto Judicial de 7 de Dezembro de 1836

听取了海事海外部部长的报告，现决定临时颁布下列司法组织敕令。

第一条 在果阿设立一个中级法院（Relação），其辖区包括葡萄牙在亚洲和非洲东部的领地。在澳门和非洲东海岸的刑事案件，继续由当地的司法委员会进行终审。自本敕令颁布后，整个诉讼程序都应该公开进行。

第二条 果阿中级法院由三名法官组成，其中最年长者为主席（Presidente）。另有一名中级法院书吏（Escrivão），充当档案室高级职员（Guarda - Mor）；一名管数官（Contador）；两名档案室低级职员（Guardas - Monores）；两名衙役（Officiaes de Diligencias）。

第三条 在果阿设三个初级法区（Comarca），第一法区包括果阿诸岛（Ilhas de Goa）和东部诸省（Provincias a Leste）；第二法区包括巴德兹省（Provincia de Bardez）和北方诸省（Provincias ao Norte）、墙外村（Aldeas Extra - Muros）、比舒林（Bicholim）和桑盖林（Sanquelim）；第三法区包括萨尔赛特省（Provincia de Salsete）、南方诸省（Provincias ao Sul）和赞宝林省（Zambaulim）。每个法区设一名初级法官（Juiz de Direito）。

第四条 中级法院的法官因合法原因而不能到场时，即依次由果阿诸岛初级法官、巴德兹初级法官和萨尔赛特初级法官代理。对于死刑的判决，必须有五人出席，即由主席邀请两名初级法官参加审判。

第五条 初级法官的任何代理人均由中级法院主席任命年资老的律师担任；如果缺少这样的律师，就任命他认为可靠之居民担任该代理人。代理人行使初级法官的职责。

第六条 每个初级法区设三名书记员（Escrivaens）、一名管数官和数名衙役；这些职员均由中级法院主席任命；书记员充任公证员（Tabelliaes de Notas），果阿诸岛法区的管数官同时也是中级法院的管数官。

第七条 在中级法院设一名由王室任命的中级检察官（Procurador da Corôa e Fazenda）。

第八条 在每个初级法院设一名初级检察官（Delegado do Procurador da Corôa e Fazenda，澳葡当局汉译为“国家律政司”），由大总督根据委员会意见任命。中级检察官和初级检察官均不具有东方司法秩序（Ordem Judical）中的品级（Graduação）。

第九条 每个堂区设一名选举法官（Juiz Eleito）和一名司法调解员（Juiz de Paz）；他们拥有现行法令所确定的职责，并遵照其中的规定进行选举。

第十条 司法调解员只要对任何有关司法管理的行动有异议，即可因诉讼方或者初级法官之请求，将有关文件寄送相应的初级法院的法官，以便做出公正的裁定。

第十一条 司法调解员的书记员同时也是选举法官的书记员。

第十二条 社区本身的管理由政务委员（Conselheiro）负责，人选由大总督按照1835年4月25日法令第三条的规定与政府公会酌商任命。有关社区管理的所有司法争议，都在初级法官（按察使司）的审判权限内，由此而废除Tanadar Mor和社区法官（Juizes de Communidades）的职位。

第十三条 每个初级法区的轻罪法庭（Tribunaes de Policia Correccional）由初级法官（按察使司）和两名律师组成，若没有律师，则由中级法院主席挑选两名正直的市民组成。

第十四条 在新征服地（Novas Conquistas）各省，初级法官在民事和刑事案件中遵循迄今为止所实行的诉讼程序，准予向中级法院上诉。

第十五条 每位初级法官可应召在所在法区内充当军事法庭的法官，在其他军事法庭的法官不在或不能到场时，亦可应召代替之。

第十六条 最高军事法庭（Conselho Supremo de Justiça Militar）由一名高级军官、五名其他级别的陆军或海军军官和一名中级法院法官组成，其中高级军官任主席，中级法院法官任书记员。诉讼将在中级法院的法官中间按照他们的次序分配。大总督将为该法庭任命一位官员作为秘书，此人须至少具有上尉军衔（Patente de Capitam）。

第十七条 在达曼和第乌要塞，各设一名由中级法院主席任命的法官，审定所有价值不过100歇勒芬（Xerafins）的案件并行使初级法官的一切其他职责，任期三年；价值高于100歇勒芬的案件，可由他审理，但须在大庭审（Audiencia Geral）中判决。果阿的初级法官每人每年轮流去上述两地做一次大庭审，审判直至价值500歇勒芬的案件，且不得上诉。

第十八条 在第乌和达曼要塞，初级法官在大庭审中审理葡王臣民中的非基督徒的案件时，应尊重他们受到特别法令保护的风俗习惯；至于应判死刑的案件，则须将案卷寄送至中级法院，由该院做出判决。

第十九条 被任命的第乌和达曼的初级法官，同时兼任调解员和选举法官的职责；在这两个要塞各设一名兼任公证员的书记员和一名衙役。

第二十条 在澳门，设一名初级法官（Juiz de Direito，澳葡当局汉译为“按察使司”），行使原判事官的职权，在民事案件中公开进行一切审理活动，在刑事案件中，起诉之后的活动也应是公开的。

第二十一条 澳门的司法委员会（Junta de Justiça，澳葡当局汉译为“谳局”或“定谳公会”）继续存在，公开进行证人质询和诉讼的所有其他活动。

第二十二条 在帝汶和梭罗，继续迄今为止所实行的有关司法事务的做法。

第二十三条 中央政府对果阿中级法院主席进行第一次任命，但以后，就由在该法院任职最年长者充任，不必由中央政府任命。

第二十四条 果阿中级法院主席以及所有法官的薪水和往返津贴，在构成本敕令组成部分的附表中规定。

第二十五条 果阿中级法院的法官任职九年届满可申请返回王国，可进入任何有空缺职位的中级法院，倘若没有缺位，可出任某个初级法官的职位，并不有损于他的任职年限；或者被作为某个中级法院的附加人员。他的任职年限从他登船赴印度任职之日算起。

第二十六条 倘若果阿中级法院的法官在九年任职届满时无意返回葡国而是继续在印度任职，将获得比相应薪水多四分之一的薪水；若任职再满九年，则获得“最高司法法庭委员”（Conselheiro do Supremo Tribunal de Justiça）的荣誉称号，并可在任何他想要的时间返回葡国。

第二十七条 果阿和澳门的一审初级法官在任职六年以后即被视为中级法院法官，享有中级法官的地位和待遇，中级法院一有空缺职位，即可作为该院的实编人员入职；倘若在六年之后要求回葡国，则可出任有出缺的首席一审法官（Primeiro Logar de Juiz de Direito）之职，直至根据其任职资格而进入一家中级法院。

第二十八条 撤销迄今为止在果阿设立的未被本敕令所保留的所有司法职务。

第二十九条 在莫桑比克，设一位初级法官，行使原王室法官（Ouvidor）的职责。初级法官和司法委员会应遵循本敕令第二十条和第二十一条的规定。该法官拥有第二十七条授予果阿和澳门的初级法官的待遇，领取附表中所确定的薪水。

第三十条 中级法院主席获得中央政府核准后，即可着手准备实施为本敕令所必需的章程，按照王国的一般立法并在报告政府之后采取措施完全预防任何可能出现的麻烦。

第三十一条 废除所有与本敕令相反的法令。

海事海外部遵照执行。

女王，1836年12月7日，于王宫。安东尼奥·曼努埃尔·洛佩斯·维埃拉·德·卡斯特罗（附签）

本敕令所指的海外省司法职员薪水津贴一览表 单位：厘士

果阿中级法院主席法官	年薪 1 600 000
中级法院的法官（每人）	年薪 1 200 000
初级法官（每人）	年薪 1 000 000

中级检察官	年薪 480 000
达曼、第乌的初级法官（每人）	年薪 320 000
初级检察官（每人）	年薪 160 000

上述职员在离开首都前往任职地点、因任职期限届满返回欧洲时，均可得到一笔相当于其年薪四分之一的津贴；他们不论乘坐官船还是私船，交通费用均由公款支付，没有现金或实物的膳食补贴。所有这些年薪和津贴均以葡萄牙货币支付。

安东尼奥·曼努埃尔·洛佩斯·维埃拉·德·卡斯特罗，1836 年 12 月 7 日，于王宫。

——*Boletim Official*，Vol. Ⅰ，Nº 6，12 - 02 - 1846，pp. 1 - 2.

03. 1837 年 1 月 16 日敕令

Decreto de 16 de Janeiro de 1837

多年以来的经验显示，在海外属地建立财政委员会（Juntas de Fazendas，公物会）是改善其公共收入（Rendas Publicas）管理的最有效的措施，建立这些委员会的王室令也慎重考虑到了由财物总监（Provedor da Fazenda）管理财物所产生的严重的弊端，而王国所实行的税收及其管理制度无疑会将各海外省的财政重新置于少数人手中，但在实际中恢复古代的总监又会导致同样的不便；加之人口增长的自然情况、与首都相距遥远以及其他情况等，所有这一切，使得实现海外属地制度的多样化变得刻不容缓。因此，现颁布敕令如下：

第一条 在每个海外省重新设立曾被取消的财政委员会（Juntas de Fazendas），实行王室令为其规定的制度、组建它的敕令以及后续的指令、法律和命令。

第二条 由各省总督充任该会主席，其他委员包括：在印度，为果阿中级法院主席，在其他省，为省会法院法官，王室代表或其代理人（充当检察官，澳葡当局汉译为“国家律政司”），本会司库和书吏。

第三条 该会只执行根据附签敕令、训令发出的命令和由海事海外部部长签署的命令。

第四条 由该会司库寄往王宫（Minha Presença）的账目、结算账目、代理协议和往来信函等，此后由海事海外部秘书加以必要的管理之后送呈本王。

第五条 废除与此相反的法令。

海事海外部遵照执行。

女王，1837 年 1 月 16 日，于王宫。安东尼奥·曼努埃尔·洛佩斯·维埃拉·德·卡斯特罗（附签）

——*Boletim Official*，Vol. Ⅰ，Nº 5，05－02－1846，p. 2.

04. 1838 年宪法第十章第一百三十七条
O Capitulo X da A Constituição de 1838

第十章 海外省

第一百三十七条 各海外省可依照各自情况的要求采用专门的法律进行管理。

第一款 中央政府（Governo）可在议会（As Cortes）休会期间，征得部长会议（Conselho de Ministros）意见后以敕令规定有关各海外省紧急情况所必需的章程。

第二款 同样，每个省的大总督（Governador Geral）在听取总督公会（Conselho do Governo）意见后，可采取应对来不及等到议会和行政机关（Poder Executivo）做出决定之紧急情况所必需的措施。

第三款 在上述两种情况下，议会一旦开会，政府即刻将所采取的决定呈报议会。

——Jorge Noronha e Silveira，*Subsídios para a História do Direito Constitucional de Macau*（*1820－1974*），pp. 25－26.

05. 1854 年 12 月 18 日敕令
Decreto de 18 de Dezembro de 1854

1854 年 12 月 10 日之《刑法典》（Codigo Penal）必须在整个葡萄牙王国实施，应该采取措施使之在海外省得到更为准确的执行，故以国王名义，运用《新增国政律典》第十五条第一款授予的权力，征得 11 月 17 日海外咨询会议同意，并听取了部长会议意见，现颁布敕令如下：

第一条 按照 1852 年 12 月 10 日敕令第一条的规定，宣布该日颁布之

《刑法典》在海外省生效，并按照下列各款的规定做出相应的修改。

第二条 在奴隶或释放奴隶所犯的罪行中，如果被判处有期徒刑（Pena de Prizão Maior Simples）和劳教监禁（Pena de Prizão Correcional），这些刑罚总是伴随着劳动，而且由按察使司在该法典所确定的界限内分配。

第三条 宣布1853年8月18日关于轻罪诉讼（Processo Correcional）界定的法令在海外省生效，但各海外省在诉讼中应遵守由那里的现行法令所确定的程序。

第四条 如果经验显示某个海外省的特殊情况要求对上述法典的规定进行任何改变，该省总督应及时提出陈请，并寄送政府委员会（Conselho do Governo，澳葡当局汉译为"总督公会"）、省中级法院（Relação da Provincia）以及（在其他省）初级法官（Juizes de Direito，澳葡当局汉译为"按察使司"）和初级检察官（Delegados Juncto dos Mesmos Juizes，澳葡当局汉译为"国家律政司"）的意见。

第五条 废除与此相反的法令。

阿瑟基亚子爵（Visconde d'Athoguia）、上院议员、外交部长兼海事海外部部长遵照执行。

摄政王，1854年12月18日，于王宫。阿瑟基亚子爵（附签）

——*Boletim Official*, Vol. Ⅰ, Nº. 28, 28 de Abril de 1855, p. 109.

06. 1858年5月7日法令

Decreto com Força de Ley de 7 de Maio de 1858

经验显示，由1856年12月11日敕令所确定的海外省司法区域的划分以及二级法官向一级法官晋升的规则，导致了海外省司法管理的困难，亟须克服这些困难；同样为了保障海外省司法管理的不同职位始终由符合资质的人占据，并试图避免法官的缺少，运用《新增国政律典》第十五条第一款授予的权力，听取了海外委员会和部长会议的意见，现颁布下列敕令。

第一条 海外省分设两个（中级）司法管辖区（Districtos Judiciaes），总部分别设在果阿和卢安达。第一区包括果阿诸岛、巴德兹、萨尔赛特、澳门和莫桑比克以及好望角以东建立的所有其他据点等基层（初级）法区；第二区包括卢安达—本盖拉、圣多美、索塔文托—巴拉文托（Sota Vento e Barlavento）、佛得角，以及好望角以西建立的所有其他据点等初级法区。

独一附款 就佛得角法区而言，上述划分仅仅是指相应法官的任命、擢升与转换，至于其他方面，依照现行法律它仍归属于里斯本司法裁判区（Districto Judicial de Lisboa）。

第二条 初审（初级）法官的任职年限，执行1836年12月7日敕令第二十五条的规定，即从登船前往任职地点（不论从何处始发）之日算起，但必须是没有自主中断航行，也就是说只是为了就职。

附款一 同时乘船前往其所被派遣的法区的法官，以下列方式排序：第一是已经在法官、军事法庭法官和检察官等职位上提供的服务；第二是按照派遣的日期；第三是法学学士学位的年限；第四是根据年岁。

附款二 在王国担任过司法官员职位的法官，如果在法定期限内就职，其任职年限从派遣之日算起；如果超过了法定期限任职，则从任职之日算起。

附款三 已经在他被派遣前往的那个海外省的法官，其任职日期从就职之日算起。但是如果被委派了工作，碰巧与被任命的人同一日期，就对他执行本条附款一的规定。

第三条 一审法官在某一法区履职满三年，即可被转至另一个法区，或者继续以前的职务，在后一种情况下，须得到海外委员会（Conselho Ultramarino）的投票确认。

第四条 对于应该相互转换的一审初级法官或者应该转入空缺职位的法官，中央政府在不损害公务的条件下可以同意他们。

第五条 任何一审法官不得在其出生地或者居住地的法区任职，同样，二审法官也不得在总部位于其出生地或居住地的中级法院任职。

第六条 果阿中级法院和卢安达中级法院的法官，由中央政府从相关司法裁判区内任职满六年的一审法官中任命产生；如果海外属地没有符合这种条件的法官，就从王国或海外的法官中任命，不论任职年限。

第七条 1836年12月7日法令第二十五条、二十七条、十三条、二十三条以及1852年12月30日敕令规定的任职年限，只能按照在海外省实际担任司法职务的时间计算。法官在海外省之外所经历的其他时间（接续的或是间隔的），在宣布对其给予提升和优先权时不予考虑。

第八条 没有中央政府或者中央在该省代表的批准，一审法官和二审法官不得离开自己的岗位，即使假期也不例外。

独一附款 未获批准而缺席或者无正当理由而超期的法官，将依法处理，他的职务立刻成为空缺，中央政府可依据现行法律加以任命，在有权限法庭最终判决其进入空缺的原职还是退出该编制之前，不享有编制内的薪水，也不计算任职年限。

第九条 被派往海外属地的所有一审和二审法官，如果未能在规定的时间内抵达任职地点，将因此而失去其职位，中央政府即宣布该职位空缺，并重新任命。

独一附款 如果被派遣的法官已经属于海外属地的司法官员（Magistratura Juducial），将被置于相应的编制之内；倘若拒不接受中央政府任命给他的新职位，即被罚出该编制。

第十条 被派往海外属地的一审和二审法官不得由代理者代其就职。

第十一条 果阿诸岛、巴德兹、萨尔赛特等法区的初级法官可根据在当地宣布的命令而被召为中级法院的代理法官（Juizes Supplementes），以补足审理死刑案件（Crimes de Pena de Capital）所必需的法官的人数，在民事案件中出现观点分歧时做出裁定，并弥补缺席或不能到场的法官，但是参加过一审判决的法官不得作为同一案件的二审法官。

独一附款 如果没有初级法官可以作为代理法官，就按照既定的顺序召唤他的代理人前往中级法院，但只能是对刑事诉讼做出裁定。

第十二条 除了死刑案件，案件继续由三名法官在果阿中级法院审判。

第十三条 据此令，1856 年 12 月 11 日敕令被替代，并废除一切与此相反的法令。

葡萄牙上院议员（Par do Reino）、海事海外部部长萨·德·班德拉子爵（Visconde de Sá da Bandeira）遵照执行。

国王，1858 年 5 月 7 日，于王宫。萨·德·班德拉子爵（附签）

——*Boletim Official*，Vol. IV，Nº. 39，24－07－1858，pp. 153－154.

07. 1866 年 12 月 1 日敕令核准之《莫桑比克省、印度邦及澳门—帝汶省司法管理章程》

Regimento para a Administração da Justiça nas Provincias de Moçambique, Estado da Índia, Macau e Timor, Aprovado pelo Decreto de 1 de Dezembro de 1866

经验已经表明，亟须改组由 1836 年 12 月 7 日敕令所确立的新果阿中级法院的司法组织，修改该敕令中一些公认为不合时宜的条款，增补另一些明显必要的条款。

同样，应该将其他中级司法裁判区已经完善的民事和刑事司法程序应用于该法区；同时应关注该区所包含的不同省份和地区的特殊情况；考虑了一些部门多次提请的改革好望角以东各省司法管理的建议，运用《新增国政律典》第十五条第一款所赋予之权力，并与海外属地委员会酌商，现颁布敕令如下：

第一条 批准下文由海事海外部部长附签、构成本敕令组成部分的《莫桑比克省、印度邦及澳门帝汶省司法管理章程》。

第二条 废除所有与此相反的法令。

海事海外部遵照执行。

国王，1866 年 12 月 1 日，于王宫。南湾子爵（Visconde da Praia Grande）（附签）

莫桑比克省、印度邦及澳门—帝汶省司法管理章程

第一章 司法区域划分与司法组织

第一条 莫桑比克省、印度邦和澳门帝汶省构成一个司法辖区（Districto Judicial），名为新果阿司法辖区（Districto Judicial de Nova Goa）。

第二条 新果阿司法辖区分为六个初级法区（Comarcas）和三个独立审判区（Julgados Independentes），它们是：

莫桑比克法区、格力马尼（Quelimane）法区、果阿诸岛法区、巴德兹法区、萨尔赛特法区、澳门法区，以及达曼、第乌和帝汶三个独立审判区。

第三条 根据各自的人口规模，初级法区由一个或一个以上的审判区（Julgados）组成，每个审判区又由一个或一个以上的堂区（Freguezes）组成。

第四条 该司法辖区设一个中级法院（Relação）；每个初级法区设一位初审法官（Juiz de Direito）；非初级法区总部所在地的审判区设一位普通法官（Juiz Ordinario）；每个堂区设一位司法调解员（Juiz de Paz）。

第五条 莫桑比克法区包括莫桑比克市（或岛，为法区总部所在地）、大陆边缘地区以及从基泽格河口（Foz do Rio Quizengo）到德尔加多角（Cabo Delgado）以北以及邻近岛屿的其他地区。同样包括构成罗棱索马忌士（Lourenço Marques）、因南巴尼（Inhambane）和索法拉（Sofala）审判区的地区。

第六条 格力马尼法区包括格力马尼审判区（其总部设在圣马尔蒂诺德格力马尼镇），以及塞纳（Sena）和泰德（Tete）及其所属之地的两个审判区。

第七条 果阿诸岛法区总部设在新果阿城，包括奔达省（Provincia de Pondá）以及那些岛屿。

第八条 巴德兹法区总部设在马普萨镇（Vila de Mapuça），包括巴德兹的陆地部分、墙外村庄以及贝尔乃（Pernem）、比舒林和桑格林（或 Satary）三个省。

第九条 萨尔赛特法区总部设在马尔岗镇（Vila de Margão），包括萨尔赛特的陆地部分、赞宝林省、卡纳库纳省，以及拉马角（Cabo de Rama）和安捷迪瓦岛（Ilha de Angediva）审判区。

第十条 澳门法区总部设于天主圣名之城，包括属于该市的所有地区。

第十一条 达曼审判区包括达曼市及其所属土地。第乌审判区包括第乌市及其附属地方。帝汶审判区总部设在帝力市（Cidade de Dilly），包括葡属帝汶的整个地区。

第二章 中级法院

第十二条 该中级法院总部设在新果阿城，由四名实编法官（Effectivos）和三名代理法官（Supplentes）组成；由国王从实编法官中挑选一位作为法庭主席（Presidencia），当公务需要时可免除其职务。

第十三条 该法院主席总是在情况需要时扮演法官角色，以便对诉讼做出裁定，或者在实编法官缺席或不能到场时代替履职。

第十四条 果阿诸岛、巴德兹和萨尔赛特各法区的初级法官可按照在当地宣布的命令出任中级法院的代理法官：①以补足审理死刑案件（Crimes de Pena de Capital）所必需的五名法官的人数；②在民事案件中出现观点分歧时做出裁定；③弥补缺席或不能到场的法官，但是参加过一审判决的法官不得作为同一案件的二审法官。

附款一 代理法官应召前往中级法院代理实编法官缺席或不能到场者履职超过 30 天者，停止履行其一审法官的职责。

附款二 应召前往中级法院的法官可继续在法庭履行职责，即使在之前不能到场者恢复了到场。

附款三 如果完全没有初级法官可以作代理，就按照既定的顺序召唤他的代理人前往中级法院，但只能是对刑事诉讼做出裁定。

第十五条 中级法院的法官（主席除外）可在新果阿最高军事法庭有权审理的案件中充当报告人（Relator），由最高军事法庭主席按照该法庭既定的顺序在他们之间分配。

第十六条 新果阿中级法院不仅有权审理本章程和最新司法改革法令所宣

布的案件，还有权依据该改革法令的许可审理巴德兹、果阿诸岛和萨尔塞特初级法区的上诉案件，以及依据商业法典及其后续法令的规定审理商业上诉案件（1863 年 4 月 7 日法令第三条规定的情况除外）。

第十七条 新果阿中级法院的判决只有一次向葡萄牙高级司法法庭提出复审申请（recurso de revista）的机会。

第十八条 最新司法改革法令所许可的对一审判决的复审诉求被代替为上诉诉求，但不能要求改判相应的裁定。

第十九条 中级法院的司法权限，在商业诉讼中为 600 000 厘士，在民事诉讼中为 1 000 000 厘士动产或不动产；可判处三年监禁或流放。

第二十条 在中级法院设一名中级检察官（Procurador da Corôa e Fazenda），其不在或者不能到场时，由印度总督与政府公会酌商后任命一名印度初级法区的初级检察官代替之。

第二十一条 在海外属地或者葡国的初审法庭任职满六年而获任命的检察官，可视为新果阿中级法院的法官，并在该法院履行公诉人职务同样长的时间。但是，如果在期满之前被免职，即返回中级法院，占据这里出现的第一个空位，直至期满。

第二十二条 如果该检察官是在葡国或者海外属地公诉人级别上被任命的，则被等同于初审法官，应该担任该职务六年。但是，如果在期满之前被免职，即可被安置于印度某个初级法区的空职，或任命其他的职务，直至届满。其间仍然领取其职级工资，如果住在海外属地，则从停职到获得新的任命之间的时间算为有效工作年限。

第二十三条 由法官级别上获得任命担任该职未满六年的中级检察官，其在中级法院担任检察官的时间算为初审法官的任职年限。但在具备任职满六年的条件之前，不能被视为符合第二十一条的规定。

第二十四条 该中级检察官配有一名助理，由大总督根据该检察官的提议任命。

第二十五条 该中级法院所辖的职员包括：

一名高级职员，同时兼任法院主席办公室秘书，已解散的法庭的档案管理人，以及民事刑事诉讼的书记员。

一名复查员兼会计。

两名低级职员，除了法庭工作外，还负责起草主席批文，其中一人由该高级职员提议，并经主席批准代理和协助高级职员的工作。

两名协助检察官工作的文书。

两名衙役。

第三章 最高军事法庭

第二十六条 新果阿设一个最高军事法庭（Supremo Conselho de Justiça Militares），负责对军人在印度邦所犯罪行进行二审即终审判决。

第二十七条 该最高军事法庭组成为：四名委员，一名公诉人，一名秘书，前线营高级军官（由总督提名经王室敕令任命），由级别最高、年资最久的委员任主席。除了军人委员，依照第十五条的规定，另有一名中级法院的法官以报告人（Relator）的身份参加审判会议。

独一附款 该法庭目前四位年资最长的委员，公诉人（Promotor）和秘书继续履行职务，直至根据本章程的规定做出任命为止。

第二十八条 该法庭之军人委员不在或者不能到场时，可由同级别的其他人按照年资长短的顺序出任代理。

第二十九条 该法庭的工作可由部队指挥官或者在新果阿履行职责的其他委员会的官员兼任。

第三十条 该最高军事法庭遵循葡国最高军事法庭既定的制度和诉讼程序。

第三十一条 前线营军官和士兵的犯罪行为由军事法庭（Conselho de Guerra）依据相关法律规定进行审判。

独一附款 二线营军官和士兵的罪行在军人刑事法庭（Foro Militar por Crimes Meramente Militares）审判，只有正在服役期间者方可例外。

第四章 司法委员会

第三十二条 莫桑比克和澳门的司法委员会（谳局或定谳公会）由一位主席和七名委员组成，他们是：

主席，由该省总督兼任，领导该委员会的全部工作，负责维持会议的秩序，除非出现平局，他不参与决定，也不投票。

其他委员包括：初级法官（Juiz de Direito），充当法庭报告人（Relator）；前线营三名高级军官；两名两年任期的政府委员会（总督公会）成员；初审法官的第一代理法官。安排顺序执行下文的规定。

独一附款 澳门总督公会两名成员中的年长者可由城市理事官代替。

第三十三条 该委员会中的民政委员不在或不能到场时，可由有资格参加该会的其他人代理，但必须是正式委员优先于代理委员。

第三十四条 如果前线营缺少足够的军官，可依照年资邀请该营中的少尉（连长）代理参加会议。

第三十五条 该会主席不能到场或政府公会执掌本省行政权时，由兼任法庭报告人职责的初级法官充任该会主席。

第三十六条 该司法委员会有权对在本省立案的所有普通刑事案件做出一审即终审判决，审判军事法庭（Conselho de Guerra）所做出的判决，具有与果阿最高军事法庭同等之司法裁判权，并审理对初审法官在可向中级法院上诉之案件中所做判决提出的上诉案件。

独一附款 上诉只要关涉该委员会中的初级法官，即召唤其副职代其履职，并充当法庭报告人。

第三十七条 该委员会的会议公开进行，并在由总督与总督公会酌定的一周中的某日开会。

第三十八条 在军人的刑事诉讼中，由一位经总督任命且至少具有少尉军衔的公诉人宣读起诉书。在非军人案件中，则由法庭总部所在的初级法区的检察官宣读起诉书，他同时兼任相关初级法庭的书记员和衙役。

第三十九条 军事法庭主席应将军人诉讼文书连同被告的判决呈送本省总督，进而转给法官报告人，由其检查其中有无不可挽回的无效性，或缺少对找到真相所必需的说明，然后，呈给于八日后举行的第一次会议，以便对此做出决定，接续进行下面的判决。

第四十条 一件诉讼案件被改判或宣判后，或者依照合法程序等待裁决，法官报告人（Juiz Relator）为被告（如果是未成年人）指定了司法监护人（代理人），告知公诉人用五天时间查看诉讼文书，也给被告代理人或律师（如果有的话）同样的时间，之后，宣判的准备即告完成。

第四十一条 在宣判期间，被告到庭，听取公诉方代表、被告代理人或律师的陈述，该法官报告人将出示案情的所有细节、诉求、辩护、证据，最后，指明诉讼所适用的法令条款。

第四十二条 报告结束后，委员会成员到一间隔开的房间开会，然后返回自己的位置，报告人即宣布决定及其理据；如果有一位或多位委员有不同意见，即将之公布；书记员准备好文件，由书记员和法官报告人签名，并入司法卷宗。有保留意见而被说服的委员可以在文书中说明他们的理由。

第四十三条 如果报告人认为撰写判决书必须携带诉讼文书，可以这样做，但必须保证带到第一次会议上，以便在会议上签署和宣判。

第四十四条 向该委员会提出的对预审的刑事案件判决的上诉案件，送达该委员会的委员报告人，分配之后，给公诉方代表五天时间看阅案卷，再给诉讼双方五天时间准备，如果没有起草低一审级的文件，判决的准备工作即告完成。

附款一 如果是对司法委员会所在地初级法官的判决提出的上诉，案卷由相关的书记员分送给该法官的代理人，接续进行本条的其他规定。

附款二 在对该法官所做判决的上诉案件中，审结的案卷交给各自的代理人，由其做出必要的考察之后提交给司法委员会，以便进行裁定。

附款三 在本条宣布的上诉案件的裁定中，法官的报告应该接受前述各条的其他规定。

第四十五条 在由司法委员会一审即终审（1ª e Unica Instancia）的刑事案件中，根据第六十二条规定做好准备后，由公诉方代表阅卷五天，控告方、被告所请的律师，或给他指定的监护人、辩护人等，也同样有五天时间准备，他们必须考虑到所有的细节，在审判中以书面形式陈述，并提取在案件审判时做最后演说所必要的资料。

附款一 该报告人将把案卷以及诉讼双方和公诉方关于无效性的推断提交到委员会会议上，并确定判决的日子。

附款二 如果这些无效性推断被判是可以补充的，即差人撰写案卷并进行必要的询问，然后按照法律的规定做出最后的判决。

附款三 如果这些推断被判为确实存在和不可挽回，则判决即被部分或者全部宣布为无效，并按照判断决定重新立案或者继续诉讼过程。

第四十六条 在前条所指的诉讼审判会议上，将一一宣读构成罪证的那些文件、诉讼卷宗、判决书、起诉书以及所形成的所有文件、答辩词及其所附文件、被询问者的证词，诉讼双方对证人的口头证词再次提问，被告方再次受到质询，听取起诉方和辩护方的陈述，然后由报告人陈述事实，接续进行第四十二条和第四十三条规定的程序。

第四十七条 委员会到会不足五位成员时，诉讼不能提交会议讨论，裁决由绝对多数票决定；然而，在死刑案件中，必须全体委员到会，且永远不得在少于五票赞成的情况下做出死刑判决。

第四十八条 针对任何委员的怀疑将由委员会做出裁定；被判回避的委员将按照第三十三条和第三十四条的规定而被替代。

第四十九条 对于由司法委员会做出的一审即终审判决，可依据法律或有关诉讼中现存文件所证实的事实提出反驳；该反驳应在判决书发出之日起五日内提出，另外有五日时间准备书面答辩，然后在公开的会议上讨论并做出判决。

第五十条 对于由司法委员会做出一审即为终审判决的质疑诉讼的判决，可以提出复审诉求，其效力和情况与新果阿中级法院所允许的情况相同。

第五十一条 由委员会做出的死刑判决，必须在经历了缓刑或减刑权力判决之后方可执行。

附款一 在军人的刑事诉讼中，公诉人应在委员会宣布判决之后，依照最新司法改革法第一千零二十一条规定，将一审及二审的证明、罪证、质询、证人的证词，以及他的信息，一并寄送本省总督，以便由总督并入自己的信息后寄送海事海外部。

附款二 同样地，在非军人被告被判死刑且不可向最高司法法庭（Supremo Tribunal de Justiça）上诉的刑事案件中，初级检察官（按察使司）进行同样的程序。

第五章 轻罪法庭

第五十二条 在格力马尼法区总部设一个轻罪法庭，审理对普通法官所审判的轻罪案件的上诉案件，并在超越本章程第五十六条所规定的权限时，审理由普通法官和初级法官所审判的对违反市政条例章程案件的上诉案件。

第五十三条 在达曼、第乌和帝汶审判区，各设立一个轻罪法庭，具有与格力马尼轻罪法庭同样的司法权限。

第五十四条 在帝汶，上述法庭还有权审理对相应法官审判的依照刑法属于超越其权限的轻罪案件的上诉案件。

第五十五条 格力马尼轻罪法庭的组成人员依照最新司法改革法的规定而行。达曼、第乌审判区的轻罪法庭除了相应的法官外，另由两名委员构成，依照现行法令在可当选为市政委员的市民中选出。除了这两名正式委员外，还挑选两名代理委员。帝汶审判区的轻罪法庭由总督（任主席）、法官（充当法庭文书制作人）、一名一线营级别最高且居住于帝力的军官组成。

第六章 初审法官

第五十六条 初审法官在不超越本章程和最新司法改革法所规定的权限内依据法律和事实对其所在法区内的一切民事和刑事案件做出初审判决。其司法权限为：不动产 40 000 厘士，动产 60 000 厘士，罚金 10 000 厘士或 30 天监禁。

独一附款 达曼审判区和帝汶审判区的法官具有与初审法官同等的司法权限。

第五十七条 达曼和第乌两个审判区的法官由王室根据中级法院主席提供的三倍名单和印度邦总督的信息做出任命；这些法官任期三年，期满时可再次获得任命。帝汶审判区的法官根据本年 11 月 26 日敕令的规定产生。

第五十八条 达曼和第乌的初审法官在其不在或不能到场时可由一位律师代替，以法学学士优先；或者由总督与总督公会酌商，从该法官提供的五倍名单中任命一位两年任期的正直之人代替。如果第一位代替者不能到场，就按照同样方式从同一名单中任命第二位代替人。

附款一 如果两位代替人都不在或都不能到场，就召唤前一届二年任期代理人，但仅限于目前的代理人缺席期间。

附款二 如果部分不能到场，前述的代替人不能对民事诉讼做出判决；如果诉讼双方同意，可由一名律师或正直之人充当法官；在果阿诸岛、巴德兹、萨尔赛特和邻近的初级法区出现法官不能到场而双方又意见不一时，就由诉讼双方以相等名额从建议名单中抽签产生代理法官。

第五十九条 代理法官在初审法官不在或不能到场时行使其全部司法审判权；然而当初审法官只是因公前往他处而不在判决现场时，则依照最新司法改革法第五章第四节的规定，代理法官仅行使普通法官的职权。

第六十条 果阿诸岛、巴德兹和萨尔赛特等法区初审法官的第一批代理者不能到场时，他们的第二批代理者可应召在其法区总部所在地的军事法庭充当法官。

第六十一条 初审法官以及达曼、第乌和帝汶审判区的法官因法区之外的公干、生病或请假而将权力转交予他们的代理法官时，必须向司法辖区中级法院主席和相应省的总督通报；在格力马尼、达曼、第乌和帝汶，则要向相应省总督报告，恢复行使权力时也须履行报告义务。同样，初审法官和初级检察官中间有人离开共同所在的审判区前往本法区的另一审判区或者前往本法区之外的审判区时，也必须做出汇报。

第六十二条 格力马尼、莫桑比克和澳门各法区的初审法官和帝汶审判区的法官有权准备由司法委员会做出一审即终审判决之诉讼程序，预审起诉书、答辩书、起诉方和答辩方双方证人之文件及书面证词等。

格力马尼法区的初审法官和帝汶审判区的法官须将卷宗与被告一起送交所在省会的初审法官，即相应司法委员会的报告人。

第六十三条 格力马尼法区的初审法官和达曼、第乌、帝汶审判区的法官可行使军事法官的职责。格力马尼初审法官既可在法区省会，也可以在所在的审判区行使该种职责。

第六十四条 格力马尼法区的初审法官还可以成为在其法区省会设立的财政委员会代理处（Delegação ou Adjunto de Fazenda）的成员。

第六十五条 格力马尼、莫桑比克和澳门各法区的初审法官及其相应的代理法官，须在现任法官面前宣誓，并按照在中级法院主席处的任命书原件的规定进行。帝汶审判区的法官则在该省总督面前宣誓。

第六十六条 印度邦法区的初审法官和达曼、第乌的法官只实行一种诉讼程序，新征服地和旧征服地没有区别。但在非基督徒案件的裁判上，法官应该维护他们的风俗习惯，在刑事案件的审判中完全停止新征服地市政会议的介入，它的决定在此宣布无效。

第六十七条 初审法官每年须对司法文件进行审查和修正，为此应前往构成其法区的审判区，在这里审判属于其权限内的已经做好了预审准备的案件，巡查的时间由省总督与总督公会酌商确定。

附款一 达曼、第乌和帝汶各审判区的法官也要进行同样的巡查。

附款二 这些法官应向所属地区的中级法院主席提交一份报告，配上在头12个月内其在整个法区所审判的一切案件的统计图表，说明未结待审的案件及其原因；报告还应包括有关改善司法管理的思考和建议。

附款三 中级法院的主席将根据这份报告和部分统计表撰写整个法区的报告和统计图表，并连同二审的已结和未结案件的统计一起，呈送给海事海外部。

莫桑比克和澳门的司法委员会的法官同样要提交有关该委员会权限内案件的报告。

第六十八条 与这些初审法官和达曼、第乌和帝汶各审判区的法官一道，各设一名初级检察官（Delegado do Procurador da Corôa e Fazenda，澳葡当局汉译为“按察使司”）。

第六十九条 这些初级检察官必须从具有法学学士学位、能胜任此职的人中间任命，其籍贯和住处应该与其所服务的法区不同，其地位与王国的初级检察官相同。

附款一 在印度邦法区和达曼、第乌审判区，初级检察官应从葡国的律师中间选出，在司法级别中没有属于他们的级别和升迁；他们由总督与总督公会酌商从中级检察官（Procurador da Corôa e Fazenda）所提供的三倍名单中选择。

附款二 帝汶的初级检察官的任命根据今年11月26日敕令的规定进行。

附款三 在莫桑比克、格力马尼和澳门各法区，如需要临时性任命，可由总督与总督公会酌商，按照相应初审法官的提名做出有关任命。

第七十条 莫桑比克法区和澳门法区的初级检察官，可应召在省会所在地或其所在的审判区充当军事法庭的法官。

第七十一条 第六十五条的规定适用于上文所提到的初级法区的初级检察官（Delegados das Comarcas）。

第七十二条 在莫桑比克、巴德兹、萨尔赛特、澳门各法区，设一名分配员兼会计员。在果阿诸岛法区，该职责由中级法院的会计员行使；在格力马尼法区及达曼、第乌和帝汶各审判区，该职责由公诉方代表（Agente do

Ministerio Publico）履行。

第七十三条 初级法官的书记员及达曼、第乌和帝汶法官的书记员同时充任公证员；果阿诸岛、巴德兹和萨尔赛特各法区，则根据1853年6月30日敕令设立专职的公证员。

第七十四条 在初审法院可根据需要设一名翻译官，由各省的总督任命，且应该尽可能由各自的分配员会计来充任该职。

第七章 初审商业法庭

第七十五条 根据1863年4月7日敕令创立的澳门和新果阿的商业法庭继续存在。

独一附款 新果阿商业法庭对帝汶的司法权转归澳门商业法庭行使。

第八章 普通法官

第七十六条 在印度邦巴德兹和萨尔赛特各法区的旧征服地分设两个审判区（Julgados），在新征服地分设四个审判区。

独一附款 每个审判区的界限及名称由大总督与总督公会酌商确定。

第七十七条 在印度邦和莫桑比克省的每个非法区省会所在地的审判区，设一名依据第五十八条的规定任命的普通法官和一名代理普通法官（um Juiz Ordinario e um Substituto）；但印度邦的普通法官要根据中级法院主席的提议从王国的律师中产生；莫桑比克的普通法官则根据其初级法院的建议做出任命。

第七十八条 普通法官的司法权限为不动产8 000厘士，动产12 000厘士，罚金3 000厘士或三天监禁。

第七十九条 每当普通法官不能到场或不在时，即由其代理人行使其职责，如果普通法官及其代理人均不在，则根据本章程第五十八条附款一的规定任命代理法官。

第八十条 在新征服地，普通法官在整个审判区内兼具司法调解员（Juiz de Paz）和选举法官（Juiz de Eleito）的职责，搜集在其管辖区内各村庄所犯下的罪行的罪证；如果他不在，就委托其行政书吏（Escrivaes Administrativos）代行；代理人必须向普通法官及行政监督（Administrador Fiscal）汇报所搜集到的罪证，否则处以罚款3 000—30 000厘士。

第八十一条 在得到总督公会投票表决的情况下，普通法官可以被本省总督撤职；在印度邦的各法区，须先听取中级法院法官主席的意见，在莫桑比克省，则要先听取初审法官的意见。

第八十二条 与每个普通法官一道，设一名副职的初级检察官（Sub

Delegado do Procurador da Corôa e Fazenda)，在印度邦，由省总督与总督公会酌商根据所在法区公诉代理首领的提名任命，亦可以从律师中挑选；在格力马尼和莫桑比克两法区，则根据所在法区初级检察官的提议任命。

第八十三条 以前的审判区仍维持现有的书记员和衙役的人数；新设的审判区增设一名书记员和一名衙役。

独一附款 如果情况显示有必要，中央政府可在新设的审判区多任命一名书记员和一名衙役。

第八十四条 普通法院（Juizos Ordinarios）的书记员同时充当公证员，果阿的旧征服地的审判区除外。

第八十五条 果阿新征服地的审判区的公证员用葡萄牙语书写自己的案卷，并根据要求提供葡语或马拉塔语（Lingua Maratha）的抄件。

第九章 调解员

第八十六条 在每个堂区设一名司法调解员（Juiz de Paz），由省总督与总督公会酌商、从相应市政机构提供的三倍名单中任命，任期两年，任务是协调双方的诉求，同时行使最新司法改革法授予选举法官（juizes eleitos）的职责，由此取代他们。如果司法调解员不在或不能到场，就按照同样方法从该名单中任命代理人；如果二者均不在或不能到场，即按照第五十八条附款二的规定任命。

附款一 如果情况需要并经总督与总督公会酌商决定，也可以两三个堂区只设一名司法调解员。

附款二 司法调解员及其代理人须在相应的市政机构面前宣誓。

第八十七条 司法调解员行使选举法官职责的权限为动产或现金 25 000 厘士。

第八十八条 每个司法调解员有一名经总督任命的书记员为其提供服务。

第十章 司法工作秩序与诉讼程序

第八十九条 法官、检察官和司法代理人的权限和责任，司法制度和诉讼程序，均受 1841 年 5 月 12 日最新司法改革法的规范，并须与前述各条和下述各条的规定相一致。

第九十条 除了最新司法改革法第二百一十条独一附款所列举的案件外，下列诉讼亦不在和解之列：

1. 有些被告处在诉讼被提起或被继续的海外省大陆或岛屿之外的案件，例外仅限于上述的被告；

2. 本来意义上的即决案件和最新司法改革法第二百八十一条和第二百八十三条第一附款所指的被法庭执行的案件；

3. 新工程的上诉案件；

4. 遗嘱简化案件；

5. 诉讼案卷修改案件；

6. 撤销任何被不正当拒绝者的同意的案件；

7. 不得不继续传唤肇事者的案件，例外仅限于肇事者；

8. 反诉案件；

9. 执行案件及其附带事项。

独一附款 果阿诸岛、巴德兹和萨尔赛特各法区，被视为实施本条第一款规定所指的单独的一块大陆。

第九十一条 在法令所要求的情况下，和解的缺失不再是不可挽回的无效，如果被告没有在请求者反驳时或陈述结束之前提出抗议的话。

附款一 如果抗议是在反驳之后或者陈述结束之后才提出，则法官即可下令忽略此一缺失，不论诉讼进行到何种状态，并停止诉讼进程；在这一情况和前面的条件下，法官将判原告加倍支付诉讼费。

附款二 如果诉讼之前或之后突然出现了案件开始时发生的情况，则该诉讼免于和解，判决不会被宣布无效，这一缺失将不被忽略，只是宣布由原告双倍支付诉讼费。

第九十二条 任何被分配的诉讼文书不得在分配时免除责任，下列两种情况除外：

1. 根据最新司法改革法第三百一十七条规定，已经证实对法官提出的异议属实，或者判决已成定案；

2. 在针对分配中的书记员提出反对性怀疑之前已经宣判。

只有在这两种情况下，文书分配时可免除责任，被分配给同级别的其他书记员。

第九十三条 在民事案件中，如果法官认为对案件的进展有益，或者因诉讼某一方的要求，证人可以在公开庭审之周的任何一天被询问。

第九十四条 在初审最后宣判后，诉讼双方的任何一方，都可以要求宣布含有某些不清楚或有歧义的内容，直至要求改判罚金或诉讼费的给付。此申请应在自上诉期开始之时起首 24 小时内与案卷一道提交给法官；法官应在另 24 小时内做出判决，其间判决书中的某些部分可能被修改。上诉期限从最后决定之日起重新开始。

第九十五条 最新司法改革法第六百一十七条对执行异议的规定，应该被严格而无异议地理解与运用。

第九十六条 在普通法官有权审理的民事案件中，不得进行异议上诉（Recurso de Embargo）；在超越普通法官权限但不超过初审法官权限的案件中，除了不服上诉（Recurso de Apelação）外，只能对诉讼卷宗提起上诉（Aggravo no Auto do Processo），不得包含任何其他种类的上诉（Aggravo）；在由初审法官或普通法官准备的超越初审法官权限的案件中，只允许对诉讼卷宗提起上诉；在无权限或超越权限的案件中，可以对诉状提起上诉（Aggravo de Petição）。

第九十七条 在判决执行过程中，最新司法改革法第五百七十四条所规定的首次传讯之后，所有不符合第六百三十一条、六百三十三条规定的住处的其他案件，都可以在被执行者或其代理人的住处进行。如果本人不在那里，就由一位家人见证；如果家人也不在，就由一位邻居见证。

独一附款 自首次传讯后十天之内，执行者将选择一个接收传票的地址；如果没有这样做，即当作抗传对待。

第九十八条 如果对被查封财产进行评估的方式不符合法令的规定，则评估结果无效；评估人应将所得酬金退回。

独一附款 评估员必须对因为欺诈或恶意而造成的损失负责，并以其财产做出赔偿；如果没有财产或财产不足，就按照以其所应偿金额每 1 000 厘士一天折算得出的天数处以监禁。监禁期限最长不超过 100 天；一旦支付了赔偿金监禁即刻停止。

第九十九条 如果有被判决者对司法判决的执行提起诉讼，执行者应在符合最新司法改革法第六百八十一条第九附款规定的情况下被要求提供继续执行的保证金；如果已经交出了所要求的东西或拍卖所得，则最新司法改革法第六百二十一条第三附款、六百二十九条第六附款、六百三十条独一附款及六百四十条第二附款的规定宣告生效。

第一百条 财产拍卖甚至可以在达到所欠款项一倍时成交；如果由被执行者指定的话，也可以指定其他与欠款等比例的财产。

独一附款 如果没有人出价，就减扣五分之一；若减扣后仍然无人出价，那么申请执行者如果不愿接受提前用所得支付，就可以要求改换与欠款等额的其他财产支付。

第一百零一条 对于再次拍卖的财产只能按照依法减扣后的价格做出判给；如果没有人出价，应至少提前五天发布通告（Edital de Noticia），而无须再做公开宣布（Pregões）；据此则最新司法改革法第六百零四条的规定宣布生效。

第一百零二条 依法必须执行的财产，依照最新司法改革法第六百零二条的规定，只有在下列情况下才能被免除执行：

1. 拍卖结束之后、中标人签署文件之前；

2. 第二次拍卖之后、判给公布之前。

附款一 享有此项权利者应该在免除当场提供拍卖的价格以及所产生的费用，或者提供担保金，并在三日内将款项存入公物会银库。

附款二 至于家具和日用衣物，可以在评估之后和公告期之内免除执行。

第一百零三条 按照最新司法改革法第六百三十九条第一附款规定，对第三方扣押者的罚款如果低于被扣押财产的价值，就依据被执行财产的价值而定。

第一百零四条 在果阿诸岛、巴德兹和萨尔赛特各法区，初审判决的上诉书不应停止撰写抄件，除非在退回时才收到上诉书；应该继续进行文书的抄写，在这一情况下，如果诉讼双方同意在上诉裁定之前不再继续或被执行人已经存入了执行额度的款项，则不抽取抄件。

附款一 同样地，如果在初审卷宗送达中级法院之前就已经提取了抄件，且案件仅在该法庭审理的话，二审阶段的复审（Revistas em 2.ª Instancia）也不撰写抄件。

附款二 在任何必须提取抄件的案件中，应由上诉者（Recorrente）按照收费规则支付费用，并将有关款项存入。

附款三 这些抄件将按照本章程所附司法费用及薪水表中第一百零五条的规定提取，据此最新司法改革法第六百八十一条第十七附款、第八百五十三条宣布生效，其条款应该全面遵守。

第一百零五条 如果在向中级法院提起申请之后30天内没有准备好申请书的话，上诉（Apellação）或反诉（Agravo）即被判为无效，并将首先传唤其代理人（如果有的话）以便在24小时内做出回答；或者在《政府公报》刊登公告或告白，以便在未来30天内另行准备申请书（如果诉讼中没有代理人的话）。

独一附款 无效性判断因应被上诉人的请求而做出，由此，最新司法改革法第七百三十八条第一附款宣布生效。

第一百零六条 在公诉方不是主要方以及提出申请之后30天内没有准备好申请书的案件中，将因应初级检察官之请求判定针对罚金判处所提出的上诉请求为无效，而并不取决于是否有准备。

独一附款 如果上诉的准备时间超过了30天，而且是在公诉方请求之后，那么，相关准备工作不能阻止对有关罚金做出无效判决。

第一百零七条 在上述仍在果阿中级法院待审并且超过30天仍未准备好申请书的案件中，在进行前条所指的无效判决时，应该以张贴在法院门口的告示（Edital）通知上诉人，其中应写明在公告之日起30天后的某日进行宣判，因此法庭书记员应该在案卷中载录告示的张贴及其时间。

附款一 如果超过了依照现行法令所规定的宣告审判无效的必要期限，除了告示，还应在《政府公报》之官方版面插入一份公告（Annuncio），其内容应包含告示中所宣布的内容；书记员应将包含公告内容的记录并入案卷，无须贴印花税票，并将有关费用并入罚金内。

附款二 在告示和公告刊布后的30天内，允许诉讼双方准备上诉书；在此情况下，将中止由初级检察官所要求的上诉无效判决（Julgamento da Deserção）。

第一百零八条 在由中级法院根据法官裁决意见书做出判决的诉讼中，如果在提出裁决意见之前突然出现法庭报告人（Relator）不能到场，即由在法庭的代理法官做出决定；如果在发表裁决意见书之前他可以到场，则恢复由他本人发表裁决意见书。同样，他的助理不能到场时，也要被代替。

独一附款 不论因何种原因不能形成判决（Obter Vencimento），卷宗将被寄送里斯本中级法院（Relação de Lisboa）做出裁判，其中的裁决意见书即告终止并被封存。

由此宣布，最新司法改革法第四十六条、第六百九十七条及其附款以及第七百三十三条的规定被更改。

第一百零九条 如果提交给中级法院的诉讼需要评估，则法官们即可下令对它们加以评估，而诉讼无须返回初审。

第一百一十条 在民事诉讼的上诉案件（Appellações）中，如果诉讼双方和公诉代理人已经声称在无效判决中有需要补充说明之处，就将其提交会议讨论，以便通过协商做出决定；通过补充完成诉讼中的无效性判决程序。

独一附款 对无效性提出裁决意见书的法官，应该按照最新司法改革法第七百三十条之规定，即刻提出诉讼程序中包含的所有问题；当案卷返回给他就诉讼主体事项（Principal）发表意见时，按照该条第四附款的规定，他不能再谈论无效性问题。

第一百一十一条 在根据裁决意见书进行判决的诉讼中，一旦就主体事项（Objecto Principal）达成了裁决意见，提出裁决意见书的这位法官即将诉讼提交会议，以便与其他法官一道协商决定未获解决的附带事项（Incidentes）的裁决，除非这些附带事项如此重要，以至大多数法官认为应该按照裁决意见书做出裁定；在这种情况下，附带事项既已形成裁决，案卷即可交回形成了主体事项决定的那位法官，由其起草裁决书（Accordão，澳葡当局汉译为“批词”）。

第一百一十二条 应召仅参与部分表决的法官，不仅参与提出异议的部分事项的表决，还可代替不能到场的法官参与未提出异议的其他事项的表决；但是，不能先于到场的全体法官进行表决。

第一百一十三条 在针对裁决提出异议的案件中，那些第一位法官对其提出异议的卷宗，将被提交会议讨论，如果大多数法官认为无须提出裁判意见书就可以即刻做出判决的话，就形成裁决（Accordaos）。

附款一 法官们无论用什么方法审理异议诉讼，如果他们大多数了解存在最新司法改革法第七百三十六条明确规定的无效性，而这又被认为理由成立，裁决应不予公布；受到异议的裁决宣布无效之后，接续进行后续的司法程序。

附款二 裁决无效判决被通过时没有获得被说服者的同意，可在卷宗起草之前将案卷交回该法官重新做出裁定；对于新的裁决，诉讼双方均可像首次裁定那样提出异议。

附款三 如果对裁决的无效判决是在不足法定表决人数的情况下被宣布的，卷宗将被交给该法官或后续的法官，直至有足够法定人数获得通过后起草新的裁决书；与第一个裁决书一样，诉讼双方仍可对这个裁决书提出异议。

附款四 如果无效性源于一个没有在全部有争议事项的裁定上达成理解的裁决，那么，案卷将被返回给这些法官，以便宣布或补充他们对被忽略事项的裁决意见书；如果最初的法官人数不足，也可以交给另一个法官；一旦获得通过，即可起草裁决书；与第一个裁决书一样，诉讼双方仍可对这个裁决书提出异议。

附款五 但是，如果无效性是因为超过了其判决中的请求而造成的，卷宗将被返还这些法官，以便宣布或改判他们的裁决，如果他们的人数不足，也可以交给另外的法官；像第一个一样，也可以对重新起草的裁决书提出异议。在本附款的规定条件下，法官们就裁决书的无效性做出通过的裁决，即不得重新表决和改判。

附款六 如果已经确定的无效性不被尊重，法官们可以审理这些异议所包含的所有其他事项，就有关问题提出裁决意见书，或者即刻根据他们之间的一致意见做出裁决。

第一百一十四条 二审中对异议（Embargos）的反驳或维持时加入某些文件，须遵守最新司法改革法第六百七十八条第三附款中对初审的规定。

附款一 上诉方（Appellante）看过卷宗之后，只能加入对被上诉方（Appellado）呈出的文件进行反驳的文件。

附款二 在对诉状和文书的上诉（Aggravos）中，未经上诉法官（Juiz

Aggravado）评估的文件是不可接受的；在这些诉讼的提出、审理和判决中，须遵守1849年7月11日法令中可适用部分的规定。

第一百一十五条 未成年人的财产清理，按照最新司法改革法中规定的程序进行，同时做下列修改：

附款一 只在下列情况下设立亲族会议（Conselho de Familia）：

1. 在财产清点时任命监护人、副监护人和评审员，如果他们在场，可允许他们进行宣誓；

2. 核准债务；

3. 不动产的抵押、转让与交换；

4. 当未成年人的法定相续产超过6 000 000厘士时对其开支进行裁定；

5. 解除监护；

6. 当监护的一般账目须提交亲族会时对该账目进行核实。

附款二 亲族会的所有其他职能在地方法院所在地由按察使司确定，在其他审判区由普通法官确定；但是，年度账目须经按察使司通过监护人庭讯核准后方可有效。

附款三 在财产清单中仅对要清理的财产做一次描述，可留有必要的间隔以对每一笔评估的金额加以补充。

附款四 法官无须出现在评估和描述现场，除非被提出要求或在首次评估被拒绝而进行二次评估时。

附款五 在财产分割中，只要某些共同继承人或监护人请求将某些不动产在若干个共同继承人之间分配的话，应将其中的每一份额做出界定。

附款六 被解除监护的未成年人无须对部分或全部归其所有的继承财产进行清理。未成年人请求解除监护时，应以该财产清理为开端，还要有年龄证明；如果没有对解除监护的附带事项做出决定，则不能进行解除监护的程序。

附款七 如果清理财产的未成年人所应有的财产在扣除了核定的债务后，在印度邦法区和达曼、第乌审判区不超过30 000厘士，在格力马尼、莫桑比克、澳门各法区和帝汶审判区不超过50 000厘士的话，申请人除了支付书写稿纸费外，无须支付其他费用。

附款八 未成年人的财产金额，在扣除核定的债务后，超过了前款所宣布的额度，但在前一类法区未超过60 000厘士，后一类法区未超过100 000厘士的话，除书写纸张费外，尚须按照即将公布的收费表所确定的标准半额支付办事职员的薪水和费用。

附款九 在前述两款规定的情况下，每当核定的债务覆盖了财产金额而无所剩余，那么，根据相关收费标准应缴纳的费用，应全部由继承财产来计算给付。

第一百一十六条 在依照现行法律签署了偿债合约即可利用限定遗产偿债权的情况之下，即使没有签署该合约，成年或未成年的继承人也可以利用该种权利的保护。

第一百一十七条 成年人之间财产清理时在以票据或抽签指定遗产的环节，应遵行最新司法改革法第四百一十条、第四百一十八条、第四百一十九条及其附款中对未成年人财产清理的规定。

附款一 成年人之间的财产清理如同未成年人的财产清理一样，在宣读分产决定书（Despacho da Determinação da Partilha）时，遵循该表中的规定进行，以数目字写下这些款项的份数和价值；法官在确认无误后着人撰写卷宗，详尽地写下相应号数表格中的全部内容，并由该法官和进行了分产的分配者们共同签署。

附款二 前款所指的卷宗起草完毕后，接着按照现行法令的规定进行遗产的抽签，并按照最新司法改革法第四百一十七条中的规定郑重地将结果写成案卷，在此案卷中不得抄录构成每一份遗产的款项。

附款三 在成年人之间和未成年人之间的财产清理中，诉讼双方不得查看分配决定书，也不得对其提起上诉，直至该分产做出最后判决为止；在宣判之后，诉讼双方可以对其提起上诉。

附款四 上诉的效力遵照最新司法改革法第二百九十九条第四附款及第四百一十三条宣布的规定执行。

第一百一十八条 《法令大全》第三卷第十三章的规定延伸至根据法律确定的或者由法官所签署的司法文件（Termos Judiciaes），包括对这些法令规定的可上诉案件的判决和裁定提出质疑，以及对他们曾经诉诸的法官和法庭提起上诉并陈出相关文书。

第一百一十九条 如果司法决定得到了负责案件的书记员的认可，法庭书记员助理可以在诉讼过程中撰写所有不包含司法秘密、也无须法官到场或由诉讼双方签署的司法文书。

第一百二十条 账目的证明及其抄件按照初始时的程序开具，仅要求在最后宣布各项账目的总结果，除非双方要求证明或抄件全部开出。

第一百二十一条 如果没有签署者宣布他是未成年人还是解除监护者、单身还是已婚，任何公务员不得做代理人；如果缺少这一条，他将被诉讼法官或审查法官（Juiz do Processo, ou em Correição）判罚 5 000 厘士；如果所提交的证据不是由公务员做出的、也没有包含前面所指的宣布，则要做代理书的人承担一半的罚金。

第一百二十二条 律师查阅案卷的期限一到，书记员即将案卷收回；如果没有将案卷交回给他，即签发无须批示的收取命令；如果该律师仍未按照命令反面所写的证明将案卷交回，则该法官再次下令收取，并通知其若不在24小时内将案卷送至书记员办公室，将罚款5 000—50 000厘士。

附款一 带有罚款通知的命令将被通知到律师，并由其在命令上签名，如果他拒绝，就由两位在场的证人签名；如果律师不在家，就在次日的某个时间通知到他的任何一位家人，如果家里没人在，就通知给他的一位邻居。

附款二 如果在按照前条所指的规定发出通知后24小时内案卷仍未被交回书记员办公室，该书记员将就此事开具证明；命令和证明加在一起，法官即可完结对律师的罚款判决。

附款三 根据前款对律师做出的罚款判决，将按照第一附款规定的程序通知到他；如果判决通知发出之时起24小时后，案卷仍未被交回书记员办公室，书记员将开出罚款判决的证明，相关法官将再次宣布判决，可判该律师停止履行职务一至六个月。

附款四 初审法庭对律师的罚款或停职判决只适用于上诉过程；如果是中级法院的同类判决则适用于复审过程。这些上诉（Recursos）将发生在权限内的判决中，但不用记载案卷没有被交回书记员办公室的情况。

第一百二十三条 文书不会预先分配，但分配人必须有一个本子，以清单形式详细记录下每月所形成的文书，每个审判区的公证员必须在次月5日前将这些文书交给他，记录应包括每个文书在前一月签署的时间顺序、诉讼双方的姓名，每页具有公证员公章签印的全真合约的性质。公证员若没有遵行本条的规定，将被罚停职。

附款一 除了规定的津贴（Emolumentos）外，公证员在撰写文书时当场向诉讼双方各收取40厘士，连同上面提到的文书清单交给分配员。

附款二 该分配员在应该收到文书清单之月的月末之前，应将清单中提到的所有文书以及全部说明录入相应的记录簿，并在各清单上签名，将它们归档保存，必须在核查当场将这些文书清单连同登记簿交给地区法官。同样，他必须以书面形式将未按本条的规定在规定期限内将文书清单交给他的公证员向法官和律政司通报。

附款三 分配员若未能履行本条及其附款二所规定给他的义务，将被处以停职。

第一百二十四条 所有罪证一经分配就由律政司查阅，他应在自开始查阅起8日内提出控告，除非被告已被收监，因为在这种情况下，控告必须在开始查阅罪证后48小时内提出。

第一百二十五条 在任何公共罪行的即决诉讼审判中，被询问的证人都不得少于8位；如果指出了多名证人，被询问的证人最多不过20位；8位和20位两个数目均不包括已经被提到过的证人。

附款一 除了律政司，如果原告方（Parte Guerelante）及所指出的证人超过了20位，法官就首先询问由律政司所指出的前10位和由原告指出的前10位；如果他们中任何一方指定的证人不足10位，就按照被任命的顺序询问另一方所指出的证人，以凑足20位之数；如果有一个以上的控诉方，则遵行最新司法改革法第九百三十九条第一附款规定的被询问证人的优先规则。

附款二 提出控诉的受害方（Parte Offensivo），在询问律政司提出的证人超过10名之后，可以指出所缺数额的证人，如果所缺之数不足5位，可以最多指定5位，并接受询问。

附款三 即决诉讼必须在起诉程序开始后16天内结案，除非因为需要询问被提及的证人或者进行某种别的审理而不得不延长；这种迟滞如果没有记录在案卷中，则不能避免第一百三十五条所指的处罚。

附款四 如果有证人按照另一个法官的委托书应该被询问，那么该法官应该在指定或提出那些证人之后马上发出他的批示（Despacho），确定再次执行所必需的期限，尽管过了前款规定30天期限；在这种情况下，期限一到，即使委托书没有被执行，法官也要结束即决诉讼，将委托书未被执行的情况通知中级法院的主席，以使责任人真正履行应负的责任。

附款五 然而，如果委托书在确定的期限过后被执行，就将其并入诉讼卷宗，或者如果即决诉讼尚未结案就由Juiz da Culpa跟进；或者在第一百二十六条独一附款的条件下由初级法官（Juiz de Direito）跟进；或者在对判决书提起上诉的情况下由高级法官们（Juizes Superiores）跟进。

附款六 对于刑事案件，在即决诉讼结案之前不能休息。

第一百二十六条 起诉一旦得到足够的证据即可发布判决书；但是，按照最新司法改革法第九百九十六条附款一规定，对于其效力只能后延的不公正判决的抗诉（Aggravo），只能在预审程序结束之后提起。

独一附款 但是，对于最新司法改革法第九百九十五条所指的上诉，上诉一经提出即可开始后续程序。

第一百二十七条 即决诉讼完结，或者根据第一百二十五条附款三的规定有待完结，并由普通法官（Juiz Ordinario，预审法官）宣布判决，或者后者没有进行判决，该判决书中应该下令将诉讼案卷送往法区法院的初级法官；该法官查阅后对该判决书加以确认或者改判，可以重新询问证人至多四人，并进行为达成真实判决而必需的其他审理。在莫桑比克和格力马尼两个法区的审判中，被告不论是被监禁的还是被保护的，都要伴随相关的诉讼，以便及时在初级法官面前进行对他的起诉，并使判决书得到确认。

附款一 当诉讼案卷与普通法官（Juiz Ordinario）的判决交给法庭书记员后，他将透过前往法区所在地的快邮或船只把诉讼案卷送达初级法官（Juiz de Direito）；如果必须进行某些由他进行的其他审理，该法官将在尽可能短的时间内对普通法官的判决做出确认或改判的判决，如果出现相反的情况，他应在诉讼提起后三日内完成它的确认或改判。

附款二 如果该普通法官在完结了即决诉讼或决定结案之后没有按照本条的规定着人寄送案卷，法区的初级法官可以下令他做这件事。

附款三 普通法官的判决，不论是宣判还是停止判决，都不允许提出上诉和抗诉（Recurso de Appellação ou Appravo），前条独一附款规定的诉讼除外；但是，初级法官对普通法官判决的确认或改判，可以向新果阿的中级法院提起上诉，而按照最新司法改革法规定属于澳门司法委员会和莫桑比克司法委员会权限内的案件，可向该委员会提起上诉。

第一百二十八条 在刑事诉讼中，只有下列情况下的无效性判决才是不可更改的：

1. 超越审判权限；

2. 缺少罪证，或者取证缺乏基本的程序，在这种情形下，如果手续的缺乏包括忽略了不能实施的行动或者在别的场合下实施的行动，那就不足以弄清事实，也无助于达成司法的公正性，如果诉讼案卷中包含了不容置疑的真实性，高级法庭应该重新确认该诉讼的有效性；

3. 如果起诉者不是公诉方代表却在起诉申请书上签了名，是因为起诉人没有在起诉申请书上签名，或者诉讼判定之后才提起公诉；

4. 如果没有对判决提出上诉，是因为法院没有向被告发出判决通知；

5. 没有给被告指定辩护人或者没有给未成年人指定监护人；

6. 如果被告未提出书面辩解，是因为法院未将起诉书的附件交给被告；或者，如果原告在庭审判决之前就赢得了那种无效性是因为法院未将被告的答辩词的副本送达原告；

7. 未将证人名单的副本交给原告或被告；

8. 缺少专家（Peritos）和证人的宣誓或签名；

9. 缺少按照法令的要求进行了宣誓的翻译官，或者指定了被法律所禁止的人做翻译；

10. 如果没有对判决提起上诉是因为缺少判决通知；

11. 最后，因为对辩护和发现真相的必备行为的一切忽视和不合法，影响或可能影响了对案件的审查和判决。

第一百二十九条 在造成了外伤、内伤或骨折的刑事案件中，应该在被告被最终宣判之前检查受害人的健康状况。

独一附款 非因卷宗证明不可能而缺少上述重要行动，高级法院的法官们将下令补做而不必将案卷返回初级法官，做出最后判决的那名法官将因此而被罚款 5 000—50 000 厘士。

第一百三十条 在印度邦各法区和达曼、第乌审判区，公诉方代表总是可以对重罪刑事案件的初审判决提出超越本职性（ex-oficio）的上诉，这样的案件没有中级法院的确认不能成为定案。

第一百三十一条 向中级法院提起上诉的刑事案件，在法官查阅案卷之前，应该先由公诉方代表和律师、辩护人和监护人查阅，这些人将以书面形式提出他们所认为的全部无效性，并即刻查阅案卷，提取为在审判时做最后陈述所需要的文件。

附款一 法庭报告人将卷宗与诉讼双方及公诉方代表对无效性的书面陈述提交会议，做出裁决，案卷由法官翻阅，写入一览表，在确认的某日宣判。

附款二 然而，如果这些无效性被认为是需要补充的，则在法官阅卷之前下令进行必要的行动和审理，满足了要求之后案件依法做出最后的宣判。

附款三 如果无效性是真实的不可挽回的，卷宗将部分或全部被判无效，并将按照判断重新立案还是继续原有的程序。

附款四 本条的规定不适用于对轻罪和仅由报告人法官（Relator）查阅的其他卷宗的上诉案件，因为这些案件按照最新司法改革法的规定继续进行合议审判（Julgar em Conferencia）。

附款五 一般刑事案件一旦宣布无效并被下令重新立案或继续原来的程序，被告应保持被拘押状态，除非按照 1852 年 12 月 10 日敕令第二、三、四条的规定而提供了担保金。

第一百三十二条 对死刑刑事案件判决的上诉，向中级法院提起诉讼，并由五名法官参与判决，本法庭的全部现职法官都应查阅案卷；所有其他刑事诉讼的上诉，则由该法庭法官的绝对多数票做出裁决。

第一百三十三条 在提起复审请求（Recurso de Revista）、被告已被宣告无罪的案件中，中级法院可以允许他们提出担保，但死刑除外。

第一百三十四条 最高司法法院对就新果阿中级法院及莫桑比克、澳门司法委员的判决提起的复审诉讼所做的裁决（Accordão），按照最新司法改革法第一千零二十一条的规定，将由中级检察官（Procurador Geral da Corôa e Fazenda）通知海事海外部，以便减刑或缓刑的决定与它们同时被宣布。

第一百三十五条 任何一个被宣告无罪的被告均无须支付刑事诉讼中的费用，即使已经判决但未成定案时，也不能要求他们支付费用。

第一百三十六条 法官或公诉方代表没有合法的和可证实的原因而在本法律规定的期限内未能进行其职责所在的任何司法活动，除了要对受伤者的损失承担责任并接受法律规定的其他惩罚外，还将被处以停职至多六个月的处罚。但是，该司法行动不能因为在法定期限过后履行而变得无效，除非有相反法律的特别规定。

独一附款 未能履行本章程第一百三十七条的规定在结案之后未将即决判决寄送地区法官的普通法官，也将受到同样的处罚、承担同样的责任。

第一百三十七条 造成第一百二十八条第三、四、六、七和十附款所提及的案件无效、或者该条第六款所提及的继续该司法程序而未将所缺少的情况通报给法官的书记员，将按照过错的轻重处以罚款或者停职至多六个月。

附款一 如果因为他的过错或忽视而违反了第一百二十七条附款一的规定延迟了向初审法官送达诉讼卷宗，而被告又在拘押当中，则超过该期限每天罚款 1 000 厘士，若被告未在拘押，则照该数的半额罚款。

附款二 除了本条及其附款一规定的处罚外，该书记员还要对因上述无效性或因其过错和忽视而遭受损失的受害人的损失负责。

第一百三十八条 已被正式任命而拒不接受为被告辩护或者无正当理由而不执行规定的律师，处以罚款 5 000—50 000 厘士；据此，最新司法改革法第一千一百零七条第四附款中关于停职处罚的规定撤销。

第一百三十九条 在任何没有普通法官的地区所立案的刑事诉讼，如果包含了罪证、概述和判决书，即视为有效。如果被告在其辩护时很快指出了证人，应该被询问，其证词应该并入卷宗。

第十一章 特别规定

第一百四十条 新果阿中级法院裁判区内法官、公诉代理人和副职司法职员的薪水，按照本章程所附并作为其组成部分的表格中的规定发放。

第一百四十一条 代理法院主席超过 30 天的中级法院法官，除了他自己的薪水，还将获得被代替者薪水的五分之一，只要后者没有领取。如果出现职位空缺，其薪水将被全数分配。

独一附款 本条的规定适用于在二审中代理法官或中级检察官的初审法官，但一审与二审之间薪水的差额始终不得超过五分之一。

第一百四十二条 代理中级检察官（Procurador da Corôa e Fazenda）超过 30 天的初级检察官（Delegado），除了他自己的薪水，还将获得一笔相当于被代理者薪水五分之一的津贴，即使后者已经全额领取了薪水。

独一附款 如果出现职位空缺，该初级检察官将获得该中级检察官薪水的一半。

第一百四十三条 在莫桑比克、格力马尼和澳门各法区，在职位空缺的情况下，初审法官的代理者将获得该职位一半的薪水，在其他情况下只可获得该职位薪水的三分之一。

在果阿诸岛、巴德兹和萨尔赛特各法区以及达曼、第乌两个审判区，相应法官的代理者可获得240 000厘士的薪水，不论代理的原因是什么。

第一百四十四条 如果普通法官的职能由他的代理者行使超过30天，该法官既定的薪水归代理者所有。

第一百四十五条 在整个新果阿司法辖区内司法的津贴（Emolumentos）和薪金的发放，遵行本章程所附并构成其组成部分的表格中的规定。

第一百四十六条 本章程中关于权限价值额度以及其他规定，应被理解为是指各省流通货币的价值。

第一百四十七条 政府已经获准在新果阿中级法院辖区内依据公务情况的需要增设或撤销司法官员的代理职位。

第十二章 各海外省的共同规定

第一百四十八条 海外属地的初审和二审法官的任职年限从其自王国首都港口或者其所居住的任何其他海外省登船前往任职地点之日算起。

第一百四十九条 海外属地初级法官的任职年限，在初审法庭为六年，在二审法庭为九年，自就职之日算起；他们应该是实际的任职，以便这些法官可以被允许进入王国的司法职级，但第二十二条的规定除外。除了实际履行职责的时间，因合法说明的疾病而不能履职的时间也可算作他的实际工作时间，如果在此期间他仍然居住在该海外省的话。

第一百五十条 对于法官、检察官以及他们的代理职位，不能获得带薪休假，患有合法说明的疾病除外。在这种情况下，如果居住在该海外省，这些官员可以保留其薪水，如果离开该海外省，则被扣除五分之一的薪水。

第一百五十一条 海外省各省的总督每年向海事海外部秘书处通报这些初级司法官员的实际任职的情况、停止履行职务的时间及原因，以便中央政府可以在咨询海外咨询委员会后做出终止该法官任职时间的决定。

第一百五十二条 组成海外省中级法院的委员，可以由王国的初级法官或者在海外省履职六年的初级法官填补；在缺少这里所指的法官的情况下，则由在相应司法辖区内的初审法庭服务较长时间的法官填补。

独一附款　为落实本条的规定，佛得角省的索塔文多（Sotavento）和巴拉文多（Barlavento）两个初级法区归入卢安达司法辖区（Circulo Judicial de Loanda）。

第一百五十三条　海外省的初级法官享有与王国大陆初级法官同样的退休待遇。为此，如果他在生病期间仍在该海外省居住，则因病停止履行职责的全部时间将被计算在工作期限内。

第一百五十四条　必须接受海外省总督的撤职决定的初级法官，应该与他的书记员一起，被转送到总督府，总督应该首先向他宣布被撤职的日期和时间。

第一百五十五条　禁止所有检察官在履行职责期间担任任何案件的辩护律师。

第一百五十六条　在新果阿司法辖区，本章程将取代1858年6月2日敕令的规定，废除1836年12月7日敕令以及其他与此相反的法令。

南湾子爵，1866年12月1日，于海事海外部。

新果阿中级法院司法辖区法官、检察官及其副职年薪一览表（略）

新果阿司法辖区司法津贴一览表（略）

——*Boletim Official*，Vol. XIII，Anno de 1867，pp. 43，49，55－56，67，73－74，79－80，85，91－92，103，109－110，117，123，130，135－136，141－142，147－148，153－154，159－160，165－166，171－173，177－178，186－187，189－190，195－196，201，207－208，213－214，227－228，235－236，249－250.

08. 1869年11月17日敕令

Decreto de 17 de Novembro de 1869

考虑了海事海外部的报告，运用《新增国政律典》第十五条第一款所赋予之权力，并与海外咨询委员会和部长会议酌商，现颁布敕令如下：

第一条　葡萄牙在亚洲、非洲和大洋洲的属地组成两个司法辖区（Districtos Judiciaes），分别命名为东方司法区（Oriental）和西方司法区（Occidental）。

第二条　在每个司法辖区设一个中级法院。东区首府设在新果阿，西区首府设在卢安达。

第三条 东方司法区分为六个初级法区（Comarcas），另有若干独立审判区（Julgados Independentes）：

印度邦：果阿诸岛法区、巴德兹法区和萨尔赛特法区；

莫桑比克省：莫桑比克法区和格力马尼法区；

澳门帝汶省：澳门法区。

第四条 西方司法区分为五个初级法区：

安哥拉省：卢安达法区和本盖拉法区；

圣多美—普林西比省：圣多美法区；

佛得角省：索塔文多（Sotavento）法区和巴拉文多（Barlavento）法区；

独一附款 卢安达初级法区设有两个法庭。

第五条 自此以后，检察官和审判官只能因公务需要或空缺法区的要求而被调动，但必须自己支付差旅费，且不能获得任何种类的预支款项和补助。

附款一 调动只能在司法辖区内进行。

附款二 当审判官（Magistrado Judicial）因公调动时，须得到国务委员会（Conselho d'Estado）的确认。

第六条 任何检察官或法官不得在其继任者到达之前离开他的法区，因可证明的疾病、被许可或由政府根据公务需要而发布的明确命令者除外。

第七条 六年服务期满、有意过渡为王国审判官的初审法官，必须提前向海事海外部提出该请求，以便他被任命为那个法官的继任者。

第八条 检察官和法官的退休遵行 1864 年 6 月 18 日法令中对于海外省民政官员退休的规定，为此应计算他以前在海外省或王国任何其他职位上服务的全部时间。

第九条 在各中级法院所出现的职位空缺通过文件审核式竞聘（Concurso Documental）的方式填补。

独一附款 一道特别敕令将确定哪些人可以竞聘，并规定竞聘的程序。

第十条 废除与此相反的法令。

海事海外部遵照执行。

国王，1869 年 11 月 17 日，于王宫。路易斯·奥古斯托·雷贝洛·达·席尔瓦（Luiz Augusto Rebello da Silva）（附签）

——*Boletim Official*, Vol. XVI, Nº 5, 31 de Janeiro de 1870, p. 17.

09. 1869年11月18日敕令

Decreto de 18 de Novembro de 1869

考虑了海事海外部部长的报告，按照1867年7月1日法律的授权，并听取海外咨询委员会和部长会议意见，现颁布敕令如下：

第一条 1867年7月1日法律所核准之《民法典》（澳葡当局汉译为“民律部”），连同1868年3月12日之《监护公会章程》和《离婚诉讼章程》以及同年5月14日之《物业登记章程》，在各海外省实行。

第二条 该法典连同这些章程自1869年7月1日起生效，不论是否已在各省《宪报》刊布，此一日期也被视为本敕令中所做的修改条款的颁布生效之日期。

独一附款 海事海外部应将该法典及相关章程寄送各海外省总督，以便向目前领受《宪报》的职员们派发。

第三条 去年2月25日敕令所颁布的宣布奴隶人身自由的临时性法令正式生效。

第四条 按照非天主教婚配者的宗教礼仪所进行的婚礼具有完全的民事效力，因为该法典既承认宗教婚姻，也承认民事婚姻（Casamento Civil）。

第五条 在海外省必须进行业主所有权登记（Registo do Doiminio），一如1865年10月17日敕令所核准的《物业登记法》第十条的规定。

第六条 《民法典》的所有规定的实施，完全取决于司法部门或其他机构的存在，因此，尚未建立的必须马上让它们履行职责。

第七条 在各海外省，《宪报》将取代《法院杂志》（Gazeta das Relações）完成与该法典有关的刊布事项。

第八条 该民法典一经生效，废除所有此前涉及民事案件的法律和本法典所涵盖的法令。

附款一 下列方面予以保留：

（a）在印度，保留分别载于新得地（Novas Conquistas）、达曼和第乌的有关法典且不违反公共道德和公共秩序的风俗事例；

（b）在澳门，在由华政衙门理事官审理的案件中保留华人的风俗事例；

（c）在帝汶，在土著人之间的案件中保留他们的风俗事例；

（d）在几内亚，在名为“见习水手”（Grumetes）的人们之间的案件中保留他们的风俗事例；

(e) 在莫桑比克，在 Baneanes 人、Bathiás 人、巴斯人、摩尔人、异教徒和土著人之间的案件中，保留他们的风俗事例。

附款二 在可以利用附款一之“例外”规定的案件中，如果双方一致同意选择遵行《民法典》的话，则该法典可适用。

附款三 各海外省总督应立刻下令由符合资格者编纂附款一所保留的风俗事例，尚未编纂成典的，则要提交草案由政府批准。

第九条 在该民法典实施的头五年间，政府将委托一个司法咨询委员会，接受一切有关改善该法典和解决实施过程中遇到难题的陈请、法庭报告或者任何意见。该委员会可向政府提交任何为达到其应该完成之目的的建议。

第十条 中央政府将制定实施本敕令所必需的规则。

第十一条 废除与此相反的法令。

——*Boletim Official*, Vol. XVI, Nº 3, 17 de Janeiro de 1870, pp. 9 – 10.

10. 1869 年 12 月 1 日敕令核准之《海外省政府机构章程》Regulamento para as Orgãos dos Governos nas Provincias Ultramarinas, Aprovado pelo Decreto de 1 de Dezembro de 1869

考虑了海事海外部的报告，运用《大西洋新增国政律典》第十五条第一款所赋予之权力，并与海外咨询委员会及部长会议酌商，现颁布敕令如下：

第一章

第一条 葡萄牙在非洲和亚洲的属地组成六个海外省：

1. 佛得角省，包括佛得角群岛、塞内加尔的属地，即葡属几内亚；
2. 圣多美—普林西比省，包括圣多美、普林西比两岛和阿茹达的据点；
3. 安哥拉省，包括赤道以南西部非洲的所有葡萄牙属地；
4. 莫桑比克省，包括非洲东部的所有葡萄牙属地；
5. 印度邦，包括果阿地区和达曼、第乌；
6. 澳门帝汶省，包括澳门和帝汶的葡萄牙属地。

第二条 各省划分为若干地区（Districtos），每个地区包括一个或若干个政务区（Concelho，澳葡当局汉译为“政务厅”）。

附款 各省的内部划分暂时维持现状，直到以特别规定做出改变为止。

第三条 每个省设一位总督，拥有民政、军事权限以及对整个相关地区的管辖权（Jurisdicção）。在每个区，设一位副总督，省会所在地除外。

第四条 佛得角、安哥拉、莫桑比克和印度邦四省总督拥有大总督（Governador Geral）的头衔，其他两省总督只有 Governador 的头衔。

第五条 与总督一起设有：

政府委员会（Conselho de Governo，澳葡当局汉译为“总督公会”）；

省总委员会（Junta Geral de Provincia）；

每省设一个以省委（Conselho de Provincia，澳葡当局先后汉译为“议政公会”和“澳门公会”）命名的行政法庭（Tribunal Administrativo）。

第六条 公共财物的最高管理及其相关事务的管理由一个公共财政委员会（Junta da Fazenda Publica，澳葡当局汉译为“公物会”）负责。

第二章 省政府

第七条 各省大总督由王室任命，必须从有从政经验的人中间产生。

第八条 当总督因死亡或其他原因缺位时，由一个政府委员会（总督公会）行使政府权力，直到新的总督到任为止。该会由下列人员组成：

1. 主教区的高级神职人员（主教）；

2. 中级法院院长；在没有中级法院的省份，为该省首府的地方法官（Juiz de Direito，澳葡当局汉译为“按察使司”）；

3. 驻扎省府一线部队（Primeira Linha）的高级军官；

4. 政府秘书长（Secretario Geral do Governo，澳葡当局汉译为“辅政司”）。

虽然总督在位，但因为生病不能到场，或者依照政府之命或经政府批准暂时离开本省，或者出访距离省会遥远之地，则由辅政司（Secretario Geral do Governo）代替总督行使职责，并以总督的名义下达命令。

第九条 大总督拥有 Conselho 头衔，享有以前的大总督（Capitães Generaes）所享有的荣誉。圣多美—普林西比省总督和澳门—帝汶省总督享有 Governadores Civis 和 Generaes de Brigada 的荣誉。各省总督必须在海事海外部部长（Ministro e Secretario d'Estado dos Negocios da Marinha e Ultramar）的主持下亲自或由其代理人举行宣誓。如果本人已在海外，则在向其移交政权的个人或委员会面前宣誓。

第十条 大总督的任职期限为五年，从就任之日算起。

第十一条 大总督拥有民事和军事权力，但绝对不得干预司法裁决，法律明确规定其为法庭主席的情况除外。

第十二条 大总督作为一省长官，始终管辖在那里设立的所有政府机构(Auctoridades)。

第十三条 大总督作为民事总督，除了拥有依照《民法典》和其他法律属于临近岛屿民事总督的一切权限外，还拥有下列权限：

1. 出任总督公会（Conselho do Governo）主席和公物会主席（Junta da Fazenda）之职；

2. 当由王室任命的公职出缺或相关职员不能到场时，总督可暂时加以指定，但有特别法令规定替换者任命方式的情况除外；

3. 正式任命所有薪水不超过葡国币 30 万厘士（$ 300 000 Réis，Moeda do Reino）的公职人员；

4. 任命政区（澳葡当局汉译为“政务厅”）的首领；

5. 下令解散任何选举的行政团体（Corpo Administrativo Eleito)；

6. 在与政府可下令调查的同等情况下下令对公职人员进行司法调查；

7. 挑选省委员会（Conselho da Provincia，澳葡当局先后汉译为“议政公会”和“澳门公会”）的成员；

8. 行使依据其他法律规定属于他的权力。

附款 如有任何行政官员因在履行职责期间所做的事实而被判刑，总督有权在听取总督公会意见后批准或拒绝诉讼继续到最后判决为止。

第十四条 大总督为一省的最高军事长官。

第十五条 根据宪法补充案（澳葡当局汉译为“大西洋国新增国政律典”）第十五条第二款之规定，大总督在听取总督公会意见后，可采取应对来不及等到议会或政府决定的紧急情况所必需的措施。

下列情况不能视为紧急情况，因此总督不能采取措施：

1. 开征税项，改变或增加已经确立或在其开征前已经征收的税收；

2. 获得贷款，但特殊和十分紧急的情况除外；即使在这个前提下，也必须得到总督公会表决确认该笔贷款；

3. 确立专营权；

4. 割让或交换本省领土的任何部分，或国家拥有主权的任何土地；

5. 改变有关本省支出的法律；

6. 设立或者撤销公职，增加他们的薪水，或者免除由王室任命的职员；

7. 施与金钱上的或荣誉性的恩惠；

8. 批准拥有专营权或享有政府资助的公司或企业的建立；

9. 改变司法机关的组织或司法程序的法律；

10. 停止法官的职责或薪水；

11. 改变货币的价值；

12. 制定违反市民政治和民事权利的规章；

13. 赦免、减轻或改判刑罚，并给予大赦；

14. 施舍宗教慈善；

15. 确定与邻国的领土界限；

16. 对任何主教会议的裁决（Decretos de Concilios）、教皇的书信（Letras Apostolicas）或教会的咨询（Consultas Ecclesiaticas）给予许可；

17. 改变总督公会（Conselho do Governo），或公物会（Junta de Fazenda），或其他行政机构（Corpos Administrativos）的组织。

第十六条 每当总督采取了超出其常规权限的措施，要立刻通过前来王国的头等邮袋（Primeira Mala）向政府汇报，其中应阐明理由，并配有总督公会的相关决议。

第十七条 如果大总督认为有必要和适宜废止、修改或者替换任何法律（Lei）或法规（Disposição Legislativa）、敕令（Decreto）或政府规定（Disposição do Governo），应向海事海外部致送他认为合适的建议书。

如果所提出的建议涉及法规（Disposição Legislativa），须事先听取总督公会的意见，此外，如果主题需要，还须听取公物会的意见。所提建议还须同时配有相关会期的决议和总督所阐述的理由。

这些建议不能由总督宣布实施，即使是临时性的实施；但依照《新增国政律典》第十五条第二款所规定的紧急情况除外。

第十八条 除了第十五条的规定外，大总督不得做下列事情：

1. 没有中央政府的许可或命令离开本省的范围；

2. 以任何理由允许任何职员离开本省，但由卫生委员会（Junta de Saude，澳葡当局汉译为“医局”）证明情况危重者除外；

3. 废除或修改省财政委员会（公物会）对其权限内事务所做出的规定；

4. 对未经法律或政府命令批准的任何一般开支项目做出决定。

第十九条 大总督配有两名传令士官（Ajudantes de Ordens），他们的职务不得高于上尉（Capitão）。圣多美—普林西比省总督和澳门—帝汶省总督仅配备一位传令士官。

第三章 辅政司

第二十条 每个大省设一名秘书长（Secretario Geral，澳葡当局汉译为“辅政司”）和一个秘书处（Secretaria，澳葡当局汉译为“辅政司署”），以办理公务（Expediente dos Negocios）。关于辅政司署的组织和工作程序将制定专门的法律和规章。

第二十一条 辅政司由王室敕令（Decreto Real）任命，在海事海外部部长主持下亲自或由其代理人举行宣誓；如果被任命时本人已在海外，则在该省总督主持下举行宣誓。辅政司享有二线陆军上校（Coronel de 2ª Linha）的荣誉和级别。

第二十二条 辅政司任职期限为五年，从就职之日算起。但如果没有被经由王室任命的另一人代替的话，则可以继续任职。

第二十三条 只有具备下列情况者方可被任命为辅政司：

1. 修读过高等教育课程（Curso de Instrucção Superior）并作为政府秘书、政务厅或公诉代理（Agente do Ministerio Publico，澳葡当局汉译为“国家律师”或“律政司”）服务三年以上者；

2. 在国家的任何高级部门，特别是海事海外部，供职三年且表现良好；

3. 根据其被公认的能力和特别情况，值得政府信赖者。

（1）在本条所提到的前提下，并在同等情况下，在海外省或国务秘书处海外局（Direcção do Ultramar da Respectiva Secretaria d'Estado）有良好供职经历者；

（2）政府部门职员保留在相关部门属于他的职位和权利，并在他结束在海外供职时，恢复与他。

第二十四条 辅政司也是总督公会（Conselho do Governo）和议政公会（Conselho Provincial）的秘书，并在其中有表决权。

第二十五条 辅政司负责直接监管政府印刷所（Imprensa do Governo）和政府公报（Boletim Official，澳葡当局汉译为“宪报”）的出版事宜。

第四章 总督公会

第二十六条 总督公会由该省总督任主席，由下列人员组成：

辅政司，担任公会秘书；

本省教会高级领导；

中级法院的在任法官，没有中级法院的省份为本省省会的按察使司（Juiz de Direito）；在其出缺或不在时，可由他人代替之；

在该省省会的2名有少校军衔的前线军官；

在有中级法院的省份为驻该法院的中级检察官（Procurador da Corôa e Fazenda），在其出缺或不在时可由他人代替之；按照同样的模式，在其他省份为驻省会法区的初级检查官（Respectivo Delegado na Comarca da Capital）；

公物会秘书（Secretario da Junta da Fazenda Publica，澳葡当局汉译为“书

记官”)，在其出缺或不在时可由他人代替之；

卫生局的（Servico de Saude，澳葡当局汉译为“医局”）的首领；

省会的市政议会（Camara Municipal da Capital da Provincia，澳葡当局汉译为“议事公会”或“议事公局”）主席。

附款一 当辅政司非为王室任命时，他在总督公会没有表决权。

附款二 总督公会成员之间的优先权由专门的敕令加以规定。

第二十七条 大总督出缺或不在时，公会主席的职位按照优先权的顺序来确定。

第二十八条 在总督公会召集开会的公告中，须写明开会的地点、日期和时间；这个时间一到，即由到场的委员开始开会。

第二十九条 总督公会必须对总督提出征询意见的所有事情拿出意见并做出表决。总督必须在所有重要事务上听取该公会的意见，尤其是涉及本省立法性措施或规章；但是总督并非必须遵照该会多数人的意见或任何一个委员的意见，第三十条规定的情况除外。如果公会的意见不一致，在决议中应写明与多数意见不一致的表决票。

第三十条 制定法规（Providencias Legislativas）所必需之紧急情况的认定和举借贷款，必须得到公会多数表决的确认。

第三十一条 在讨论省紧急立法和获得贷款问题的会议上，紧急情况问题应该先于所有其他问题进行表决。

第三十二条 总督公会有表决权的委员（Vogaes）在总督就职的文件（Auto da Posse）签字时位居前列。

第五章 省总委员会

第三十三条 省总委员会（Junta Geral da Provincia）构成如下：

1. 在印度邦

大主教，在其缺位或不在时，则为教士会议代表（Vigario Capitular），或教区总督（Governador da Diocese），或总督公会主席（Presidente da Junta Governativa），或代理主教（Vigario Geral）；

辅政司；

国家律政司；

公物会书记官；

卫生局首领；

一名外科—医疗学校的讲师；

一名由新果阿数学—军事学校校委会选举的讲师；

一名中学教师；

一名师范学校的教师；

一名由每个市政公会推选的委员。

2. 在安哥拉省

主教区主教，在其缺位或不在时，则为教士会议代表（Vigario Capitular），或教区总督（Governador da Diocese），或代理主教（Vigario Geral）；

辅政司；

国家律政司；

公物会书记官；

卫生局首领；

本省首席工程师；

一名修道学校（Escola Principal）的教师；

三名有表决权的委员，其中两名由在卢安达注册的商人推选，一名由本盖拉注册的商人推选；

由本省每个政务区推选的一名有表决权的委员。

附款一 印度邦的中学、师范学校以及安格拉修道学校的教师由总督指定。

附款二 由市政公会所推选的委员和由卢安达及本盖拉商人所推选的委员，均由总督从其推举机构所提交的三倍于可推选名额的名单中挑选。

附款三 由任何机构推举的委员一律任职两年。

第三十四条 在佛得角省、圣多美—普林西比省和莫桑比克省，在其机构未照本敕令的规定加以规范期间不设总委员会（Junta Geral）。在澳门—帝汶省不设省总委员会。

第三十五条 总委员会的委员在其开始任职的首届会议期间，应在会议主席的主持下宣誓认真履行职责；宣誓的程序将由相关的规则加以确定。

第三十六条 总委员会的会议向公众公开，除非本省利益要求秘密开会。

第三十七条 总督将每年指定一名委员主持会议。总委员会在每届会议的首次会期以绝对多数票选出会议的秘书。

第三十八条 《行政法典》（Codigo Administrativo）中关于地区总委员会（Juntas Geraes de Districto）的规定适用于省总委员会，本敕令以其他方式做出规定者除外。

第三十九条 除了《行政法典》授予地区总委员会的权限外，省总委员会享有下列权限：

1. 讨论和表决本省所需要的公共工程，但下列情况除外：

（1）要塞工程；

（2）省政府、司法管理、财物管理、兵营以及其他军事设施所必需的房屋建筑工程。

2. 表决一切为改善公共卫生所必需的工作或业务。

3. 创办小学及工商业学校。

4. 根据法律规定制定或删去有关慈善机构制度的章程。

5. 征收为已表决的工程或服务之建设、维护和实施所必需的直接税和间接税，但是下列情况除外：

（1）改变海关税则；

（2）以增加税收和减扣薪水的方法加重该委员会无权设立或停职的公职人员的生活压力。

6. 根据需要任命司库管理专属于本会业务的收入。

7. 一般而言安排任何对本省有益的服务、工作或机构。

独一附款 但《行政法典》第二十六条第一、二两款规定的情况除外。

第四十条 总委员会决议的实施归大总督，但是，委员会表决通过的任何收入，由公物会管理，并与国家一般收入完全分开。

第四十一条 当总委员会指定了司库，即刻通知公物会，取代大司库管理总委员会的收入。

第四十二条 在每个年度集会的第一天，总委会在一份三倍的名单中挑选两名作为省委员会（Conselho de Provincia，澳葡当局汉译为“议政公会”）的委员，大总督也从这份名单中拣选两名普通委员（Vogaes Ordinarios）和两名替补委员（Substitutos）。

第四十三条 大总督向总委会提交他认为对其权限内各项目标有益的建议。总委会委员同样有权提出他们认为有益的建议等待会议的批准，只要不与他的权限相冲突。

第四十四条 总委会成员的职责是无偿的；但是，倘若被推举出的委员在省会没有住宅的话，可以得到由推举他们的机构所提供的一笔资助。

第四十五条 总委会负责制定它的规章，但其所制定的章程须得到王室的批准。

第四十六条 总委会不得改变或撤销法律（Lei）、敕令（Decreto）或政府命令（Ordem do Governo）中的任何规定。

独一附款 然而，倘若这种改变或撤销对本省有益，总委会应当提呈它所认为的益处，而大总督应向政府通报该陈请。

第四十七条 倘若大总督认为总委会的决议因违法、不公正或不适宜而不应该实施，可中止实行，并即刻向政府通报，详细地报告有关情况，并附上最高决定所必需的证据。

第四十八条 总委会在总督召集会议之前和闭会之后的一切集会均为非法，其间所作的一切决定均告无效。

第六章 省委员会（议政公会）

第四十九条 省委员会（Conselho de Provincia，澳葡当局先后汉译为“议政公会”和“澳门公会”）构成如下：

大总督，担任该会主席；

辅政司，担任该会秘书；

国家律政司（Procurador da Corôa e Fazenda）；在没有中级法院（Relação）的省份，则为省会法区的代表（Delegado da Comarca da Capital，澳葡当局汉译为“按察使司”）；

两名由总督从总委会所提供的三倍名单中拣选的委员；如果该总委会非由省会市政厅组成，则当选者应该是选民登记中被列为可当选为议会代表、定居省会或住址在八公里以内的人。总督可在同一名单中选择另外两位市民以代替这两名委员。

这些被拣选的委员任职期限为一年；倘若没有被合法地取代，则可延长。

独一附款 将由一个政府章程来规定优先权的顺序。

第五十条 议政公会拥有依照《行政法典》和其他法律授予地区委员会（Conselho de Districto）的权限，并根据各省特殊情况的要求进行修改。

议政公会也负责评判各类公务员的竞聘招考。

第七章 公物会

第五十一条 公共财政委员会（Junta da Fazenda Publica，澳葡当局汉译为“公物会”）构成如下：

大总督，任该会主席；

在设有中级法院的省份，为驻该法院的中级检察官；在其他省份，则为驻省会法区的相关代表；

公物会秘书；

大司库；

公物会秘书在其不能到场时可由会计（澳葡当局汉译为“管数官”）代替之，他就座于司库之后。

倘若总督不在场，则由公物会秘书主持会议，但是，在印度邦和安哥拉省，则由中级检察官主持会议。

第五十二条 公物会拥有“Excellentissima Junta”的称谓。

第五十三条 公物会秘书由王室敕令（Decreto Real）任命，在大总督主持下举行宣誓。他拥有二线部队陆军上校的级别和荣誉。

第五十四条 大司库由公物会任命，须经王室确认，在公物会面前举行宣誓。

第五十五条 公物会每周开一次例会（Sessão Ordinaria），若公务需要可举行特别会议。事务由多数票表决决定。

第五十六条 公物会银库有三把钥匙，由公物会大司库、公物会主席和书记官各执一把。

第五十七条 公物会的命令以该会的名义发布并由全体成员签名。

第五十八条 公共收入的管理由公物会负责，不论收取的进项还是开销的支付，都遵行相关的法令和规章。

第五十九条 公物会应该采取的记账方式将由政府规则决定。

第六十条 公物会的决定只能向国王提起上诉。

第六十一条 没有公物会的命令，不得支付任何开销。

第六十二条 公物会书记官由其本人或其代理人负责监督与本省军队有关的检查工作。

第六十三条 公物会设一个管数房（Contadoria），由一名管数官领导，受公物会书记官的直接监督。

独一附款 管数房的组织和工作秩序由专门的法令和规章加以规定。

第八章 地区副总督

第六十四条 在每个地区设一位副总督（Governador Subalterno），省会所在地除外。军事官员由他任命。

地区总督（Governadores de Districto）由王室敕令任命，并在大总督（Governador Geral）主持下宣誓。

第六十五条 副总督不在或不能到场，不论临时还是长久，在王室或省大总督任命的新总督未到达时，由政府所在地一线营级别较高的军官代替其履行职责。

第六十六条 副总督在履行民政及军事职责时须完全服从大总督的领导。

第六十七条 在没有大总督命令的情况下，民政总督在其地区所拥有的职责归副总督，行使这些职权无须得到地区委员会和总委员会的协调。这些总督同时也是整个地区的军事指挥官（Commandante Militares）。

第六十八条 副总督直接与大总督保持联络，只能透过该总督作为中介与政府沟通。

第六十九条 与副总督一道，设一位由大总督任命的秘书。

第七十条 副总督秘书处的组织和运作，由专门的法令和章程加以规定。

第七十一条 副总督不设传令士官（Ajudante de Ordens），但可以选择某位官员，但他必须自费，除了他的头衔（Patente）之外，没有任何津贴和薪水收入。

第九章 政务厅

第七十二条 在每个政务区设一位政务官（Administrador）和一个市政厅（Camara Municipal），享有《行政法典》及其他现行法律所赋予的职权。政务厅的政务官可兼具军事指挥官的职责。

附款一 政务厅的政务官由大总督任命。

附款二 地区副总督是地区首府所在的政务厅的政务官。

附款三 然而，在没有足够可担任市政职责的人数的政务厅，设一位由推举产生、行使民政和军事职责的首领，他与每年由大总督任命的两名市民组成一个市政委员会（Commissão Municipal，澳葡当局汉译为“公局”），享有其他政务厅的市政公局所拥有的职责。

第十章 杂项规定

第七十三条 在设有中级法院的省份的中级检察官，以及在其他省份省会所在地法区的初级检察官，是政府的顾问（咨询提供者），因此，有义务就大总督要求其回答的一切法律问题阐明自己的观点。同样，必须回答有助于良好司法管理的任何问题。

第七十四条 在所有行政机构，如果出现观点平局，主席的表决票为决定票。

第七十五条 在每个省的省会，在大总督监管下出版一份政府公报（Boletim Official，澳葡当局汉译为“宪报”），内容包括法令、敕令与章程，以及将在该省实行的王室的和省政府的其他决定。还应该出版有利于公益事业的统计资料和其他消息。

第七十六条 《行政法典》被视为在所有海外省实施，并可按照各省情况进行必要的修改，因此在本敕令中未做出不同规定的事项，仍将暂时继续。

第七十七条 中央政府将修改《行政法典》，以便按照本敕令及其他法令要求，在海外省颁布并实施。

第七十八条 各省总督及其他职员的薪水，将由专门的法令加以规定。

第七十九条 在印度邦新征服地，如同在其他海外省，非基督徒的葡萄牙臣民，继续按照特殊地区以专门的法令加以统治。

第八十条 废除与此相反的法令。

海事海外部遵照执行。

国王，1869 年 12 月 1 日，于王宫。路易斯·奥古斯托·雷贝洛·达·席尔瓦（Luiz Augosto Rebello da Silva）（附签）

——*Boletim Official*, Vol. XVI, Nº. 6, 7 de Fevereiro de 1870, pp. 23 – 26. Noronha e Silveira, *Subsídios para a História do Direito Constitucional de Macau (1820 – 1974)*, Macau: Instituto Português do Oriente, 1991, pp. 83 – 89.

11. 1878 年 11 月 14 日敕令
Decreto de 14 de Novembro de 1878

考虑了海事海外部的报告，运用《大西洋新增国政律典》第十五条第一款所赋予的权力，并经与海外咨询委员会和部长会议酌商，兹颁布敕令如下：

第一条 葡萄牙在亚洲、非洲和大洋洲的属地继续组建两个司法裁判区（Districtos Judicaes），一为东方区，一为西方区。

第二条 该两个裁判区的二审法院仍然为：东方裁判区为新果阿中级法院，西方裁判区为卢安达中级法院。

第三条 每个中级法院由五名法官构成。

附款一 其中一位法官为法庭主席，由政府自由选择。

附款二 该主席不在或不能到场时由在法庭任职最长的法官代理。

附款三 在每个中级法院，派设一名中级检察官。卢安达中级法院的中级检察官不在或不能到场时，由法庭总部的一位初级检察官代理，资格最老者优先。

第四条 东方司法裁判区分设下列十二个初级法区：

印度邦：果阿诸岛区、巴德兹区、桑格林区（Sanquelim）、萨尔赛特区、格彭区（Quepem）和达曼区。

莫桑比克省：莫桑比克区、伊南巴那区（Inhambane）、格力马尼区和罗棱索马忌士区（Lourenço Maeques）。

澳门—帝汶省：澳门区、帝汶区（总部在帝力城）。

第五条 西方裁判区分设下列八个初级法区：

安哥拉省：卢安达区（分为两个法庭）、安巴卡区（Ambaca）、本盖拉区、莫萨麦德斯区（Mossamedes）。

圣多美—普林西比省：圣多美区，分设两个法庭。

佛得角省：索塔文多区，总部在圣地亚哥的普拉亚城；巴拉文多区，总部在圣安堂岛；葡属几内亚区，总部在该裁判区首府。

独一附款 几内亚省各法区在上诉案件方面继续从属于里斯本的中级法院。

第六条 总部设在盘锦（Pangim）的岛屿法区（Comarca das Ilhas），包括迪素阿里岛（Ilha de Tissuary，或果阿岛）、附近岛屿（Ilhas Adjacentes）和奔达省（Provincia de Pondá）。

第七条 巴德兹法区总部设在马普萨（Mapuça），包括整个巴德兹省。

第八条 桑格林法区总部设在桑格林，由毕舒林（Bicholim）、佩尔奈（Pernem）、提拉库尔（Tiracol）和萨特瑞（Satary）四个省构成。

第九条 萨尔赛特法区总部设在马尔冈（Margão），继续由萨尔赛特的所有教区和安杰迪瓦岛（Ilha de Angediva）构成。

第十条 格彭法区总部设在格彭，继续由赞保林的五个省（Provincias de Zambaulim）、卡纳科那省（Provincia de Canacona）、克拉（Cola）或拉马角辖区（Jurisdicção de Cabo de Rama）构成。

第十一条 达曼法区总部设在达曼城，包括达曼的全部葡属领土、普拉加纳—纳加尔—阿威利（Pragana - Nagar - Avely）以及第乌的岛屿、海湾和城市。

第十二条 新征服地的两个法区和达曼法区的组织与旧征服地的法区地位完全平等。

第十三条 撤销达曼和第乌的独立审判区（Julgados Independentes），印度邦原先的普通审判区（Antigos Julgados Ordinarios）也一同撤销。

第十四条 印度邦各法区由该省的大总督遵照1874年4月16日法令的规定划分为若干小的审判区（Pequenos Julgados），关于它们的分布、范围和相应普通法官的任命应听取行政机构和初级法官的意见，中级法院主席可发表他的意见。

1. 在第乌和普拉加纳—纳加尔—阿威利各设一个普通审判区（Julgados Ordinarios），司法权限为动产10 000厘士、不动产5 000厘士，有权进行所有刑事诉讼宣判之前和超越其权限的孤仔案件分产判决之前的预审程序。

2. 在第乌和普拉加纳的普通法官进行了预审、但因超越权限而不能判决的诉讼中，初级法官将通过其批断（Despacho）在最终判决之前弥补这个缺点。

第十五条 帝汶法区的组织遵循1863年9月17日敕令的规定。

第十六条 在新设的桑格林、格彭、达曼和帝汶各法区，按照据以组建它们的法律规范增设物业登记局（Conservatorias do Registo Predial）。

第十七条 新果阿和卢安达两个中级法院的主席，在本法院其他成员不在和不能到场时，或者为判决裁定所需要时，可兼任法官职责。

第十八条 当卢安达中级法院出现一个以上法官缺席时，卢安达初级法区的法官可按照资历顺序应召前往作为代理法官。

独一附款 卢安达法区的律师不能应召作为中级法院的代理法官。

第十九条 撤销卢安达法区的代理初级法官（Juiz de Direito Substituto）一职。

第二十条 卢安达法区的两名一审法官，在他们不在或不能到场时，可相互代理，在这种情况下，兼任两个法庭（Vara）的工作。

第二十一条 军事法庭法官（Auditor）的职责专属于第二个法庭的初级法官（Juiz de Direito da 2.ª Vara）。

独一附款 上述法官在履行两个法官职责时，如果第一法庭的初级检察官不在或不能到场，军事法官职责可由第二法庭（2.ª Vara）的初级检察官代理，如果后者也不能到场，则由大总督指定一名前线营（1.ª Linha）的上尉代理。

第二十二条 在卢安达法区和圣多美法区各增设一名初级检察官。

独一附款 资历最长的检察官总是在第一法庭任职，是法区的管理人（Conservador）。

第二十三条 在佛得角和圣多美—普林西比两省各设立一个一审商业法庭（Tribunaes Commerciaes de 1.ª Instancia）。

附款一 这些法庭构成人员为：一位主席法官（Juiz Presidente），在佛得角，为索塔文多法区的初级法官，在圣多美，为两位法区法官中的任何一位；四名陪审员（Jurados）和两名代理人；一名秘书，为相应法庭的初级检察官；被分配负责案件的法庭书记员。

附款二 衙役（Officiaes de Diligenciaes）由法区法院的衙役充任。

附款三 这些法庭的司法权限为200 000厘士。

第二十四条 这些一审商业法庭，遵循商业法典及其后续法令所确立的诉讼程序。

独一附款 如果出现上诉案，圣多美—普林西比的诉讼在卢安达中级法院审判，佛得角的上诉案则在里斯本的中级法院审判。

第二十五条 海外省一审及二审法官、中级检察官以及初级检察官的薪俸，在由海事海外部部长签名并构成本敕令组成部分的附表中确定。

第二十六条 海外属地一审及二审法官的任职年限，由现行的法律加以规定。

第二十七条 海外属地官员的退休，由政府根据1869年11月17日敕令的规定予以批准，退休薪水受1864年6月28日法令的制约，执行本敕令附表中所确定的比例。

第二十八条 被派遣担任海外省一审法官的法官，如果在两个月内没有完成前往任职地点的旅行，且不能向政府说明因病或其他合理原因而不能出发，则被视为放弃他的派遣，该派遣也因此而被宣布无效。

第二十九条 未经政府批准而在耽搁了两个月以上时间没有到任的法官，将丧失在相关编制中的职务和薪水，损失工作年限；如果再次被任命了别的职务后，仍然没有在确定的期限内前往任职地点，同样被视为放弃其职务，并因此而被免职。

第三十条 因病不能到任的证实须听取医疗委员会（澳葡当局汉译为“医局”）的看法，这位官员必须按照上级命令接受它的检查。

第三十一条 未经批准而离开岗位且离开时间达到30天的法官，将按照前条的规定丧失在相关编制中的职务和薪水，直至获得新的任命为止；如果重犯，则要受到从编制中除名的处罚。

第三十二条 撤销1852年12月30日法令所核准之安哥拉省、圣多美—普林西比省司法管理章程第九章所指的司法委员会（Junta de Justiça）。

独一附款 归该委员会审判的刑事案件，非军人的案件按照普通法改由普通司法法庭（Justiças Ordinarios）审判，军人的案件改由军事法庭（Conselho de Guerra）审判，可向根据前述章程第五十三条所建立的最高军事司法法庭（Conselho Superior de Justiça Militar）上诉。

第三十三条 为落实该敕令，因职位空缺而需要落实的法官和检察官的初次任命，可由政府做出，不必通过竞聘方式。

第三十四条 废除与此相反的法令。

海事海外部遵照执行。

国王，1878年11月14日，于王宫。托马斯·安东尼奥·里贝罗·费雷拉（Thmas Antonio Ribeiro Ferreira）（附签）

本敕令第二十五条所指的表格　单位：厘士

东方裁判区：新果阿中级法院

主席法官	1 900 000
其他法官	1 500 000
中级检察官	1 500 000
印度邦初级法官	1 200 000
澳门初级法官	2 300 000
帝汶初级法官	1 500 000
莫桑比克省法官	1 300 000
澳门初级检察官	900 000
帝汶初级检察官	900 000
莫桑比克省初级检察官	800 000

西方裁判区：卢安达中级法院

主席法官	2 000 000
其他法官	1 600 000
中级检察官	1 600 000
一审法官	1 300 000
安巴卡初级法官	1 500 000
几内亚初级法官	1 500 000
初级检察官	800 000
安巴卡法区的初级检察官	900 000
几内亚法区的初级检察官	900 000

海外省司法官员退休工资

中级法院的主席法官	1 400 000
中级法院的法官	1 200 000
中级检察官	1 200 000
一审法官	1 000 000

托马斯·安东尼奥·里贝罗·费雷拉，1878 年 11 月 14 日，于王宫。

——*Boletim Official*, Vol. XXV, Nº. 5, 1 de Fevereiro de 1879, pp. 32 – 33.

12. 1881年8月4日敕令
Decreto de 4 de Agosto de 1881

考虑了海事海外部的报告，遵照1876年11月8日法令的核准，并听取海外咨询会和部长会议之意见，现颁布敕令如下：

第一条 宣布1876年11月8日法令所核准之《葡萄牙民事诉讼法》（澳葡当局汉译为“立案律例汇册部”）在海外省生效，在做出了本敕令所包含的修改后于1882年1月1日起开始执行，不论是否已在该省《宪报》刊布。

附款一 本条所确定的该法典在海外省的实施之日，也被视为其颁布生效之日。

附款二 由海事海外部向各海外省总督寄送该法典的副本，以便分发给目前向其派发《宪报》的职员们。

第二条 该民事诉讼法典要求插入政府页面的所有公告和通知，都必须在相应省份的《宪报》上刊登。

第三条 该民事诉讼法典第二千三百九十条所指的与刑事责任相联系的民事责任的损害，按照最新司法改革法第一千一百六十四条及其后续条的规定进行赔偿，由一审法官判决，可向高一级法庭提起上诉，此乃上述条款赋予陪审团的权力。

第四条 该民事诉讼法典第四百零一条至四百零五条的规定停止在海外省实施。

第五条 在各海外省法官可以确定任何一天进行司法拍卖，即便是假日和圣节，因为在这样的日子里可能会有大量竞投者。

第六条 任何法庭的公诉方代表（Agente do Ministerio Publico）在履职期间不得行使律师职责。

独一附款 该项禁止包括受政府监护的个人的监护人和驻澳门华政衙门国家律师。

第七条 在印度邦，该民事诉讼法典第三十四、三十七和四十条所指的权限，将按照下列规定的方式重新计算：

1. 第三十四条第一、二、三各项所规定的普通法官的权限调整为最高25卢比（Rupia），该条第八项所指的权限调整为至多125卢比。

2. 第三十七条所规定的初级法官的权限，动产诉讼为125卢比，不动产诉讼为75卢比。

3. 第四十条所包括的中级法院的权限，无论涉及何种诉讼，均为不超过1 000 卢比。

第八条 该诉讼法典第三十八条所指的权限和诉讼，如果是与在英属印度逝世的葡属印度土著人的财产继承问题有关，归果阿诸岛法区的初级法官审判。

第九条 在印度邦，假期由该民事诉讼法典第六十六条第二款所规定的九月改为五月。

第十条 在果阿诸岛法区，公共财物案件归法区的特别书记员审判，但分配者必须按照要求在共同分配簿内做出合法有效的登记。

第十一条 向果阿农村地区和农民社群发出的人员传讯，应该是发给相应的管理者（Administradores）。

独一附款 向任何异教徒家庭成员发布的传讯，依照现行民法允准实行的他们的风俗事例，应该是发给他们的头领（Maioral）、家庭管理者（Administrador）或他们的代理人。

第十二条 在印度邦，对不知名人士发出传讯的告白，不论他是作为继承人，还是作为其他人的代表，均应按照被传讯者的宗教信仰，张贴于堂区教堂的门口或主要庙宇（Pagoda Principal）的门口。

第十三条 在英属印度的葡萄牙领事馆的签字须经印度邦政府辅政司（Secretario Geral do Governo do Estado da India）确认。

第十四条 印度邦的婆罗门异教徒须在法庭进行 Postaco de Xeri Bhagavata - Guita 宣誓，其他种姓的异教徒举行 Coco Bata Areca e Arroz 宣誓；伊斯兰教徒向《古兰经》宣誓，其他宗教的信徒举行其风俗事例既定的宣誓。但在所有上述情况下，均可由一名相应宗教的牧师或使者出席或者介入宣誓过程。

独一附款 在终结性的宣誓的场合，诉讼双方可要求面向马尔萨神（Divindade Malsá）举行宣誓，但提出要求者须支付运输费、法官的费用、律师的酬金和司法职员的薪水。

第十五条 在印度邦、果阿农村地区和农民社群，可以起诉他们的收租人、债务人及其担保人，或者起诉那些以任何手段成为他们钱款、行为和特权的受托人的人，因为依照该民事诉讼法典，这些归属于国家财政部管理。

第十六条 在印度邦，为符合该民事诉讼法典的效力，居住在同一房屋且生活在同一个家庭经济下的异教徒家庭，可视为按照相应的风俗事例受其合法产生的首领或管理者的统治和管理的家族会（Sociedades Familiares），该首领就是该家族在法庭的法定代表。

第十七条 果阿农村地区和农民社群，根据现行的特别立法，由在相关册簿中记录的决定所任命的正式或特别代理人在法庭充当他们的代理。

第十八条 果阿农村地区和农民社群因债务而发生的质押（Penhores），应该落实在他的剩余物债券或者其他利润和收入，而非不动产之上。

独一附款 质押必须总是在收租人的手上，他必须负责在24小时内向有关管理机构提交通知。

第十九条 果阿农民社区的收租者或其他成员的个人收益，只能因为同一社区内的债务而被质押。

独一附款 如果是不同社区之间的债务，只有有注册的优先权或抵押才可以被质押，且质押的金额只能是最后到期之年前一年的收益额。

第二十条 在卢安达中级法院司法裁判区内各省和莫桑比克省，该民事诉讼法典第二百八十九条和第二百六十五条所指的对证人的询问，如果证人居住在审判区之外，总是透过一封书面命令进行，除非由诉讼双方向诉讼法官陈述。

第二十一条 在卢安达中级法院裁判区，该民事诉讼法典第二百八十九条及其附款二，第二百九十条以及第二百九十一条的规定，仅遵守在1870年10月12日敕令和1877年10月4日敕令中没有做出特别和明确规定的部分。

第二十二条 该民事诉讼法典第三十四条和第三十五条的规定在做出了下列各项修改后，适用于印度邦普拉加纳（Praganá）和第乌两个特别审判区的普通法官以及非洲各省非法区总部所在地审判区的普通法官。

1. 普拉加纳和第乌普通法官的司法权限为动产诉讼至多25卢比，不动产诉讼至多15卢比；

2. 非洲各省非法区总部所在地审判区的普通法官的司法权限为：动产诉讼10 000厘士，不动产诉讼5 000厘士；

3. 前述两地的普通法官可审判其权限内的执行案件；可以受理评审员、监护人、庇护人以及家长的宣誓；主持亲族会、财产评估以及动产及其他类似物产的拍卖会；最后，可进行相应法区的初级检察官所委托的全部行为。

第二十三条 选举法官（Juizes Eleitos）的职责以及他们审理案件的程序，继续受各海外省现行法令的规范。

第二十四条 废除与此相反的法令。

海事海外部遵照执行。

国王，1881年8月4日，于王宫。朱利奥·玛吉士·德·维列那（Julio Marques de Velhena）（附签）

——*Boletim Official*, Vol. XXVII, Nº. 41, 08-10-1881, pp. 291-292.

二、澳葡政府机构

SUBSCREVE-SE.

Por Anno.	$	10
Por Semestre.	$	6
Por Tremestre.	$	3½

CUSTAM

Folha Avulsa.	Avos	25
Annuncios, por linha.	"	10
Correspondencias, e Commu.		5

BOLETIM DO GOVERNO

DA PROVINCIA DE MACAO, TIMOR, E SOLOR.

Assim, sem comprometter os publicos interesses, se satisfará ao maior de todos elles, que consiste em que toda a verdade se diga, a quem toda a verdade he devida. SILVESTRE PINHEIRO FERREIRA

Vol. II. Macao, Sabbado 17 de Abril de 1847. N.º 15

PARTE OFFICIAL.

N.º 10—O Governador da Provincia de Macao, Timor, e Solor determina o seguinte:

Havendo Sua Magestade a Rainha, em consideraçao á urgente necessidade de estabelecer desde já uma base que sirva de regulamento para as despezas publicas desta Cidade, em quanto por uma Ley se não fixam difinitivamente assim os quadros das respectivas repartiçóes, como as verbas de despeza correspondente, sido servida approvar provisoriamente o orçamento da despeza publica de Macao que, calculado em attenção ás conveniencias do serviço, e ás actuaes circumstancias e recursos desta Cidade, fiz ellevar á Real Prezença da mesma Augusta Senhora em 22 de Julho do anno passado: Hei por conveniente determinar que pela Junta da Fazenda desta Provincia se abonem aos Empregados publicos, desde que se fizerem os pagamentos correspondentes ao mez de Janeiro do corrente anno em diante, os vencimentos que lhes vão marcados na relação junta assignada pelo Secretario deste Governo, fazendo-se nos respectivos titulos as notas e declaraçóes necessarias: a mesma relação servirá para regular desde aquella data em diante assim os referidos pagamentos como o das demais despezas publicas de Macao della constantes, sem prejuizo porem de quaesquer economias que nellas ainda se possam effeituar, nem tão pouco das despezas que a conservação e bom regimen das Ilhas de Timor, e Solor tornar de imprecindivel necessidade, conforme o determina Sua Magestade. A mesma Junta da Fazenda e mais Authoridade a quem competir assim o tenham entendido, e executem. Macao 12 de Abril de 1847.

JOAÕ MARIA FERREIRA DO AMARAL.

Relação a que se refere a Portaria N.º 10 desta data, e que deve regular o pagamento dos vencimentos dos Empregados Publicos, e o das demais despezas publicas de Macao aqui declaradas, desde o 1.º de Janeiro do corrente anno de 1847, em diante.

Cargos	Nomes	Vencimentos
	FOLHA CIVIL.	
	REPARTICAM DO GOVERNO.	
Governador	O Conselheiro João Maria Ferreira do Amaral, soldo e gratificação	3,000
Ajudante d'Ordens	O Capitão Bernardo Manoel d'Araujo Roza (dito)	516
Secretario	Antonio Jozé de Miranda	500
Amanuense da Secretaria	Jozé Carlos Barros	120
	REPARTICAM JUDICIAL.	
Juiz de Direito	O Conselheiro Joaquim Antonio de Moraes Carneiro	2,000
Delegado do Procurador da Corôa e Fazenda	O Bacharel João Damasceno Coelho dos Santos	100
2 Escrivães do Juizo e Notarios	Francisco Antonio Pereira da Silveira; Tomaz d'Aquino Migueis. (a 200 cada um)	400
Contador e Distribuidor	Antonio Rangel	100
3 Officiaes de Deligencias.	Luiz Jozé Cordeiro; Antonio Jozé Ciriaco Marim.; Bartholomeu Antonio Vieira. (a 50 cada um)	150
Porteiro	Delfino Pereira da Luz Xavier	50
Carcereiro	Francisco Xavier de Mattos	100
	JUNTA DA FAZENDA.	
Escrivão Deputado e Intendente Militar	Miguel Pereira Simões	600
Thesoureiro	Francisco João Marques	300
Contador	João Victorino da Silva	300
1.º Escripturario	Jozé Joaquim de Azevedo	200
2.º Dito	Ludovino Pereira Simões	200
Porteiro	Jozé de Jesus dos Santos Oliveira	124
Continuo	Ignaçio Baptista Gomes	72
	CAZA DA EXTINCTA ALFANDEGA.	
Administaador	Demetrio d'Araujo e Silva	300
Ajudante do dito	Francisco Domingos Gonsalves Nogueira	100
Porteiro	Ignacio Layola da Cruz	200
Patrão do Escaler	Jozé Gonsalves	81
	Somma	9516

图2 1847年4月12日第10号总督训令（《澳门宪报》1847年4月17日）

近代澳葡政府架构的建制演革和管治澳门的施政措施一直是研究的薄弱环节。葡萄牙学者重点研究了中葡交涉以及葡萄牙在澳管治权的确立；而在我国学者有关澳门政治发展史的论著中真正涉及19世纪制度变迁的内容也很少，且有诸多错讹。本专题辑录的12篇文献，有助于改善这项研究不足的状况。

1844年9月20日敕令决定建立澳门—帝汶—梭罗省，并对各个部门做出了安排，为澳门葡萄牙人预设了一个海外省的政治蓝图。1846年7月17日第22号总督训令核准了《澳门公钞估议抽收章程》，1847年2月4日总督下令颁布了《澳门公钞抽收章程》，1847年11月11日第45号总督训令核准了《1847—1848财政年度澳门公钞估议章程》，初步建立了澳葡当局的财政税收制度。1846年12月17日第43号总督训令核准了《澳门监房临时章程》，及至1851年11月11日第58号总督训令颁布了《澳门监房章程》，具体确立了澳葡政府管治澳门的监狱管理制度。1847年4月12日第10号总督训令确定政府部门公职人员薪水标准，提供了澳葡政府草创阶段部门结构的原始资料。1848年9月30日第17号总督训令任命组建了医局公会，负责管理公共医疗工作。1868年12月7日第47号训令决定在澳门实施1842年3月18日《行政法典》，并提出若干项修改，1869年3月17日敕令对该决定予以核准。1871年7月15日敕令核准了《澳门司法委员会组织结构与权限章程》，9月30日第54号总督训令任命组成了新的司法委员会。1875年3月24日第42号总督训令批准实施《澳门—帝汶省辅政司署章程》。

在目前所见我国学者的研究论著中，第一篇文献虽略有提及，但未展开分析，其他各篇则基本未见征引，从而导致对早期澳葡政府架构和治澳措施的陈述内容空泛且模糊不清。这些文献虽然并非全部，但它们构成了研究早期澳葡政府架构建制及其治澳措施的基本依据。运用这些文献可以使相关论述得到丰富，并对模糊之处做出澄清。

01. 1844年9月20日敕令

Decreto de 20 de Setembro de 1844

澳门帝汶居留地对葡属印度政府的从属地位，给这些居留地的管理造成了混乱和麻烦，因而是有害无益的。由于行动迟缓与不准时、距离遥远以及年度季风的延迟，印度政府的决定得不到执行；此外，这些居留地的内部组织也必须根据其他海外属地的现行制度进行一些改革。基于上述理由，听取部长会议（Conselho de Ministros）及国务会议（Conselho de Estado）的意见，并根据1843年5月2日法令（Carta de Lei de 2 de Maio de 1843），现颁布敕令如下：

第一条 葡萄牙王室拥有的澳门市、帝汶、梭罗以及它们的所属之地（A Cidade de Macao; e os Estabelecimentos de Timor, e Solor, com todas as suas Dependencias, e Territorios a que tem Direito a Corôa Portuguesa），联合组成一个省，命名为"澳门—帝汶—梭罗省"（Provincia de Macao, Timor, e Solor），并独立于葡属印度省政府（Estado da India）。

第二条 该省总督与1836年12月7日敕令（Decreto de 7 de Dezembro de 1836）规定之圣多美—普林西比省的总督同一级别。

第三条 上面提到的总督常驻澳门，并在帝汶和梭罗设一位副总督（Governador Subalterno）。

第四条 与该总督一道，设一个政府委员会（Conselho de Governo，澳葡当局汉译为"总督公会"）。该公会由司法、军事、财税、教会等部门的首领以及议事公会主席（Presidente do Leal Senado）和城市理事官（Procurador da Cidade）组成，拥有（1836年）12月7日敕令授予总督委员会（Conselhos dos Governadores Geraes）的权限。

第五条 按照1836年12月7日敕令及1838年9月28日敕令的规定，该省总督和副总督必须执行现行法令的规定以及有权限部门向他们下达的命令和指示，如果这些命令和指示不违反该敕令的话。

独一附款 目前的澳门总督和帝汶总督继续履行其职责，前者的地位等同于该独立省的总督，后者按照1836年12月7日敕令第十八条的规定执行。

第六条 为管理公共财物，将按照1837年1月16日敕令（Decreto de 16 de Janeiro de 1837）在澳门设立一个财政委员会（Junta da Fazenda，澳葡当局汉译为"公物会"），并由该省总督任该委员会主席，其他委员有地区法官（Juiz de Direito，澳葡当局汉译为"按察使司"）、书记官（Escrivão，澳葡当局汉译为"书吏"）、司库（Thesoureiro，澳葡当局汉译为"管库官"）和会计（Contador，澳葡当局汉译为"管数官"）。将制定一项法规来确定该公共机构（Corpo Collectivo）的权限和其他特性。

附款一 该委员会将在帝汶设一代理处，或称助理机构，由该副总督任主席，另有一名书吏和一名司库。

附款二 公物会一经建立，澳门议事公会（Leal Senado de Macao）即将其所掌握的所有公共资金，所有账册、票证、账单、债务说明，以及有关公共财产的任何其他文件，转交给该公物会。

附款三 同样，须将有关公共财物，所有账册、票证、账单转交给帝汶的代理处。

第七条 澳门议事公局继续享有本敕令未加改变的属于它的一切特权，并拥有《行政法典》（Codigo Administrativo）所授予市政机构的所有权限，城市理事官（Procurador da Cidade）继续享有维系与中国当局的关系所必需的权限。

第八条 澳门地方法官（Juiz de Direito de Macáo，澳葡当局汉译为“按察使司”）享有古代王室大法官（Antigos Ouvidores）的权限（与海关监督有关者除外），对包括帝汶和梭罗在内的整个法区（Toda a Comarca）的一切判决有决定权，而在帝汶和梭罗则设有普通法官（Juizes Ordinario）。

独一附款 澳门按察使司继续担任孤仔（Orfaons）法官，参与其银库的管理，掌握该银库的一把锁匙，另一位管理者是管库，此人必须始终是可靠可信之人，第三位是法庭书吏，即来自孤仔中的专门书吏。

第九条 按照1836年12月7日敕令（Decreto de 7 de Dezembro de 1836）对好望角以东各海外省（Provincias Ultramarinas）司法管理的规定，澳门—帝汶—梭罗省继续属于果阿的中级法院辖区（Districto da Relação），在澳门继续设有一个司法委员会（Junta de Justiça）。

第十条 废除与本敕令相反的法令。

海事海外部大臣遵照执行。

女王，1844年9月20日，于贝林宫。若阿金·若瑟·法尔康（Joaquim José Falcão），1844年9月28日，于海事海外部秘书处（附签）

——*Boletim officiatl*，Vol. Ⅰ，N°. 1，08－01－1846，pp. 1－2.

02. 1846年7月17日第22号总督训令核准之《澳门公钞估议抽收章程》

Regulamento do Lançamento e Arrecadação da Decima e Impostos Anexos na Cidade do Santo Nome de Deus de Macao Aprovado pela Portaria N°. 22 de 17 de Julho de 1846

澳门—帝汶—梭罗省总督：

鉴于这些居留地必须拥有经济收入以应对公共开支，兹颁布章程如下：

第一章

第一条 在天主圣名之城澳门将按照下列规定估议并征收公钞（Decima e Impostos Anexos）。

第二条 公钞征收范围包括：

附款一 田产和房产。

附款二 有纳税负担的房租（Foros）、租金（Censos）和地租（Pensoes）。

附款三 来自工业、商业、代理等任何行业的利息、利润等，不论由本国人经营还是由外国人经营。

第三条 对于已被出租或由房主占据的房产，按照实际的或裁定的租金收入额收取 10% 的公钞。

第四条 田产若由土地的主人自己耕种，同样按照实际收入或裁定的收入征收 10% 的公钞。

第五条 因房租、租金和地租而使田产和房产有纳税义务的，如果合约已有明确规定，应由房屋出租者或地租收取人支付 10% 的公钞。

第六条 属于国家所有但为终生受赠人所享用，或者属于兄弟会、教友会及其他机构但其收益并非用于慈善事业的物业或年金，缴纳其收入的十分之一。

第七条 下列收入无须缴纳公钞（Decima）：

附款一 属于国家的完全处于空闲或用于公共目的的物业。

附款二 目前议事公会开会所用的建筑物。

附款三 圣餐兄弟会（Irmandade do Santissimo）的财产，圣克拉拉修女会（Convento das Freiras de Santa Clara）的财产及其教堂神父的房屋。

第八条 从下列经营活动或行业中得到收益的，相关利益人必须缴纳其收入的十分之一作为“什一税”。

附款一 医生 、药剂师、律师、公证人、文书、代理人、估价员，以及其他从事相近职业的人。

附款二 由相关银库开支薪水的议事公会、仁慈堂以及各家医院的职员。

附款三 由各个部门给付津贴（Emolumentos）的公务员。

附款四 工场、商店以及其他任何工艺作坊或机器工厂的业主。

附款五 仓库或出售来自上述行业所产物品的店铺的主人，以及时尚商品仓库、店铺、地库和珠宝及其同类商品店铺的主人。

附款六 从事远洋航运和近海航运的商船的船主。

附款七 商船的船长、首领、水手长、水手、大副。

附款八 以从所租赁的土地获得收益为目的的小农场主和耕种者。

附款九 各种牲畜的所有者。

附款十 批发商和小商人，不论自主经营还是委托代售。

附款十一 大小商人、商业店铺、仓库或地库的簿记员、记账员（书记员）、抄写员和出纳员。

附款十二 亲自或通过中介将其资本投入商业或者从贴现行或其他类似行铺获得利息的资本持有人。

附款十三 债务被免除的有息债务人，如果在债务的认定上存有疑问，他仅负担所承认的債款的什一税。

第九条 必须缴纳什一税的债务（不论是否获得利息）的确认，在议事公会进行，不必呈出证明它们的证据，只要有债权人宣誓的证词即可。

第十条 倘若因任何理由不能对纳税人的收入做出估价，该纳税人将被征收一笔不少于其居住房屋租金收入之十分之一的什一税，但也不得超过该什一税的三倍。

独一附款 至于拥有商店的商人，将优先按照他所占有的店铺、仓库和地库的租金收入来计算什一税，如果这样计算得出的收入高于所住房房租的话。

第二章

第十一条 前章所述公钞征收计划之编制（旧译“估议”）由议事公会负责。

第十二条 议事公会应任命一个由6名殷实市民组成的委员会（Junta）[①]以完成公钞估议，该6名成员的名额分配为：圣老楞左堂区3名，大堂区2名，花王堂区1名，由议事公会一位成员担任该会主席。

第十三条 现任国家律政司（Delegado do Procurador da Corôa e Fazenda）[②]将作为公物会的监察员出席该委员会。

第十四条 公钞估议应在该章程公布之日起60天内完成。

第十五条 当该会对现任主席所在堂区应纳公钞进行估议时，议事公会应另派一位成员担任主席。

第十六条 如果该会的成员为评审员，则该会将以相对多数票做出决定，不需要评审员介入。国家律政司可以参与任何决定，但不能投票。

---

① 后称“Junta do Lançamento das Decimas e Impostos Anexos”，澳葡当局汉译为“公钞会公所”。——译者注。

② “Delegado do Procurador da Corôa e Fazenda”，澳葡当局汉译为“国家律政司”，有时简称“律政司”。——译者注。

第十七条 倘若由议事公会指定的6人中任何一位因为意外情况不能在议事公会确定的日期参加该会，则由该会主席从市民中挑选以补足委员会人数。

第十八条 如果税额摊派事涉该会中的某位成员，则此人退出会议，待其离开后由该会指定一名合适的居民暂时代替之。

第十九条 该会任命一位秘书充当公钞估议书记员，公物会应该根据该会建议给其工作确定一笔酬金。

第二十条 编制好的公钞估议案卷，由该会主席、各位成员、国家律政司及秘书签字，并从中摘录出一份全体纳税人名册，其中应指明纳税人所在的堂区，并在每个名字同一行的旁边足够清楚地载明每人所应缴纳的税额，同样由上述各人签名。

第二十一条 该名册应立刻张贴于议事公会大楼门口，以便该市的居民和纳税人知悉，并及时向该会提出其要求。

第二十二条 该名册张贴后第15日，该会将再次举行会议，以听取向其陈述的要求；确定内容准确后，该会即着人缮写最终文件。

第二十三条 该最后文本将由秘书缮写一式两份，由第二十条所指出的人签名；其中一份寄送公物会，另一份连同第二十条所指的初稿送交议事公会，以便归档保存。

第二十四条 该会对公钞估议过程中所出现的应纳税人或国家律政司要求而加重或减少应纳税额的滥用职权行为负责。

第二十五条 本章程中的各项规定自本年8月1日起一年内有效。

周知遵行。

亚马留，1846年7月17日，于澳门。

——*Boletim Official*, Vol. Ⅰ, N.º 28, 18-07-1846, pp. 2-3.

03. 1846年12月17日第43号总督训令核准之《澳门监房临时章程》

Regulamento Provisorio da Cadea de Macau Aprovado pela Portaria N.º 43 de 17 de Dezembro de 1846

澳门—帝汶—梭罗省总督决定：

鉴于该市公共监房急需制定章程，以尽可能适应目前形势对该部门的要求，现决定，自即日起，遵行下列章程。

澳门监房临时章程

第一条 狱卒须备有一册登记簿，记录囚犯的姓名、年龄、籍贯、婚姻状况和职业，以及被收监的顺序和罪名；还应在边上记录获释的时间。

第二条 囚犯进入监房时，狱卒应特别注意下列事项：

附款一 禁止他们携带任何武器进入。

附款二 马上将妇女隔开安置。

附款三 按照惯例通报当局，并按照迄今为止所做的那样每月提交报表。

第三条 狱卒必须和气地对待所有囚犯，很快向当局报告囚犯收监的顺序和理由，可对囚犯提出严肃的忠告，但不得使用侮辱性话语。

第四条 狱卒必须注意保持监房的良好秩序和清洁，监督囚犯的生活，使得有自费能力的囚犯、靠慈善机构和市政机构生活的囚犯和由其主人负担的仆役囚犯和睦相处。

第五条 每天早上七点至九点开门供应早餐，佣人打扫卫生；中午十二点至下午两点，开门供应午饭；下午五点至六点（夏天为七点），开灯用晚饭。其余时间监房关门。

第六条 只在上述时间内允许探监，关门时间一到，狱卒即要求来访之人离开。狱卒只能容许两至三人同时探访某个囚犯，不得允许很多人一起探望；这些人离开后，才轮到其他人进来。囚犯的父母、妻子、儿女或兄弟不受此限，但到了上文确定的时间都必须离开。如果来访客人高声喧哗扰乱了其他囚犯的安宁，狱卒也可令他们离开。

独一附款 没有得到狱卒的许可，任何人不得进入囚犯的看守间；获得许可者须在门口簿内登记名字、年月日以及所要探望的囚犯的名字。登记簿内还必须有囚犯的仆人、忏悔神父、医生、司法文书和衙役、妇女和孩子。

第七条 对于不是因为判刑坐监而仅仅是看押的囚犯，狱卒可以应其要求打开其门上的小窗，他们可在第五条规定的时间之外，即早上九点至十二点、下午两点至五点，通过小窗与他们的朋友说话。

第八条 在入监之后头48小时内，怀疑其罪行不实的囚犯，未得到法官的同意或者没有一名司法官员在场时，不能同任何人联络。

独一附款 当囚犯连同拘押令（Mandado de Custodia）交给狱卒时，狱卒应该在拘押令的反面写下收到回执，内容包括收监者的姓名、职业、婚姻状况、籍贯、子女和年龄等。

第九条 司法文书和衙役因公需要与囚犯讲话，狱卒应在一天的任何时候允许其进入；同样，律师需要找在法院为其辩护的囚犯时，狱卒也应该在一天的任何时间允许其进入。

第十条 任何囚犯生病，如果能在监房治愈，狱卒应叫来医生为其看病；否则，狱卒应报告当局，以请求批准进入医院治疗，并将其送到医院。如果该囚犯有家庭，狱卒还应通知其家人，以便在夜间病情严重时给予其可能的安慰。

第十一条 狱卒可以有一位由自己支付酬金的助手在其不能到场时代其履职；并应尽快在厅门的入口处设一招牌，写上本章程的第五、六、七、八条，以便周知遵行。

第十二条 所有囚犯必须支付现行规章以及下列规则所规定的看管费（Carceragem）。

狱卒津贴收取规则

囚犯在获释时每人缴纳看管费 1 800 厘士。

因夜间携带武器而被拘押的囚犯，每人缴纳看管费 1 800 厘士。

在响钟之后过了时间但未携带武器而被捕的囚犯，每人缴纳看管费 900 厘士。

被错抓，或没有法官命令，也没有过错，因而被批示（Despacho）或命令（Alvará）宣布释放的囚犯，不缴纳看管费。

被命令押往其他监狱看管的囚徒，只半额缴纳看管费，即在获释时缴纳 900 厘士。

囚犯被转入监狱的狱卒在囚犯获释时收取全额看管费。

被拘押的少年囚犯在获释时缴纳看管费 1 200 厘士。

非由他们的主人供养的少年囚犯，每人每日 120 厘士。

有关部门遵照执行。

亚马留，1846 年 12 月 17 日，于澳门。

——*Boletim Official*, Vol. Ⅰ, Nº 50, 24 - 12 - 1846, pp. 1 - 2.

04. 1847年2月4日辅政司奉总督之命颁布之《澳门公钞抽收章程》

Regulamento para Recebimento das Decimas, e Mais Impostos Anexos Aprovado pelo Edital de 4 de Fevereiro de 1847

为使阖澳居民知悉下文转载的章程，本省总督下令以本告白将它们公布于显眼位置。

署理辅政司米兰达（Antonio Jozé de Milanda），1847年2月4日，于澳门政府辅政司署。

公钞抽收章程

第一条 税务所（Recebedoria，澳葡当局汉译为“收公钞房”）设在已撤销的海关公所（Caza da Extincta Alfandega），收税人（Recebedor）为公物会司库（Thezoureiro da Fazenda），秘书（Escrivão，澳葡当局汉译为“写字”）由前海关秘书德美特里奥·阿劳若·席尔瓦（Demetrio d'Araujo e Silva）担任。

第二条 将设有三册记录簿，每个堂区单列一册；为便于使用，缴税收据（Conhecimentos）应被印制成带有必要说明的表格，在它们的顶端写上所属堂区的名字。

第三条 收税的日期确定如下：周一和周三为大堂区纳税人；周四和周五为疯堂区纳税人；周六为花王堂区纳税人。

第四条 公钞审查委员会（A Commissão da Revizão）负责编制税收册簿（Listas），并向收公钞房抄送该簿册，以规范公钞的征收。

第五条 格式化的缴税收据（Conhecimentos em Forma）以及每个堂区的税收账册（Livros das Receitas），均须由收税人和书吏签名。

第六条 每周的最后一天，根据收税人和书吏的证明，将一周收入的总款打入公物会银库；收到管数官（Contador）发出的合法收据，作为上述账册中的减扣凭据。

第七条 及至确定的收税日期届满，书吏将整理出尚未缴纳税款者的名册，与账册和完税者名册附件一并寄送管数官，以便继续税收工作。

第八条 管数官进行相关的检查之后，将分别说明每个未完税者依法应缴纳税额的通知寄送国家律政司（Delegado）。

过渡性条款

1846 年 8 月至 1847 年 1 月两个季度的公钞自本年 2 月 22 日开始征收，至本年 3 月 31 日止；及至该日仍未完税者，将被移交司法机关（Poder Judiciario）。

亚马留，1847 年 2 月 4 日，于澳门。

——*Boletim Official*, Vol. Ⅱ, Nº. 05, 04-02-1847, p. 17.

05. 1847 年 4 月 12 日第 10 号总督训令

Portaria Nº. 10 de 12 de Abril de 1847

考虑到确立本市开支规章条款的紧迫性，在各部门编制以及相应开支尚未经法令最终确定的情况下，女王陛下已临时批准了去年 7 月 22 日上呈的澳门公共开支预算，故现决定：由本省公物会（Junta da Fazenda）向政府职员预付薪水，从本年 1 月起按照下列由本省政府辅政司（Secretario desde Governo）签署的清单中确定的标准支付。清单在相应的部分做出了必要的注释和说明。该清单也将作为规范此后省政府职员薪水开支和其中所包含的本市其他开支的规则。

亚马留，1847 年 4 月 12 日，于澳门。

民政（Folha Civil）

总督府（Reparticam do Governo）

总督（Governador）：政务委员若昂·玛利亚·费雷拉·多·亚马留（Conselheiro João Maria Ferreira do Amaral），军饷加津贴 3 000 两

总督副官（Ajudante d'Ordens）：贝尔纳多·曼努埃尔·达劳若·罗沙上尉（Capitão Bernardo Manoel d'Araujo Roza），军饷加津贴 516 两

辅政司（Secretario）：安东尼奥·若泽·德·米兰达（Antonio Jozé de Miranda），500 两

辅政司署文书（Amanuense da Secretaria）：若泽·卡洛斯·巴洛斯（Jozé Carlos Barros），120 两

按察司衙门（Reparticam Judicial）

按察使司（Juiz de Direito）：政务委员若阿金·安东尼奥·德·慕拉士·卡内罗（Conselheiro Joaquim Antonio de Moraes Carneiro），2 000 两

国家律政司（Delegado do Procurador da Corôa e Fazenda）：法学学士若昂·达马赛诺·科埃略·多斯·桑托斯（Bachaerl João Dmasceno Coelho dos Santos），100 两

书吏兼公证人（Escrivães do Juizo e Notarios）二名：弗朗西斯科·安东尼奥·佩雷拉·达·席尔维拉（Francisco Antonio Pereira da Silveira）、托玛斯·达基诺·米盖斯（Tomaz d'Aquino Migueis），每人 200 两，合共 400 两

管数官（Contador）：安东尼奥·兰热尔（Antonio Rangel），100 两

衙役（Officiaes de Deligencias）三名：路易斯·若泽·科尔代罗（Luiz Jozé Cordeiro）、安东尼奥·若泽·西里亚科·马里母（Antonio Jozé Ciriaco Marim）、巴特罗梅乌·安东尼奥·维埃拉（Bartholomeu Antonio Vieira），每人 50 两，合共 150 两

门卫（Porteiro）：德尔非诺·佩雷拉·达·卢斯·沙维尔（Delfino Pereira da Luz Xavier），50 两

狱卒（Carcereiro）：弗朗西斯科·沙维尔·德·马托斯（Francisco Xaviel de Mattos），100 两

公物会（Junta da Fazenda）

代理书吏兼军需官（Escrivão Deputado e Intendente Militar）：米盖尔·佩雷拉·西蒙斯（Miguel Pereira Simões），600 两

管库官（Thesoureiro）：弗朗西斯科·若昂·马克斯（Francisco João Marques），300 两

管数官：若昂·维多利诺·达·席尔瓦（João Victorino da Silva），300 两

一等记账人（1º Escripturario）：若泽·若阿金·德·阿泽维多（Jozé Joaquim de Azevedo），200 两

二等记账人（2º Escripturario）：卢多维诺·佩雷拉·西蒙斯（Ludovino Pereira Simões），200 两

门卫（Porteiro）：若泽·德·热苏斯·多斯·桑托斯·奥利维拉（Jozé de Jesus dos Santos Oliveira），124 两

办事员（Continuo）：伊格纳西奥·巴布蒂士达·戈梅斯（Ignaçio Baptista Gomes），72 两

已撤销之海关公所（Caza da Extincta Alfandega）

海关监督（Administrador）：德梅特里奥·达劳若·伊·席尔瓦（Denetrio d'Araujo e Silva），300 两

监督助理（Ajudanta do Administrador）：弗朗西斯科·多明戈斯·贡萨维斯·诺盖拉（Francisco Domingos Gonsalves Nogueira），100 两

门卫（Porteiro）：伊格纳西奥·拉耀拉·达·克鲁斯（Ignacio Layola da Cruz），200 两

小艇船主（Patrão do Escaler）：若泽·贡萨维斯（Jozé Gonsalves），81 两

理事官署（Procuratura）

理事官（Procurador）：罗棱索·马忌士（Lourenço Marques，后写作马忌士），300 两

翻译官（Interprete）：若昂·罗德里格斯·贡萨维斯（João Rodrigues Gonsalves，又译公霜陆），负有教授华语之责，1 000 两

一等普通翻译官（1º Lingua Ordinario）：若泽·若昂·罗萨里奥（Jozé João Rozario），200 两

二等普通翻译官（2º Lingua Ordinario）：佛洛兰蒂诺·安东尼奥·多斯·雷梅迪奥斯（Florentino Antonio dos Remédios），120 两

衙役（Officiaes de Deligencias）二名：曼努埃尔·安东尼奥·佩雷拉（Manoel Antonio Pereira）、热罗尼莫·安东尼奥·达·卢斯（Jeronimo Antonio da Luz），每人 100 两，合共 200 两

写唐字先生（Letrado China）：Hoi – Tam，144 两

华文公告缮写员（China Copiador de Editaes）：Choi – Iun Koc，约 26 两

其他（Differentes）

拉丁文—葡文语法教师（Professor da Gramática Latina e Portugueza）：若泽·巴布蒂士达·德·米兰达·伊·利马（Jozé Baptista de Miranda e Lima），500 两

船政官（Capitão do Porto）：海军中尉佩德罗·若泽·达·席尔瓦·洛雷罗（2º Tenente Pedro Jozé da Silva Loureiro），军饷加津贴，384 两

本省外科医生（Circurgião Mor da Provincia）：马西亚诺·安东尼奥·佩雷拉·努内斯（Marciano Antonio Pereira Nunes），660 两

收税官（Almoxarife）：若泽·弗朗西斯科·德·马赛多（Joze Francisco de Macedo），170 两

暹罗（Siam）

领事（Consul）：马赛利诺·德·阿劳若·罗沙（Marcelino de Araujo Roza），600两

秘书（Secretario）：若阿金·马克西米亚诺·达·席尔瓦（Joaquim Maximiano da Silva），250两

商站的日常开支，每年150两

民政系列合共14 219两9钱2分

教会（Folha Ecceleziatica）

教区主教（Bispo Diocesano）：唐·热罗尼莫·若泽·德·马塔（Dom Jeronimo Jozé de Matta），2 000两

教堂司库兼主教代表（Provisor e Vigario Geral）：议事司铎安东尼奥·若泽·维克托·迪亚斯·德·利马（Conego Antonio Jozé Victor Dias de Lima），100两

议事司铎（Conego）二名：安东尼奥·若泽·维克托·迪亚斯·德·利马、罗伦索·塔维拉·德·莱莫斯（Lourenço Taveira de Lemos），每人200两，合共400两

兼职司铎（Meio Conego）：佩德罗·保罗·德·索萨（Pedro Paulo de Souza），100两

大堂区教区长（Parocho da Freguezia da Sé）：法沃里诺·若阿金·德·诺罗尼亚神父（Padre Favorino Joaquim de Noronha），150两

风顺堂区教区长（Parocho da Freguezia de Sm. Lourenço）：维克托里诺·若泽·德·索萨·阿梅达神父（Padre Victorino Jozé de Souza e Almeida），150两

花王堂区教区长（Parocho da Freguezia de Sto. Antonio）：弗朗西斯科·沙维尔·达·席尔瓦神父（Padre Francisco Xavier da Silva），150两

圣若泽修院（Collegio de Sm. Jozé），包括发给院长若阿金·若·泽·赖特神父（Superior o Padre Joaquim Jozé Leite）的补助金和学院及青洲的年度维修费，600两

两名多明我会隐退修士（Egressos Dominicanos）：若昂·马丁斯神父（Padre João Martins）、阿戈士蒂纽·博尔热斯神父（Padre Agostinho Borges），每人144两，共288两

两名驻马六甲的神父（Padres Missionarios em Malaca）：弗朗西斯科·戈梅斯神父（Padre Francisco Gomes），144两，曼努埃尔·若泽·戈梅斯神父（Padre Manoel Jozé Gomes），96两，合共240两

新加坡教区上长（Superior da Missão de Singapore）：弗朗西斯科·达·席尔瓦·平托·伊·马亚神父（Padre Francisco da Silva Pinto e Maia），180 两

教会系列合共 4 358 两

军事（Folha Militar）

兵营（Batalham）

澳门炮兵营（Batalhão d'Artilheria de Macao）士兵的工资由据以组建该支部队的1845 年11 月13 日敕令做出规定，目前各项开支预算为22 081 两3 钱。

士官（Officiaes Inferiores）

军需士官（Sargento Caserneiro）：军士长佩德罗·保罗·洛佩斯（1.º Sargento Pedro Paulo Lopes），约98 两

大炮台指挥官（Sargento Fiel da Fortaleza do Monte）：军士长恩里克·席尔维斯特·迪尼斯（1.º Sargento Henrique Silvest. Diniz），约98 两

竹仔室炮台指挥官：军士长若昂·德·索萨（1.º Sargento João de Souza），约98 两

圣若昂炮台代理小队长：帕斯库亚尔·德·瓦斯（Cabo Pascoal de Vaz），约62 两

三巴门卫队代理队长：若阿金·卡内罗准尉（Aspirante Joaquim Carneiro），约51 两

现役和退役军官（Officiaes Empregados e Reformados）

妈阁炮台指挥官：卢尔德杰罗·若阿金·德·法利亚·内维斯少校（Major Ludjero Joaquim de Faria Neves），540 两

退役中校：若阿金·佩德罗·德·高斯达·布里托（Joaquin Pedro d'Costa Britto），480 两

军事系列合共 23 635 两2 钱2 分

特别（Folha Extraordinaria）

退休的辅政司：若泽·玛利亚·德·塞凯拉（Joszé Maria de Sequeira），350 两

陆军上校菲利萨多·若泽·德·门东萨（Filisardo Jozé de Mendonca）的两个女儿（抚恤金）：卡塔琳娜（D. Anna Catharina）、若泽法（D. Anna

Josefa)，共168两

退休普通翻译官：若昂·多·罗萨里奥（João do Rosario），120两

已撤销之Casa Forte的前士官：伊格纳西奥·沙维尔（Ignacio Xavier），30两

海关苦力一等工头：弗朗西斯科·若泽·德·卡瓦略（Francisco Jozé de Cavalho），138两2钱4分

海关苦力二等工头：若泽·戈麦斯·玛吉斯（Jozé Gomes Marques），86两4钱

曼努埃尔·奥门·德·卡瓦略（Manoel Homem de Cavalho）：1846年2月5日第27号训令决定向其支付300两

中国政府：澳门城年租（Foro Annual da Cidade），515两

辅政司署、管数房（Contadoria）和华文翻译房（Cartorio Sinico）材料费：152两

海关差役的膳食费：大约2 000两

仁慈堂医院军人的医疗费：大约1 500两

各炮台的日常开销：大约150两

政府公文的汽船邮费：大约150两

军人寡妇慈善机构经费：大约738两

公物会负债（Divida Passiva）的利息：大约5 487两

政府人员的交通费：大约2 124两

意外开支（包括已撤销之海关各职员的伙食费等）：2 000两

特别系列合共16 008两7钱

总结

民政系列	14 219两9钱2分
教会系列	4 358两
军事系列	23 635两2钱2分
特别系列	16 008两7钱
总　额	58 221两8钱4分

备注：根据组建它的敕令的规定，炮兵营在完备状态下的开支预算，将比本名册中按照现在实际情况估算的费用多2 681两零5分。

辅政司米兰达，1847年4月12日，于澳门省政府辅政司署。

——*Boletim Official*, Vol. Ⅱ, Nº 15, 17-04-1847, pp. 58-60.

06. 1847 年 11 月 11 日第 45 号总督训令核准之《1847—1848 财政年度澳门公钞估议章程》

Instrucções para o Lançamento da Decima e Mais Impostos Annexos para o Anno Economico de 1847 a 1848，Aprovadas pela Portaria N.º 45 de 11 de Novembro de 1847

第 46 号总督训令

澳门—帝汶—梭罗省总督现决定，任命组成公钞编制委员会（Junta de Lançamento da Décima e Mais Impostos Annexos，澳葡当局汉译为“公钞会公所”），以编制（旧译“估议”）1847—1848 年公钞征收方案，其成员除了本督去年 11 月 20 日第 40 号训令所任命之审核委员会成员外，按照今日本督第 45 号训令所附指令第二章第十一条规定，增补奥佐里奥（Feliciano Narcizo Ozorio）作为花王堂区（Bairro de S.to Antonio）的代表，并与本训令一起将该指令之复件寄达该委员会，以便遵照指令开展编制工作。有关部门遵照执行。

亚马留，1847 年 11 月 11 日，于澳门。

第 45 号总督训令核准之《1847—1848 财政年度澳门公钞估议章程》

第一章

第一条 在天主圣名之城澳门将按照下列规定对 1847—1848 财政年度（1847 年 8 月 1 日—1848 年 7 月 31 日）应收之公钞进行估议。

第二条 公钞征收范围包括：

附款一 田产和房产。

附款二 有纳税负担的房租（Foros）、租金（Censos）和地租（Pensões）。

附款三 被免除债务的有息债务人。如果在债务的认定上存有疑问，他仅负担所承认的债款的什一税。

附款四 包括在前一附款中的人，应于 15 日内到公钞会做出有效申报，而无须等待陈出证明债务的证据，只要债权人做出发誓申明就足够了。如果未在规定时间内完成申报，将被罚按照三倍征收。

第三条 对于已被出租或由房主占据的房产，按照实际的或裁定的租金收入额收取百分之十的公钞，扣除百分之一作为修理费。

第四条 田产若由土地的主人自己耕种，同样按照实际收入或裁定的收入征收百分之十的公钞。本条所指包括仅用于娱乐的田产或房产，不论是否出租。

第五条 因房租、租金、地租而使得任何田产和房屋有纳税义务的，如果合约已有明确规定，应由房屋出租者（Senhorios Directos）或地租收取人（Pensionarios）支付百分之十的公钞。

第六条 属于国家所有但为终生受赠人所享用，或者属于兄弟会、交友会及其他机构但其收益并非用于慈善事业的物业或租金（Pensões），缴纳其收入的十分之一作为公钞。处于这种情况的人应该如实出示其收入的用途，以免被罚。

第七条 下列收入无须缴纳公钞（Decima）：

附款一 属于国家的完全处于闲置状态或用于公共目的的物业。

附款二 目前议事公会开会所用的建筑物。

附款三 圣餐兄弟会（Irmandade do Santissimo）的财产，圣克拉拉修女会（Convento das Freiras de Santa Clara）的财产及其教堂神父的房屋。

第八条 行业收入的认定目前是不可行的，应该根据经验进行认定，因为获取房屋收入的基础是很不相同的；将根据公钞会的谨慎决定征收一项生意公钞（Derrama a Ttitulo de Industria）；为此目的，应该按照职员、代理人、经商、公司代表、佣工实有人数（而非实有纳税人）来加以规范。在缺少这些证据的情况下，只能根据公钞会谨慎而公正的决定来做出规定。

第九条 下列人士必须缴纳特别税（Derrama）：

附款一 医生 、药剂师、律师、公证人、文书、代理人、估价员，以及从事相近职业的其他人。

附款二 由相关的银库开支薪水的议事公会、仁慈堂以及各家医院的职员。

附款三 由各个部门支付津贴（Emolumentos）的公务员。

附款四 工场、商店以及其他任何工艺作坊或机器工厂的业主；以及这些作坊和工厂的师傅和工匠。

附款五 上述行业产品的仓库或店铺的主人，以及时尚商品商店、仓库、店铺、地库和珠宝及其同类商品店铺的主人。

附款六 从事远洋航运和近海航运的商船的船长、首领、水手长、水手、大副。

附款七 各种牲畜的所有者。

附款八 批发商和小商人，不论自主经营还是委托代售。

附款九 批发或零售商人、商业店铺、仓库或地库的簿记员、记账员

（书记员）、抄写员和出纳员。

附款十 亲自或通过中介人将其资本投入商业活动或者从贴现行或其他类似行铺获得利息的资本家。

第十条 大船（Navios）和小火船（Lorchas）的船主按照其船只的载货吨位缴纳公钞，即每吨0.20元（vinte avos）。

第二章

第十一条 将由政府任命五名成员和一名秘书组成委员会（公钞会公所）。秘书同时兼任书吏（写字），但没有表决权；五名成员包括：三位办事公道的市民（每个堂区一位）、国家律政司和一位政府官员，在他们中间推选一位主席。

第十二条 公钞会公所在其公钞估议工作中，按照本年5月5日政府命令，负责进行人口普查，并负责在发现不准确时加以修正后向政府提交结果。

第十三条 公钞估议工作必须在本年12月底之前完成。

第十四条 如果公钞会的成员为评审员，则该会将以相对多数票做出决定，无须评审员介入。

第十五条 公钞会成员多数到会，该会即可进行其工作。

第十六条 如果讨论的是该会某位成员应该缴纳的税收，则此人应离会，待表决结束后再返回。

第十七条 编制好的公钞估议案卷，由该会主席、各位成员及秘书签字，并从中摘录出一份全体纳税人名册，其中应指明纳税人所在的堂区，并在每个名字的旁边足够清楚地载明每人所应缴纳的税额，同样由上述各人签名。

第十八条 该名册应立刻张贴于议事公会大楼门口，以便该市的居民和纳税人知悉，并及时向该会提出他们的要求。

第十九条 在该名册张贴后第15日，公钞会将再次举行会议，以听取向其陈述的要求；确定内容准确后，即着人缮写最终文件。

第二十条 该最后文本将由秘书缮写一式两份，由第十七条所指出的人签名；其中一份寄送公物会，另一份连同初稿（即第十七条）送交议事公会，以便归档保存。

第二十一条 该会对公钞估议过程中所出现的应纳税人或国家律政司要求而加重或减少应纳税额的滥用职权行为负责。

第二十二条 在本章程没有论及的情况下，公钞会受葡萄牙有关公钞的法令、章程和指令中可适用于该地区的规定制约。

规则条款 所有公共行政部门、个人、民政职员、教会职员、司法职员，以及公证员、书吏等，应该在该会成立后 15 天内以其所掌握的与公钞估议相关的信息协助公钞会的工作。有任何的隐瞒或遗漏，都可能导致其失去职位。

相关部门遵照执行。

亚马留，1847 年 11 月 11 日，于澳门。

——*Boletim Official*, Vol. Ⅱ, Nº 35, 20 - 11 - 1847, pp. 136 - 137.

07. 1848 年 9 月 30 日第 17 号总督训令

Portaria Nº 17 de 30 de Setembro de 1848

澳门—帝汶—梭罗省总督现决定：为了公共服务机构的效益，有必要组织一个常设的卫生委员会（Junta de Saude Permanente，澳葡当局先后汉译为“太医局”和“医局公会”），以实时满足该公共部门的一切要求，现任命下列人员组成该医局公会：主治外科医生若泽·塞韦罗·维森特·达·席尔瓦·特来斯（Circurgião - mor Jozé Severo Vicente da Silva Telles）、民用外科医生（Circurgio Civis）维森特·德·保禄·萨拉维奇·皮特（Vicente de Paulo Salatwich Pitter）和托马斯·若泽·德·弗雷达斯（Thomaz Jozé de Freitas）。该医局公会自此履行该市原军人医疗委员会（Junta de Saude Militare）的职责，并按照相关规则和命令检查炮兵营（Batalhão de Artilheria）和临时营（Batalhão Provizorio）的病员，本督去年 5 月 26 日任命组织临时营特别医疗会（Junta Especial para o Batalhão Provizorio）的第 15 号训令废止。相关部门遵照执行。

亚马留，1848 年 9 月 30 日，于澳门。

——*Boletim Official*, Vol. Ⅲ, Nº 20, 21 - 10 - 1848, p. 81.

08. 1851 年 11 月 11 日第 58 号总督训令颁布之《澳门监房章程》

Regulamento da Cadea de Macau Aprovado pela Portaria Nº 58 de 11 de Novembro de 1851

澳门—帝汶—梭罗省总督决定：

全部实施下述由委托改善监房委员会提交之《澳门监房章程》及其所附

的看管费收取标准；该章程由辅政司签署，构成本训令的组成部分。相关部门遵照执行。

卡多左（Francisco Antonio Gonsalves Cardoso），1851 年 11 月 11 日，于澳门。

澳门监房章程

第一条 狱卒须备有一册登记簿，记录囚犯的姓名、社会关系、籍贯、年龄、婚姻状况和职业，以及收监令、罪过或被收监的理由；还应在边上记录获释的时间、所依据的释放令或判决书。当国家律政司依法令规定前来视察监房时，该狱卒应每月将该登记簿陈出供其查阅。

第二条 囚犯进入监房时，狱卒须特别注意下列事项：

1. 禁止他们携带任何武器，可用于砍断、刺伤和冲开的工具以及易溶物、引火物和遂石等进入监房。

2. 妇女入监应马上将她们分开安置。

3. 检查囚犯，弄清楚他们所带何物，所穿的衣服，是否带有箱子，里边所装何物，并将所有这些东西开列一份清单，由狱卒和犯人签名。如有违禁品，不得交给囚犯，而是被存起来，直至出狱或转往其他监狱时方可给还。

4. 按照惯例通报当局，并按照迄今为止所做的那样每月提交报表。

第三条 狱卒必须和气地对待所有囚犯，在得到当局的核准后可按照收监令的规定对犯人给予应受的处罚：①由较好的监房转入更差的监狱；②扣除两三天的面包和水。但狱卒应该使用一切适度的手段对他们进行温和的责备，使他们得以改过自新，不得使用侮辱性话语。

第四条 狱卒负责监房的治安，注意保持监房的良好秩序和清洁，监督囚犯的生计，使得有自费能力的囚犯、靠慈善机构和市政机构生活的穷囚犯和由其主人负担的仆役囚犯们和睦相处。

第五条 每天早上七点至（下午）三点，囚犯的仆人可以进来送午饭（Almoço），这个时间也是全体囚犯吃午饭（Almoço）的共同时间；从中午（十二点）到下午两点，向囚犯们供应晚饭（Jantal）；下午五点至六点（冬天）或七点（夏天）提供夜宵（Cea）；向得到当局批准可以享用的囚犯提供自费照明；自下午四点开始打扫监房卫生，以保障晚间空气新鲜，同时在水罐储备新鲜水，清除监房的垃圾；清扫等工作或者由囚犯轮流完成，或者由一名约定的苦力完成；其余时间监房的门不能打开，除非有囚犯出狱或收监。

第六条 交岗之后至下午两点间可以探监，特别情况除外；关门时间一到，狱卒即要求来访之人离开，并摇响铃铛发出号令。狱卒只能容许两至三人同时探访某个囚犯，不得允许很多人一起探望；这些人离开了，才轮到其他人进来。囚犯的父母、妻子、儿女或兄弟不受此限，但到了上文确定的时间都必须离开。如果来访客人高声喧哗扰乱了其他囚犯的安宁，狱卒也可令他们离开。

独一附款 没有得到狱卒的许可，任何人不得同囚犯讲话；狱卒须在门口登记簿内记下年月日以及所要探望的囚犯的名字。登记簿内还必须登记为囚犯服务的仆人、忏悔神父、医生、司法文书和衙役，以及他家庭的妇女和孩子。

第七条 对于处在开放厅（Sala Livre）的囚犯，狱卒可以应其要求打开其门上的小窗，他们可在规定的时间之外，即早上交岗之后至十二点、下午两点至五点，通过小窗与他们的朋友说话。

第八条 在一个盖在阶梯上的棚子下有一个小铃铛，以供卫兵和狱卒在任何时候可以彼此呼叫，包括通知任何检查，来自当局的命令打铃两响，来自本省总督的命令打铃三响。还有另外一个铃，有铃绳通向每间牢房，以便狱卒用于呼叫囚犯，给他们发布任何必要的通知，为此，每个监房指定一名囚犯负责呼叫，监理监房的清洁，并就狱卒提出的问题做出回答；在这个棚子内，还有一盏角灯，在底部拐角处有一盏，在每个回廊有一盏，通宵点亮；还有一盏脂烛灯，用于应对监房可能发生的任何情况。

第九条 正像迄今为止的那样，在每个回廊有一名卫兵站岗放哨，当囚犯前往门廊洗脸、洗衣服、打扫卫生时在井口旁边站岗。

附款一 门口的卫兵不得允许任何人从街道上向囚犯说话，也不得允许从窗口将酒、含酒精饮料或其他任何东西递进监房。

附款二 囚犯可按照狱卒的判断在确定的时间内轮流到门廊洗脸、洗衣服，但必须随时接受查看。

第十条 在入监之后头 24 小时内，怀疑其罪行不实的囚犯，未求得法官的同意或者没有一名司法官员在场时，不能同任何人联络。

独一附款 当囚犯连同拘押令（Mandado de Custodia）交给狱卒时，狱卒应该在拘押令的反面写下接收回执，内容包括收监者的姓名、职业、婚姻状况、籍贯、家庭关系。

第十一条 司法文书和衙役因公需要与囚犯讲话，狱卒应在一天的任何时候允许其进入；同样，律师需要找在法院为其辩护的囚犯时，狱卒也应该在一天的任何时间允许其进入。

第十二条 任何囚犯生病，如果能在监房治愈，狱卒应叫来医生为其看病；否则，狱卒应报告当局，以请求批准进入医院治疗，并将其送到医院。如果该囚犯有家庭，狱卒还应通知其家人，以便在夜间病情严重时给予其可能的安慰。

第十三条 狱卒可以有一位由自己支付酬金的助手在其不能到场时代其履职；并应尽快在厅门的入口处设一招牌，写上本章程的第五、六、七、八条，以便周知遵行。

第十四条 所有囚犯必须支付现行规章以及下列规则所规定的看管费（Carceragem）。

独一附款 澳门监房狱卒津贴收取规则

囚犯在获释离开释放厅（Sallas Livres）时每人缴纳看管费 1 800 厘士。

囚犯在获释离开地牢（Enxovias）时每人缴纳看管费 900 厘士。

在过了时间但未携带武器而被抓的囚犯出狱时每人缴纳看管费 900 厘士。

被错抓，或没有司法当局的收监令而被宣布释放时不缴纳看管费。

被命令押往其他监狱看管的囚犯，只须缴纳获释时应纳看管费的一半，即 900 厘士。

不论何种原因而被收监的华人囚犯在出狱时每人缴纳 540 厘士。

被拘押的少年囚犯（Moços Presos）在获释时缴纳看管费 1 080 厘士。

非由其主人供养的少年囚犯，狱卒可提供必要的生活费，每人每日收取看管费 120 厘士。

狱卒不得对转监的囚犯收取高于本表规定的看管费，除非转换是依据上级命令而进行的。

由慈善机构供养的囚犯不收取看管费。

有关部门遵照执行。

澳门省辅政司弗朗西斯科·马利亚·波尔达卢（Francisco Maria Bordalo），1851 年 11 月 11 日，于澳门。

——*Boletim Official*, Vol. 6, Nº. 52, 15 - 11 - 1851, pp. 181 - 182.

09. 1868年12月7日第47号训令和1869年3月17日敕令

Portaria N.º 47 de 7 de Dezembro de 1868

Decreto de 17 de Março de 1869

1868年12月7日第47号训令

运用1847年3月19日第487号海事及海外部部令授予我的权力，听取了总督公会和本年9月28日第4号训令所任命的委员会的意见，现决定如下：

第一条 宣布1842年3月18日《行政法典》（澳葡当局汉译为“掌管政务律部”）在本殖民地生效，其中关于地区大会议（Junta Geral de Districto）和教区管理的规定除外。

第二条 议事公会的选举将按照该法典第四节第四十七条及其后续条所做出的规定进行。

附款一 鉴于情况特殊，本年的选举依照该法典将在本月20日举行。

附款二 在陛下政府做出最后决定之前，议事公会委员会的人数继续执行1866年4月30日海事海外部第17号部令的规定。

附款三 议事公会继续保留1844年9月20日敕令授予它的特权。

附款四 议事公会主席和副主席的选举及其替代者的选择，根据1855年7月6日法令（Carta de Lei de 6 de Julho de 1855）的规定进行。

第三条 议事公会行使该法典规定的全部职责，接收并管理与本殖民地现有做法相适应的属于它的收入，但必须遵循本殖民地现行的法规。

第四条 在陛下政府没有确定属于议事公会的收入额的情况下，本训令的规定不增加它的开支，也不增设新的职员。

第五条 按照1865年7月5日敕令第二条的规定，华政衙门理事官继续行使政务厅的各项职责。

——*Boletim Official*, Vol. XIV, N.º 49, 7 de Dezembro de 1868, p. 225.

1869年3月17日敕令

澳门总督曾于去年12月7日提呈一份训令，决定将1842年3月18日的《行政法典》（Codigo Administrativo）依照本省情况做出修改后在该省推行；

按照外洋属地咨询委员会的意见，并听取部长会议意见，运用《大西洋新增国政律典》第十五款赋予之权力，现决定批准该训令，在进行了该训令中指明的修改后在该领地实施1842年的《行政法典》。

海事暨海外部遵照执行。

——*Boletim Official*, Vol. XV, Nº. 19, 10 de Maio de 1869, p. 97.

10. 1871年7月15日敕令核准之《澳门司法委员会组织结构与权限章程》

Regulamento para a Composição e a Competencia da Junta de Justiça de Macau, Aprovado pelo Decreto de 15 de Julho de 1871

考虑了海事海外部给我的陈请，按照《新增国政律典》第十五条第一款的授权，并听取了海外委员会和部长会议的意见，现颁布敕令如下：

第一条 澳门司法委员会（Junta de Justiça de Macau，定谳公会、谳局）由两个科组成，第一科为军事科（Crimes Militares，武谳公会），第二科为民政科（Crimes Commens，文谳公会）。

独一附款 每科由五人组成，少于这个数目该科不能运作；两科均由本省总督任主席。

第二条 第一科除了主席之外，由下列人员构成：

地区法官（按察使司），充当报告人（Relator）；

一名高级军官或一名前线营的同级别的年长现役军官；

一名高级别的海军现役军官；

一名前线营的营长（Comandante do Batalhão de Linha）；

一名海上巡逻站（Estaçãcao Naval）的首领。

附款一 如果最后两位是其队伍中的高级别或年长者时，就由他们的副手参加该委员会。

附款二 按察使司不能到场时，由副按察使司代替；前线营营长和海上巡逻站长不能到场时，则由军官代替他们出席会议。

附款三 按察使司优先于所有委员，而其他委员之间的优先权则按照级别排序，或者同级别按照年资排序。

第三条 第二科除了主席由下列人员组成：

地区法官（Juiz de Direito，按察使司），充当报告人（Relator）；

从议政公会（Conselho de Provincia）中选出的两名委员；

议事公会主席；

华政衙门理事官。

附款一 按察使司或理事官不能到场时，由副按察使司代理；议政公会的委员不能到场时由该会委员年长者代理；议事公会主席不能到场时由议事公会的委员代理。

附款二 委员们之间的优先权按照本条的规定排序。

第四条 当总督不能到场时，或者总督公会（Conselho do Governo）被委托行使本省行政管理权时，由按察使司担任两科的主席，并兼任报告人角色。

第五条 谳局第一科具有印度最高军事法庭（Supremo Conselho de Justiça Militar da India）的裁判权，对于在本省军事法庭（Conselho de Guerra da Provincia）的判决做出二审即终审判决（Segunda e Ultima Instancia）。

第六条 谳局第二科有下列裁判权：

1. 对在澳门立案的普通罪行的诉讼（Processos Ordinarios Crimes）做出一审即终审判决（Primeira e Unica）；

2. 审理按察使司判决的上诉案件和轻罪案件的上诉案件。

独一附款 谳局第二科的裁定，可在法律所许可的条件下向最高司法法庭（Supremo Tribunal de Justics）上诉。

第七条 根据本敕令，1866年12月1日敕令第二十三至三十四条关于澳门谳局的规定以及其他与此相反的法令已被修改。

海事海外部遵照执行。

国王，1871年7月15日，于王宫。若泽·德·美洛·格维亚（José de Mello Gouveia）（附签）

——*Boletim Official*，Vol. XVII，Nº 40，02－10－1871，p. 159.

11. 1871年9月30日第54号总督训令

Portaria Nº 54 de 30 de Setembro de 1871

澳门—帝汶省总督决定：根据本年7月15日敕令关于改组澳门司法委员会的规定，现宣布该会由下列人员组成：

本殖民地总督，为武谳公会和文谳公会的主席；

按察使司，为两公会的报告人。

武谳公会成员：

海军中校、水师统领托马斯·德·维拉·诺瓦·费拉里（Thomas de Vila Nova Feilali）；

陆军中校、巡捕兵营巡捕官热罗尼莫·佩雷拉·列地（Renonimo Peileila Leite）；

陆军中校、步兵营统领多名格斯·若泽·阿尔梅达·巴波沙（Domingos José Almeida Barbosa）；

海军中校、船政官若昂·爱的亚多·斯卡泥切（João Eduardo Scknichie）。

文谳公会成员：

议政公会委员赛卡尔子爵、维森特·保禄·萨拉维奇·皮特（Vicente Baulo Salwichi Piter）；

议事公会主席老愣佐·马忌士（Lourenço Marques）；

华政衙门理事官儒立奥·费雷拉·平托·巴士度（Julio Feireila Pinto Basto）。

相关部门遵照执行。

澳门—帝汶省总督苏沙（Antonio Sergio de Sousa），1871年9月30日，于澳门。

——*Boletim Official*, Vol. XVII, Nº. 40, 02-10-1871, p. 161.

12. 1875年3月24日第42号总督训令核准之《澳门—帝汶省辅政司署章程》

Regulamento para a Secretaria do Governo da Provincia de Macau e Timor, Aprovado pela Portaria Nº. 42 de 24 de Março de 1875

鉴于实行一部澳门—帝汶省辅政司署（Secretaria do Governo da Provincia de Macau e Timor）章程已经刻不容缓，尽管它尚待中央政府的批准。经与总督公会酌商，现决定核准下列由辅政司（Secretario Geral do Governo）签署并构成本训令组成部分之《澳门—帝汶省辅政司署章程》。

有关部门遵照执行。

本省总督亚维拉（José Maria Lobo d'Avila），1875年3月24日，于总督府。

澳门—帝汶省辅政司署章程

第一章

辅政司署的人员编制

第一条 澳门—帝汶省辅政司署由下列人员组成：

辅政司，为该部门的首领；

书记官（Official da Secretaria），为民政科负责人；

军官（Official Militar），为军事科负责人；

一名文书（Amanuense），一名卫队的低级军官（Official Inferior da Guarnicao），一名老兵或平民办事员（Continuo）。

辅政司署的内部组织结构

第二条 澳门—帝汶辅政司署分设两科：民政科（Secção Civil）和军事科（Secção Militar）；两科都处于辅政司的最高监管之下。

附款一 民政科负责一般行政、市政、教会、司法、财政、公共教育与卫生、商业、公共工程、外国人、档案和证明等方面的事务。

附款二 军事科负责一切与陆地、海上部队之人员及物资有关的事务。

第三条 两科均由专门的科长领导。

附款一 民政科的科长是书记官。

附款二 军事科的科长是一位由总督任命的副官（Subaoterno Offical）或上尉（Capitão）。

第四条 辅政司偶尔不能到场时，可由民政科的书记官代替其履行职责；书记官不在时，则由总督指定代理者。

第五条 民政科除了有一个辅政司署发出文件的登记簿外，还要有一个登记所有接收函件和申请的登记簿，其中应写明登录的时间序号、主题摘要以及最后决定之前的进展情况（Andamento）。

第六条 档案室由书记官负责。

附款一 档案室所收到的文件应该按照年份和科室归类，且须标明序号。来自里斯本的函件应该按照年份装订。

附款二 每月月初，档案管理员应将所有在上月内已经处理完毕的文件收归于档案室。

第二章

职员的职责

第七条 作为该部门的最高首领和政府出版物的监督人，辅政司的职责是：

1. 接收所有函件，拆阅总督没有留作自阅的全部信函；将函件送达书记官，以便由其登录后分送各科；

2. 执行总督就其负责的事务所下达的批示（Despachos）；

3. 签署所有必须以总督名义和奉总督之命发出的官方函件，辅政司署开具的证明书原件的副本、官方文告、公文的要求，所有去往政府本部之外的职员的指示，本国人和外国人的护照，公共娱乐和客栈准照，以及其他需要得到总督批准的文件；

4. 就所有需要做出指示的事务向总督提交批示的文本，如有必要还应附上他本人的信息；

5. 按照情节的严重程度，对他所领导的所有职员进行警告或者训斥；可对职员处以停职八天的处罚，但必须即刻通知总督；

6. 可根据应该予以重视的理由给职员准假八天，但须通知总督；

7. 可向辅政司署各科科长、军事指挥官或者总督辖下的其他任何部门，索要各种认为对其拟提交总督的事务有帮助的信息，并以总督的名义发布有关的命令；

8. 作为总督公会（Conselho do Governo）和议政公会（Conselho de Provincia）的秘书，负责撰写有关会议记录，并以总督的名义进行会议召集；

9. 作为政府出版物的监督人，负责《政府公报》的出版。

书记官的职责

第八条 书记官的职责为：

1. 负责维持本署的秩序和关系，在必要时提醒全体职员注意其职责，并向辅政司通报这里出现的任何失范或混乱状况；

2. 负责一个职员的点名册（Livro de Ponto），在其中记下每个职员进入的时间；

3. 签署必须附在辅政司民政公文后的附件；

4. 用心做好档案室文件的保管与分类；

5. 以科长身份监督本科的登记簿每日得到检查，以保证登记工作做到足够清楚和细致；

6. 就自认为有利于其更好履行职责的措施向辅政司提出建议和提示；

7. 其余属于科长职责范围的事务。

第九条 军事科的科长职责为书记官相应职责中有关军事方面的事务。

第十条 辅政司不在或不能到场时，由两科科长分别代理行使第七条第一至五项及第七项所提到的职责中属于该科的职责。

独一附款 前引第七条第八、九项所提及的职责由民政科的书记官代理行使。

办事员的职责

第十一条 办事员的职责为：

1. 负责辅政司署一切器物的保存和维护，由他掌握一份清单，在其中记下所发生的任何改变；

2. 负责本署每日的整洁，并须在上班之前完成这些工作；

3. 于书记官到场时开启申请书的信箱，并将其中的申请交给书记官；

4. 在辅政司交给他的文件上加盖印戳，并封好信函；

5. 礼貌接待前来向他递交申请以获得商业信息的人，但不得允许任何人未经辅政司事先同意而进入辅政司署；

6. 维持辅政司署进入厅（Casa de Entrada）的秩序；

7. 满足辅政司和科长提出的与工作有关的其余要求。

第三章

第十二条 职员每天在上午 10 点进入辅政司署，下午 3 点离开。即使离开的时间已到，但如果辅政司或其代理人指派了有待完成的工作，任何人不得离开。

第十三条 一旦工作需要，离开时间可以被延迟。

第十四条 如果前往欧洲的邮包截止的日子赶上了圣周，全体职员必须来到辅政司署，在此停留直至辅政司免除其工作。

独一附款 这种处置仅发生在有紧急情况需要处理时。

第十五条 点名册将在第十二条所指的时间半小时后收起，此时不在辅政司署的任何职员，将被扣除当日的工资，扣除的款项将打入津贴钱柜（Caixa dos Emolumentos），并在登记簿内注明此笔收入的来源。

第十六条 未经辅政司或其代理人的批准，任何职员不得在工作时间离开辅政司署大楼。

第十七条 本省总督将通过批示发布为更好地落实该章程所必需的措施。

辅政司恩里克·德·卡斯特罗（Henrique de Castro），1875 年 3 月 24 日，于澳门辅政司署。

——*Boletim Official*，Vol. XXI，Nº 13，27 - 03 - 1875，pp. 59 - 60.

三、澳门港口章程

SUBSCREVE-SE.
Por Anno. . . . $ 10
Por Semestre. . . . $ 6
Por Tremestre. . . . $ 3½

CUSTAM.
Folha Avulsa. . . . Avos 25
Annuncios, por linha. . " 10
Correspondencias, e Commu.dos 5

BOLETIM DO GOVERNO

DA PROVINCIA

DE MACAO, TIMOR, E SOLOR.

Assim, sem comprometter os publicos interesses, se satisfara ao maior de todos elles, que consiste em que toda a verdade se diga, a quem toda a verdade he devida.

SILVESTRE PINHEIRO FERREIRA.

Vol. I. Macao, Quinta-feira 7 de Maio de 1846. N.º 18.

PARA VENDA

Letras saccadas pelo Governo de Macao sobre a Agencia Financial Portugueza em Londres, a 30 dias de vista.

Dito dito dito sobre o Thezoureiro Pagador da Marinha em Lisboa, a 30 dias de vista: derija-se a

Jozé Vicente Jorge.

Macao 7 de Maio de 1846.

PARTE OFFICIAL.

Quartel do Governo da Provincia em Macao 4 de Maio de 1846.
Ordem N.º 3.

Sendo as requizições que se fazem de objectos necessarios ao Serviço das Fortalezas desta Cidade da natureza daquellas que pelo artigo 11.º do Decreto de 13 de Novembro está a cargo do Commandante do Batalhão d'Artilheria o dirigi-las, como Inspector de todo o material da Arma, munições e mais petrechos de Guerra: determina S. Exa. o Sr. Governador, que os Fieis encarregados do material das mesmas Fortalezas, em vez de dirigirem taes requizições, como até aqui, directamente á Secretaria do Governo, o façam d'ora em diante por via do referido Inspector, remettendo-as este depois de verificadas, e com a sua —rubrica— á dita Secretaria para terem o destino conveniente.

Antonio Jozé de Miranda.
Secretario Interino do Governo.

Quartel do Governo da Provincia em Macao 4 de Maio de 1846.
Ordem No. 4.

Sua Exa. o Sr. Governador da Provincia de Macao Timor, e Solor, manda publicar á Guarnição o seguinte.

Em virtude do artigo 3º de Decreto de 13 de Novembro de 1845, da organisação da força militar da Cidade de Macao, fazem parte do Batalhão de Artilheria de primeira linha os seguintes Officiaes.

Major Commt.—Manoel Lopes Pereira Nunes.
1.os *Tenentes.* { Ricardo de Mello Sampaio. Placido da Costa Campos.
2.os *Tenentes.* { João Miguel Milner. Antonio Fidellis da Costa.

Addidos ao mesmo Batalhão até se lhes dar o destino conveniente os seguintes Officiaes.

Capitão—João Rodrigues da Costa Caminha.
Tenentes. { Julio Antonio Correia do Liger. Marceline Jé. Machado de Mendonça.
Alferes. { Jeronimo Pereira Leite. Pedro Paulo de Sá. Joaquim Vicente Barradas. João Florencio Marçal. Jozé Antonio da Costa.
2.o *Tenente*—Januario Agostinho d'Almeida.

Devendo em consequencia do citado artigo passar desde já a commandar as Baterias: —
N. 2 O 1.o Tenente Placido da Costa Campos.
N. 3 O 1.o Tenente Ricardo de Mello Sampaio.
N. 4 O 2.o Tenente Antonio Fidellis da Costa.

Para fazer o serviço de Ajudante, por proposta do Commandante do Batalhão, o 2.º Tenente João Miguel Milner.

Em consequencia da Portaria No. 361 do Ministerio da Marinha e Ultramar de 20 de Novembro de 1845 que manda completar o respectivo quadro com os Officiaes do extinto Batalhão Principe Regente, os quaes ficam considerados addidos:—

Commandante da 1.ª Bateria, o Capitão addido João Rodrigues da Costa Caminha.

Para servir provisoriamente de Quartel Mestre por proposta do Major Commandante, o Alferes addido Jeronimo Pereira Leite.

Dispensado do serviço de Ajudante, o Alferes addido João Florencio Marçal, e do de Quartel Mestre o Alferes addido Pedro Paulo de Sá.

Estes ultimos dois Officiaes, bem como todos os addidos que por esta ordem não tem emprego designado passam a fazer serviço nas differentes baterias.

Os Capitães do extinto Batalhão Principe Regente Bernardo Manoel d'Araujo Roza, e Jozé Manoel de Carvalho e Souza, hoje empregados em differentes Commissões, e que pelo Decreto da nova organisação não podem fazer parte do Batalhão de Artilheria de 1.ª linha, não devem continuar a ser mencionados no Mappa Diario.

Antonio Jozé de Miranda.
Secretario Interino do Governo.

N.º 7.

O Governador da Provincia de Macao Timor e Solor determina o seguinte.

Em quanto se não mandar pôr em execução o regulamento do Porto de Macao que se está confeccionando: hei por bem, para conveniencia do Commercio, e para resalvar a responsabilidade do Capitão do Porto, alterar o Regulamento do Porto de Macao que provisoriamente se mandou observar por Portaria deste Governo, datada de 31 de Março do corrente anno, devendo-se observar da data desta o seguinte.

REGULAMENTO
Do Porto de Macao.

Art: 1.º—A Estação da Capitania do Porto será junto do Repartição d'Alfandega.

Art: 2.º—Para qualquer Navio mostrar que pede pratico, ao aproximar-se da Rada, trará a sua Bandeira Nacional no tope de prôa.

Art: 3.º—O Capitão do Porto só poderá empregar no Serviço Praticos examinados.

§º 1.º—Na Repartição da Capitania do Porto não se tomará conhecimento de avarias em qualquer Navio pilotado por practico que não seja examinado, e mandado para bordo pelo Capitão do Porto, quer na entrada quer na sahida.

§.º 2.º—Os salarios dos Practicos examinados serão os mesmos que se acham estabelecidos.

Art: 4.º—O Capitão ou Mestre do Navio entregará á pessoa authorisada para fazer-lhe o Registo uma relação nominal de todos os passageiros, declarando emprego e destino; e bem assim todas as cartas que trouxer mencionando o numero.

Art: 5.º—O Capitão logo que desembarque, se aprezentará ao Capitão do Porto com seo Passaporte e lista da equipagem do Navio. Estes documentos ficam na Capitania do Porto até á sahida.

Art: 6.º—O Capitão do Porto enviará immediatamente ao Chefe da Alfandega uma declaração do numero de toneladas do Navio ou Navios entrados no Rio ou na Taipa extrahida do proprio documento, e por elle authenticada.

Art. 7.º—Os Navios não podem entrar ou sahir da Barra, na monção de NE. demandando mais de 15 pes de agoa, e na de SO. mais de 16; isto em con-

图3 1846 年 5 月 7 日总督训令核准之《澳门港口章程》(《澳门宪报》1846 年 5 月 7 日)

作为葡萄牙政府实现澳门管制权整体目标的一部分，葡萄牙女王于1845年11月20日发布敕令，宣布将澳门开放为自由港。此令在亚马留的武力扩占行动中得到了实施。此后，澳葡当局在推行澳门管治的过程中，设立了专门负责澳门港口管理的部门船政厅（民国时期始称“港务局”），并相继制定了一系列管理澳门港口的章程。1846年5月7日亚马留第7号总督训令核准《澳门港口章程》。1855年3月12日澳葡当局颁布了经过扩增和修订的《澳门港口章程》，并持续实施了十余年。1863年8月17日阿穆恩总督发布第35号总督训令，对进出澳门港口的各类商船的收费标准进行了修改。澳门总督欧美德于1872年6月11日发布第40号总督训令核准了新的《澳门港口章程》，对澳门港口的管理做了更加全面的规定。为促进澳门与帝汶两地的关系，澳葡当局于1875年发布了《澳门—帝汶航运承运章程》，招揽个人企业发展澳门与帝汶的航运和贸易。在澳葡当局的扩占取得重要进展的情况下，澳葡当局向中央政府提呈了新的《澳门船政厅及水师巡捕章程》，并获得1887年1月19日敕令的核准。新章程对船政厅的工作范围、权限和职责、人员编制等方面做了全面的规定，同时决定成立水师巡捕所，划归船政厅辖下，负责海上巡逻与检查。

虽然直到1887年12月1日《中葡和好通商条约》的签订葡萄牙才获得了“永居管理”澳门的条约根据，但在此前的数十年间，澳葡当局通过制定和实施上述章程，对澳门港口进行了事实上的管理。因此，这些文件自然构成了我们研究晚清时期澳门港口航运贸易发展、港口角色转变乃至澳门社会经济发展的必备史料。①

01. 1845年11月20日敕令

Decreto de 20 de Novembro de 1845

中华帝国的一些港口已向所有国家开放了航运和贸易，上帝圣名之城澳门所享有的商业上的有利条件已不复存在，因此，必须根据形势的变化，采取措施，修改现行的限制性制度，利用该市所享有的区位优势，促进其贸易的发

---

① 参见张廷茂：《晚清澳门海上贸易研究》，北京：社会科学文献出版社；澳门：澳门特区政府文化局，2015年，第184－208页。

展。运用1843年5月2日法令第一条的授权，听取部长会议（Conselho de Ministros）和国务会议（Conselho de Estado）的意见，现颁布敕令如下：

第一条 澳门城市的各港口，包括以内河（Rio）命名的内港及包括氹仔（Taipa）和沙沥（Rada）在内的外港区域（os Externos），向所有国家宣布为自由港，允许他们在那里消耗、存放及再出口各种货物和经营任何性质的贸易。

第二条 本敕令在澳门市公布30天以后，进入上述口岸的所有物品及货物，不论何国，完全免征进口税。

第三条 绝对禁止进口火炮（Peças d'Artilheiras）、炮弹（Projecteis）、易燃物（Mixtos Incendiarias）、火药、各类烟草、鼻烟、肥皂和苔色素（Urzella）。

第四条 用葡萄牙船只从葡萄牙港口运来的由葡萄牙出产或制造的下列货物可以享受免税待遇：枪炮（Armas defogo）、古银币、槟榔树、毛巾样棉布、印度棉布、各种等级的帽子、橄榄油、可可油、熏猪肉和猪肉腊肠、成衣和鞋子、亚麻布、食盐、药品、檀香木、白酒（Agoas - ardentes de Vinho）、棕榈酒、葡萄酒、烈性酒、酒醋、棕榈醋。

第五条 前条所指的货物，不论由葡萄牙生产和制造还是由外国制造，均可由葡萄牙船或者外国船自外国港口进口至本澳，但须支付百分之二十的货值税。

第六条 上述货物中除了用于消费而免税的，准备在一年之内再出口的货物，可被允许在澳门市储存，为此，除了仓储费和体力劳动费用之外，须按照货值的百分之一支付储存费。

独一附款 所有被允许储存的货物若在一年之内没有被再出口，则必须支付第五条所规定的消费税。

第七条 所有其他完全为自由消费或者再出口的货物，只须按照将由总督听取总督公会和海关监督（Director da Alfandega）之意见而确定的工资标准，缴纳海关公所（Companhia da Alfandega）“苦力”的费用，该标准不得高于迄今为止该海关所定的标准。

第八条 第四、五、六三条所指的货物，应被储存在政府仓库，以便处于海关的监管之下，直至办理海关手续为止。至于免税货物中包含的其他货物，则由其货主自主决定储存于海关仓库，还是私人仓库。

第九条 仓储费的支付也将由总督在听取总督公会和海关监督意见后制定相应标准；该标准应尽可能遵行个人仓储惯常的支付价格。

第十条 为方便更大宗货物的卸货，政府将在一些更加便利的地方或者更加繁忙的码头安置必要的起重机（Guindastes），总督也将在听取总督公会意见后决定向使用者所要收取的费用。

——*Boletim Official*, Vol. Ⅰ, Nº. 9, 05 - 03 - 1846, p. 2；又见 José António Maia, *Memória sobre a Franquia do Porto de Macao*, Lisboa: Typ. da Revolução de Septembro, 1849, pp. 57 - 58.

02. 1846年5月7日第7号总督训令核准之《澳门港口章程》 Regulamento do Porto de Macao Aprovado pela Portaria Nº. 7 de 7 de Maio de 1846

澳门—帝汶—梭罗省总督现决定，鉴于没有下令实施制定的澳门港口章程，现决定，为了便于商业的发展，保留船政官的职责，修改了本年3月31日政府训令所核准的澳门港口章程，此后应遵守下列章程：

澳门港口章程

第一条 船政厅（A Estação da Capitania do Porto）附设于海关公所（Repartição d'Alfandega）旁。

第二条 任何船舶接近港口入口处时，应在船头最高处升起其国旗，以便请求派遣领航员（引水员）。

第三条 船政官只使用通过考核的领航员进行导航服务。

附款一 任何船若使用未经船政厅考核、非由船政官派遣上船的领航员进行导航，则船政厅无须承担任何损失。

附款二 经过考核的导航员的工资，将按照已经确定的标准给发。

第四条 船长须亲自前往船政厅进行注册，提交一份所有乘客的名册，说明其职业和目的地，同样包括所带的编写号数的所有文件。

第五条 船长一经上岸，须将其护照和船员名单交给船政厅官员，这些文件将被保存在船政厅，待其离岸时领回。

第六条 船政官应即刻将一份从进入内港和氹仔的商船的文件中摘录出的商船吨位数申报单呈送海关监督。

第七条 在东北季风期水深15英尺以上、西南季风期水深16英尺以上，商船方可进入和驶出妈阁；在其他任何情况下，水深13英尺以上即可进港。

第八条 商船不得载运自卫性火药进入内港，须将所载火药存入妈阁炮台，待离港时取回。

第九条 禁止在港口区域内向大海丢弃压舱物和垃圾。

第十条 未经船政官批准，任何船舶不得在港湾内改变抛锚地。

第十一条 商船必须保证其铁锚随时可以迅速离开。

第十二条 如果有船员离开他的船，须向船政官报告，该官可以下令逮捕他；如果在船只逗留期间没有抓到，只要他一出现即刻将其逮捕，以便交给有权限部门。

第十三条 禁止在澳门丢弃残废者；他们只有经过船政官批准方可下船。

第十四条 未经船政官同意，任何船长不得部分或全部辞退其船员。

第十五条 船政官有权对商船的船员进行登记。

第十六条 准备离港的商船的船长，须提前向船政官出示其所有的海关手续以及海关公所应该给予他的方便，申明是否有火药存于妈阁炮台，有了上面所说的通用的文书，该船政官将发给他最后一道批文。

违反这些条款的规定，将受到法律的惩处。

有关部门遵照执行。

亚马留，1846年5月7日，于澳门。

——*Boletim Official*, Vol. Ⅰ, Nº. 18, 7 de Maio de 1846, pp. 74 – 75.

03. 1855年3月12日辅政司奉总督之命颁布之《澳门港口章程》

Regulamento do Porto de Macao Publicado pelo Ordem do Governador em 12 de Março de 1855

奉督宪之命，特颁布下列《澳门港口章程》。

第一条 任何船只接近港口入口处时，应在船头最高处升起其国旗，以请求派遣领航员（引水员）。

第二条 任何船若使用未经船政厅考核、非由船政官派遣上船的领航员进行导航，则船政厅无须承担任何损失。

第三条 船政官只使用通过考核的领航员进行导航服务。未使用船政厅领航员导航的船只入港，不得因此而免交导航费。

第四条 船长须在抵达后24小时内亲自或由其代表向船政厅报到，违者须支付100元（Patacas）罚金。

第五条 船长一经上岸，须将其护照和船员名单交给船政厅官员，这些文件将被保存在船政厅，待其离岸时领回。

第六条 商船不得载运自卫性火药进入内港，须将所载火药存入妈阁炮台，待离港时取回。

第七条 禁止在港口区域内向大海丢弃压舱物和垃圾，违者须缴纳100元罚金。

第八条 未经船政官批准，任何船舶不得在港湾内改变抛锚地。

第九条 商船必须保证其铁锚随时可以迅速离开。

第十条 如果有船员离开他的船，须向船政官报告，该官可以下令逮捕他；如果在船只逗留期间没有抓到，只要他一出现即刻将其逮捕，以便交给有权限部门。

第十一条 禁止在澳门遗弃残废者；他们只有经过船政官批准方可下船。违者须缴纳100元罚金。

第十二条 如有船长欲送病人去医院治病，应向船政官告知，相关费用由该船负责。

第十三条 未向船政官报告（Participar），任何船长不得全部或部分辞退其船员。

第十四条 前来内港装卸货物的船只，按照第五条的规定向船政厅报到，否则，其代理人将被追究责任。

署理辅政司若泽·卡洛斯·巴罗斯（José Carlos Barros），1855年3月12日，于澳门辅政司署。

——*Boletim Official*, Vol. Ⅰ, Nº 22, 12 de Março de 1855, p. 85.

04. 1863年8月17日第35号总督训令

Portaria Nº 35 de 17 de Agosto de 1863

澳门总督兹决定如下：

1851年8月4日第28号训令已经决定了商船在澳门港口应该缴纳的港口税和船政厅费用的数量；而那个决定已经做出了不少改变，但却尚未明确其合法方式；商船在氹仔和内河各口所应缴纳的领航费用是根据简单做法确定的，其标准显然过高了，因此，本督必须对这个事项加以规范。听取了总督公会意见，现做出下列决定：

第一条 此后商船在澳门各港口所应缴纳的港口税（Direitos do Porto），由本训令表A做出具体规定。

附款一 该税应按照一份缴费通知在船政厅缴纳，该通知分开列明各项收费的具体数额。

附款二 在船政厅以其他部门名义收取的费用，须由船政官在现行的时间并按照现行的程序交给这些部门。

第二条 应在船政厅缴纳的其他收费（Emolumentos），由本训令表B加以规定。

第三条 船只进入内河和氹仔任何一口，支付领航费5元；离开这些港口领航费同为5元。

附款一 不愿雇用领航员出入上述港口的商船，也应半额缴纳上条所确定的税收。

附款二 领航业务职能由列入船政厅编制的领航员进行。在每月首日，将分配前一月的相关收入，其中五分之一归船政官，其余的均分给当月承担了领航服务的领航员。

相关部门和人员遵照执行。

总督阿穆恩（José Rodrigues Coelho do Amaral），1863年8月17日，于澳门。

表A 商船在氹仔和内河各口应纳的税额 单位：元（Patacas）

第一部分 港口治安税，归属公物会所有	
从事远洋航运的任何国籍、任何载重的船只	4.00
从事沿海航运的任何国籍、载重40—100吨的船只	1.25
从事沿海航运的任何国籍、载重100吨以上的商船	4.00
第二部分 离港腾空费，归船政厅所有	
从事远洋航运的本国船或根据协议享受本国船待遇的外国船	1.25
从事远洋航运、未享受本国船待遇的外国船	1.50
从事沿海航运的任何国籍、载重40—100吨的商船	0.25
从事沿海航运的任何国籍、载重100吨以上的商船	0.50

第三部分 炮台通过费，归辅政司署

从事外海航运的任何国籍的商船	1.00
从事沿海航运、载重 100 吨以上的商船	0.50

备注：入泊沙沥的商船只向船政厅缴纳腾空费。

表 B 归属船政厅的费用 单位：元（Patacas）

吨位测定费	
登记吨位 50 吨以下的商船	1.00
登记吨位 50 吨以上 100 吨以下者	2.00
登记吨位 100 吨以上 200 吨以下者	4.00
登记吨位 200 吨以上者	10.00
检查检验税（Por Cistoria）：同前，按照登记吨位缴纳	
本国船财产登记费	
100 吨以下的商船	2.50
100 吨以上的商船	5.00
注册费	
100 吨以上者	1.50
100 吨以下者	1.00
注册通知	0.25
沿海华船船主证	0.50
内河锚地改换费	
大船（Navios）	3.00
50—100 吨华船	1.00
证明书请求税	
不超过两页者	0.75
超过两页者每页	0.50

总督阿穆恩，1863 年 8 月 17 日，于澳门。

——*Boletim Official*, Vol. Ⅸ, Nº 37, 17 de Agosto de 1863, p. 147.

05. 1872年6月11日第40号总督训令核准之《澳门港口章程》

Regulamento do Porto de Macau Aprovado pela Portaria N.º 40 de 11 de Junho de 1872

澳门—帝汶省总督决定:

为规范船政厅及其所辖水师巡捕所的重要工作，按照总督公会的表决意见，现决定临时性核准下述由辅政司签署之《澳门船政厅与水师巡捕章程及其相关收费标准》，其最终的实施需得到王室的确认。

有关部门遵照执行。

本省总督欧美德（Visconde Sam Januário），1872年6月11日，于澳门总督府。

澳门港口章程

第一条 船舶接近港口入口处时，应在船头最高处升起其国旗，以便请求派遣领航员（引水员）。

第二条 若使用未经船政厅考核的领航员进行导航，则船政厅无须承担任何损失。

第三条 船政官只使用通过考核的领航员进行导航服务。

附款一 只有出示由船政厅发给的证明者，方可被视为通过考核的领航员。

附款二 此款涉及澳门内港及氹仔停泊地。

附款三 未申请前往河内（即内港）和氹仔抛锚的船只，也应半额支付所规定的导航费用。

第四条 所有船长必须在抵达港口后24小时内亲自或派代表到船政厅报到，违者罚款100元，罚金充作公物会收入。

第五条 船舶所属国未在澳门设有领事者，该船长一经上岸，须向船政官递交船舶证件，这些证件将在船舶离港时退还给该船长。

独一附款 葡萄牙船只应将船照存放于辅政司署（Secretaria do Governo）。

第六条 一旦发出合法要求，船政官有权缉拿任何船舶的逃兵；即使在船舶离港后，只要该国领事提出要求，逃兵也可以被抓捕，并被送交相关当局。

第七条 船舶所属国未在澳门设有领事者，其船长不得在未向船政厅通报的情况下全部或部分辞退其船上的船员。

第八条 入院治疗的请求应该由船长向船政官提出，并由他所属的船舶负担费用。

第九条 禁止在澳门丢弃残废者；唯经船政官同意者方可上岸；违者罚款100元，罚金充作公物会进项。

第十条 未经船政官批准，任何船舶不得在港湾内改变抛锚地。

第十一条 载有火药的商船不得进入内港（Porto Interior）。若要进港，应先将所载火药存放于妈阁炮台，待返航时领回。

第十二条 禁止在内港及氹仔抛锚区向大海丢弃压舱物、残废者和垃圾，违者罚款100元。

第十三条 船舶自今以后应付的停泊税（Direitos d'Ancoragem），将在本章程所附的表A中列明。

附款一 上述税项将按照载有各项应付数额的收据在船政厅交付。

附款二 船政厅以其他政府部门名义征收的税款，将由船政官以合法手续交付这些部门。

第十四条 应向船政厅缴纳的附加费用（Emolumentos），将在表B中列明。

第十五条 进入氹仔和内港抛锚处的导航费用，将按照表C来支付。

独一附款 导航费中1元作为船政官酬金，4元分配给领航员。

第十六条 导航业务将由载入船政厅名册的领航员轮流进行；每月首日将按照前条前款规定分配前月收入。具体标准是：进入内港或氹仔，缴纳5元；离开上述停泊处，缴纳5元。

第十七条 气压下降的信号将在登记船舶上标出，即在顶端升起一面显而易见的中间有红色方块图案的白色旗帜，确定风暴到来时则发射一枚炮弹。

独一附款 晚间将在信号杆升起两盏绿色明灯，确认风暴到来也用同样方法。

第十八条 商船船长应小心使自己的抛锚保持空闲状态，使得铁锚得以迅速离开；还应注意在恶劣天气下保持航行安全。除非有足够的依据确定风暴必然经过本港并指出风暴强度，预报信号仅提示风暴来临的可能性。

第十九条 船政厅将以醒目的文字登记并标示渔船（Barcos de Pesca）和疍家船（Tancás）。

第二十条 本章程将印发给所有入泊本港口的船只。

辅政司恩里克·德·卡斯特罗（Henrique de Castro），1872年6月11日，于澳门辅政司署。

表 A　归公物会收取的税收：停泊税　单位：元（Patacas）

1. 治安税（Taxa de Policia）	
任何国籍的船只	
350 吨以下者	4.00
350—700 吨者	8.00
700 吨以上者	15.00
未装卸任何货物的船只免缴该税。	
2. 灯塔税	
任何国籍的商船（Navios Mercantes）（每吨）	0.01
沿海航行船只	
不足 50 吨者	0.40
50—100 吨者	0.60
100 吨以上者	1.00
定期轮船每次进港缴纳	1.00
苦力船应纳载量税	
200—500 吨者	10.00
500—1 000 吨者	15.00
1 000 吨以上者	20.00

表 B　归船政厅收取的费用（Emolumentos）　单位：元（Patacas）

1. 离港时腾空费	
葡国船或者根据条约被视为葡国船之外国船	1.25
未享受该项待遇的其他外国船	1.50
2. 载货吨位税，任何国籍的商船	
不足 50 吨者	1.00
50—100 吨者	2.00
100—200 吨者	4.00
200 吨以上者	10.00
3. 检查检验税（Por Cistoria），按照载货量标准缴纳	
4. 财产登记税	
100 吨以内者	2.50
100 吨以上者	5.00
5. 注册税	
100 吨以上者	1.50

不足 100 吨者	1.00
注册通知者	0.25
6. 抛锚地改换税，所有船只	3.00
7. 证明书请求税	
不超过两页者	0.75
超过两页者每页	0.50

归辅政司署收取的要塞通过费

任何国籍的商船（每艘）	1.00
100 吨以上的沿海华船	0.50

表 C　抛锚处的导航费用　单位：元（Patacas）

进入内港或氹仔	5.00
驶离内港或氹仔	5.00

辅政司恩里克·德·卡斯特罗（Henrique de Castro），1872 年 6 月 11 日，于澳门辅政司署。

——*Boletim Official*, Vol. XVIII, Nº. 25, 15 de Junho de 1872, pp. 106 - 107.

06. 1875 年 3 月 13 日辅政司发布的《澳门—帝汶航运承运章程》

Bases para a Adjudicação da Empreza de Nevegação entre Macau e Timor, Publicados pelo Secretario do Governo, 13 de Março de 1875

第一条　这些蒸汽船每年应完成四次往返航行，每三个月内往返一次；每次航行在澳门、帝汶两地间的时间不得超过 35 日。

第二条　这些商船载货吨位应为 500 吨，且备有 50 人客座，其中 10 座为头等舱。

第三条　所有蒸汽船应具备必要的速度、便利和良好通风等条件，此外还应有劳埃德船舶证明（Certificado do Loyds）。

第四条　政府人员（Passageiros do Estado）的运载价格由企业与政府共同

议定。

第五条 葡萄牙邮包、政府钱款、印花税票、政府文件和印刷物等的运输免费。

第六条 50 吨载货仓位归政府支配，包括军事物资，其余仓位归企业自主营运。

独一附款 如果政府货物超过了上面所定的限额，则政府将支付双方事先约定的运费。

第七条 这些蒸汽船可接收运往停经港口的货物或乘客，但航行时间不得超过上面所规定的时限。

第八条 可以进行协商，以便使商船可以只在澳门和帝汶停经；在这种情况下，商船在上面所指的任何港口停留的时间不得超过 24 小时。

辅政司恩里克·德·卡斯特罗（Henrique de Castro），1875 年 3 月 13 日，于辅政司署。

——*Boletim Official*, Vol. XXI, Nº 12, 20 de Março de 1875, p. 57.

07. 1887 年 1 月 19 日敕令核准之《澳门船政厅及水师巡捕章程》

Regulamento da Capitania do Porto e Policia Maritima de Macau Aprovado pelo Decreto de 19 de Janeiro de 1887

阅过向我提呈的澳门船政厅及水师巡捕章程草案；鉴于现行章程和规定不能适应那个重要部门的需要，而它的新组织应该极大地促进澳门港口的安全和良好秩序。听取了海外咨询委员会和部长会议的意见，运用 1852 年《新增国政律典》第十五条所赋予的权力，现颁布敕令如下：

第一条 批准下述由海事海外部部长签署之《澳门船政厅及水师巡捕章程》。

第二条 废除与此相反的法令。

海事海外部遵照执行。

国王，1887 年 1 月 19 日，于王宫。恩里克·德·马赛多（Henrique de Macedo）（附签）

澳门船政厅及水师巡捕章程

第一篇 前言

第一条 海上管辖权延伸至葡萄牙所属澳门及其属地的所有水域，包括海岸线的延伸部分。

第二条 海上管辖权由船政官行使。他也是船只遇难事件的负责人，具有商业法典所确定的权限。

第三条 船政官就其所领导的部门的行动向本省总督负责，只接受总督的命令，不论由总督直接下达，还是由辅政司署传达；同时，船政官须与其他当局及部门首领保持联络，以便在履行职务时相互协助。

第四条 该船政官有一位副职，协助其办公，并在其缺位或不能到场时代其履职；他所下达的命令持续有效，直至由船政官宣布撤销为止。

第五条 氹仔路环政务厅（Adminstrador do Concelho da Taipa e Colowan）在其管辖权限内代表船政厅，并遵守本章程可适用部分的规定，但船政官享有对于远洋航行一切事务及有关小火船和华船的检查、争议和解、放准发照、海损纠纷处理的专属权。

独一附款 为履行职务，只有船政官有权向氹仔路环政务厅下达通知和必要的解释，并采取情况所必需的临时性措施。

第六条 违反本章程和海事当局及其代理人就其权限内事务所发布的命令者，而本章程与有关特别业务的规章及法令没有做出特别处罚的规定，将被处以0.5元以上、24元以下的罚款①。

第七条 每次违法的行为者和教唆者均为有关罚金的直接的和唯一的责任人；下列人员须对船舶罚金承担共同责任：

1. 船长，总是被视为首领；
2. 独一的或者共有的物主；
3. 代理人或委托人；
4. 保人（如果有的话）。

第八条 违反本章程和海事当局及其代理人之合法命令的人，须承担前条所提到的责任：

1. 支付相关罚金；
2. 支付为停止其违法行为或修补其结果而产生的费用；

---

① 章程第六款内所载罚款至多24元，今改为至多12元。《澳门宪报》第二十四号附报，1887年6月18日，第229页。

3. 民法和刑法所核准的其他诉讼。

第九条 若是重犯，则按照刑法的相关规定，其最低罚款应该是在上次所交罚款基础上增加三分之一。

第十条 任何在澳门拥有财产可以支付罚金的罚款，不得以监禁代替。

独一附款 在必须以监禁代替罚金的情况下，应向违法的直接责任人收取，折算比例为每 0.5 元坐牢一日，略去任何小数点。

第十一条 由海事部门职员揭发的违法行为，只要有必要，就草拟一份记录案卷，若未陈出相反证据，则该记录在法庭可作为证据。

第十二条 对冒犯、违抗和抵抗海事部门履行公职的行为，比照对行政司法官员之同等行为的处罚进行惩处。

第十三条 依照本章程的规定，某些行为必须取得准照，必须遵守相应准照中规定的全部条款，即意味着不得违反任何条件或条款。

附款一 所有准照都可在任何时候以方便的理由或政府命令而被停止。

附款二 所有长期准照（Licença Permanente）须在提出要求时向海事部门或其代理人出示。

第十四条 由船政厅开具的准照、通知单（Guia）、批文（Despacho）、资格证（Titulo de Habilitação），不得转给获得这些文件之外的其他人员和船只，如违，转借者和接受者同样受到处罚。

独一附款 本条所指的证件丢失，必须重新申领，并支付费用，倘若在船政厅证实丢失乃因不可抗力所致，则换领新证分文不收。

第十五条 船政厅备有必要的簿册和表格，用于规范地记录各种事项。

第十六条 船政厅大楼内设有专供临时拘押刑事犯和违章者的隔间，他们必须在 24 小时内移交给有权限部门；倘若他们交清了应受的罚金及其违章行为所导致的费用，或者提供了殷实担保人，则可立即释放。

独一附款 大厅内也将设有一个看管麻风病患者的隔间。

第十七条 在船政厅收取的费用只包括表 A 所规定的项目，该收入的一半归船政官，四分之一归其副手，另外四分之一由书吏（Escrivão）和誊写员（Escrevente）均分。

第十八条 船政厅职员必须关注并引导前来办事的任何人。

第十九条 船政厅日常办公时间为每日上午 10 时至下午 3 时，圣日和国庆日除外。

第二十条 船政厅始终备有一定数量的本章程的副本，有些以中文印刷，以备航海者方便取阅。

第二篇　组织、职能与巡捕工作程序

第一章　人员与任命

第二十一条　除了船政官及其副职外，船政厅和巡捕所还有下列职员：

一名书吏；

一等、二等誊写员各一名；

一名翻译官；

一名技师（官方船员）；

导航员数名（依据需要而定）；

三名队长（Chefes de Secção）；

六名班长（Cabos）；

56 名警卫；

一名老该头领（Cabeça de Loucanes）；

58 名老该（Loucanes，华人划桨手），其中九名应该会写会读中文，并会说葡语，专门在船舶登记中协助警卫工作；

一名木匠；

四名机工，其中一名为首领，应该是锁匠，一名是铁匠，另一名是车工；

四名司炉；

四名火钳工（Chegadores）；

一名厨师。

第二十二条　书吏由该省总督从根据文献考察证明其具有记账和会计知识的人中任命。

附款一　总督有权根据船政官的建议任命誊写员、翻译官、技师、队长、班长和警卫。

附款二　其余职员的录用由船政官决定。

第二十三条　船政官、船政副官和书吏组成管理委员会（Conselho Administrativo），船政官为主席，书吏为秘书。他们都是船政厅银库的司库（掌握银库钥匙），负责银库存有的基金，对未经公物会核准的支出负责，20 元以下的开支无须核准，仅在每月月底说明开支理由即可。

第二十四条　队长、班长、警卫和老该组成水师巡捕所（Corpo de Policia Maritima），归船政官及其副手领导。

第二十五条　队长和班长从具备下列条件的人中任命：

1. 年龄在 20—40 岁之间；

2. 身体健壮、外表美观；

3. 会读、写、算。

第二十六条 只要具备前条所列前两个条件的人即可被任命为警卫；第三个条件为优先条件。

第二十七条 曾经担任军事或民政公职且表现良好者，总是具有获得任命的优先权。

第二十八条 身体健壮须有医局出具证明，且经船政官鉴定。

第二十九条 职员由总督任命，同样只能由总督予以免职或除名。

第三十条 队长、班长和警卫录用后必须服务五年；五年满后，若表现良好且显现才干，仍可续聘于相关职级。

第二章 一般职责

第三十一条 船政官职责如下：

1. 监督所领导的部门的全部工作，发布为进行工作所必需的命令；

2. 亲自或派其副手视察进港的所有战船，给他们指定最合适的抛锚地，提供必要的说明，观察一般法令就港口治安所规定的事项；

3. 常规性监察导航业务，根据本章程的规定，禁止不具备必要资质的人从事导航业务；

4. 审理在其权限内的海损纠纷，但不得损害法律赋予法庭的权限；

5. 主持海事及商业法庭，享有刑法（Codigo Penal）和葡萄牙商船队纪律条例（Disciplinar da Marinha Mercante）所赋予的权限；

6. 逮捕或下令逮捕任何船上的捣乱分子，将其移交相应的船上；如果船已经离港，则交给有权限部门；

7. 一经接到有权限部门向其发出的扣押令，即下达拘捕令并检查被扣押船只的安全，可以取下它们的舵、帆或任何零件，或者采取旨在保证扣押落实的其他措施；

8. 向省政府报告一切经由船只的水手和乘客而获得的与本港口利益或国家一般利益有关的重要消息；

9. 对一切有损港口清洁、泊位设施和海边工事的行为实施惩罚，不论是否已在本章程中做出了特别规定；

10. 依据判断发出请求和通报，以使灯塔和信号岗哨可以完全达到其目的；

11. 维持港口秩序，保护人身财产安全，维护码头与公共工事；

12. 提交针对一切意欲从事澳门进出口贸易的商船的预审报告；

13. 提交所有准备在澳门港口与其他港口间开展定期航运贸易的商船的常规年度检查报告；

14. 提交所有商船的特别审查报告；

15. 扣留任何不具备航行安全条件或未遵行离港规定的商船，在重要情况下应该通报该省政府。

16. 在必要时视察或派人视察正在航行或已在本港口停泊的商船，可根据命令或要求，也可仅为了公共秩序的需要，扣押应被扣押之物或人；

17. 撰写港口船只的年度注册簿，并根据决定进行海上人口统计；

18. 检查港口的海上人口是否履行了民政登记章程中的规定（如果实行的话）；

19. 执行省政府有关卫生和医检方面的指令，并可提出要求实施一些其本身无权采取的必要措施；

20. 在有关船长发出请求并保证支付有关费用时向医院送交任何船上生病的船员，但在特别情况下为保护公共健康而采取的任何特殊措施除外；

21. 实施对遗弃儿童、神经错乱者、麻风病患者、乞丐、无业游民和流浪汉的监管；

22. 在发生火灾、台风或其他紧急情况下，采取必要措施；

23. 密切注视所有前来处理有关港口业务或航行事务的人；

24. 执行移民章程中与其职责有关部分的规定，保证船只不违反那些规定；

25. 亲自或由其代理人在码头检查乘客与货物上下船只情况；

26. 每周向辅政司署报告治安事件和严重事件的记录；

27. 签署所有账簿，此事可委托副手办理；

28. 当情况需要时，要求驻地部队的协助；

29. 登记一切进出口货物以便向有权限部门提交编写统计报告所需的资料；

30. 下令编制本部门职员逝世或非法缺席而遗留在船政厅的财产的清单，完成后寄送公物会，并附上有关债务和债权的说明；

31. 每月向公物会公所提交收支结算表，每周向辅政司署提交人员编制及其变化的报表；

32. 按照其公正的判断批准下属为期八天的带薪或不带薪休假；

33. 在其管辖范围内履行依照殖民地法令归巡捕所行使的市政警察（Policia Municipal）的全部职责；

34. 最后，尽数行使本章程确定的其他职责，遵行适用于其确定业务和特殊情况的其他现行规定，章程未论及的情况则援引王国法令而行。

附款一 对于悬挂葡国缔约国国旗航行的船只，倘若陈出了合法文件显示已经通过了该国的审查，则船政官可豁免对该船进行本条第十二、十三两款所指的预审和常规审查。

附款二 审查工作由船政官主持，由他挑选的一名或多名行家进行，并将审查记录写入专用的簿册内。

第三十二条 船政厅副官负有下列专责：

1. 代理职务期间履行章程规定的船政官的职责；

2. 迅速向船政官报告他所获知的所有事件，以及所采取的措施；

3. 在认为有必要或有命令时，巡视所有治安区；

4. 在船政官履行职责的全部过程中给予合作，并在其不在或必要时代表之。

第三十三条 书吏负责船政厅的档案室，必须始终保持其所负责的所有记录和账目的有序保存；并在船政官及其副官要求时向他们提供。

独一附款 该职员负责本部门的所有簿册，但下列记录由他专管：储蓄簿（Caixa）、押金、救助金、收支、报废或丢失物品、行政委员会记录、协定、抵押品、财产登记、船只注册等。

第三十四条 行政委员会的职责包括：

1. 确定船政厅及巡捕所使用与消费之物品招标供货的承办合约章程，至少提前八日在《澳门宪报》刊布，并出席在本厅门口举行的竞投现场；届时该委员会将邀请行家到场，以做出必要的说明；

2. 监督所提供货物的收集、保护和维护；

3. 就报废物件的出售做出决定，并按照本条第一款的规定进行转让；

4. 在每月由主席指定的日期审查储蓄簿、押金、救助金、收支、报废或丢失物品清单、行政委员会记录册簿；

5. 获取公有物件丢失、报废、损坏的情况并编制有关清单，下令由专家进行评估，并采取必要的修理或替换措施。

6. 对任何人为盈利目的或个人利益发出请求而提供船舶特殊服务或船政厅设备的应得补偿费做出裁定；

7. 对银库中的结余款与储蓄账册进行核对；

8. 实施一切支付事项，对于那些银库无权给付、须向公物会要求的支付款项，要索取一式两份的收据；

9. 每月 5 日前将上月的储蓄账目的副本提交公物会，并须附有所有有关开支和结余（如果有的话）的证明文件的副本。

第三十五条 誊写员应在书吏履行职务时提供协助，在其不在或者不能到场时，由一等誊写员代替其履职，但不包括由船政厅副官所兼任的行政委员会秘书的职责。

第三十六条 船政厅翻译官负责常规工作所必需的一切翻译工作，包括口译和笔译。

第三十七条 技师（Mestre）的职责包括：

1. 系牢锚链，划分锚地，监理锚链和锚地的维护，切断船帆，指引商船起航前的全部准备工作以及必须由船政厅完成的其他类似的工作；

2. 在航海罗盘的认读和信号的解释、船舶的操作与驾驶、海上探测以及海事工作的其他方面对班长和警卫给予指导；

3. 充当划桨手；

4. 对任何需要缆索和小锚协助的船只施救；

5. 在必须使用救生船时充当船老大；

6. 引导驳船和小舟的搁浅和下水；

7. 指导在恶劣天气下船政厅锚地内系锚链的工作；

8. 看护船政厅的锚、锚链、帆桁、缆索、船帆、器具和船只的维护和改善。

第三十八条 巡捕所队长应在船政厅持续留守24小时，其间他负责全部的内部警务工作，由其负责下列事务：

1. 向班长和警卫传达上级下达的命令，并监督其执行；

2. 指导班长和警卫履行义务，使得他们相信警察的使命本质上是善行和保护，他们应该表现出良好的服务，不仅显示在治安事件的许多通报，还在于采取旨在避免犯罪和违法的预防警告手段；

3. 向他们展示某些治安案件，并向他们解释每个案件对应的诉讼程序的规范；

4. 给他们提供有关澳门公共事业组织的一般概念，指明各种权力机构、职员、团体和部门以及它们的主要权限，以便他们在任何意外情况下都能更方便地规范他们的行为；

5. 每日以书面向船政官报告治安事件，严重事件须马上通报；

6. 接受向其提出的投诉和举报，并在没有任何上级在场或情况紧急不能等候他们的决定时，采取自认为足够应对事件的治安措施；

7. 指导警员操作武器，监督武器和皮制装备的清洁和维护。

独一附款 但是，留守和巡视各治安区为队长的专责，至少每一刻钟巡视一次，进行调查，履行赋予他的其他一切外勤职责。

第三十九条 船政官从队长中选出一位，作为负责看守金库或贵重物件之人，具体职责为：

1. 负责有关船政厅各项工作专用的各种器材的接收、分配和维护的一切事宜，并做好常规登记所必需的记录；

2. 将船政厅工匠所完成的木工活、锁匠活、铁匠活全部登录于一个专门的簿册内；

3. 监督集体伙食的工作。

第四十条 六位班长（Cabos）中的四位充当小火船的船老大，执行下达给他们的指令。其余两位班长的职责如下：

1. 指挥抓捕行动或纠察小队；

2. 监视信号岗的信号灯并记录于专用的志簿内，并将其中的内容通报给执勤的组长；

3. 监查营房、装备、家具和用品的清洁与整理；

4. 督促即将进入执勤的警卫做好准备。

第四十一条 警卫在常规勤务（Serviço Ordinario）中的职责为：

1. 巡查所负责的每个区，维持社会秩序，贯彻本章程的规定，现场抓捕罪犯，拘捕被发现的违法者或违法嫌疑人，并将他们押送船政厅；

2. 监查船只、货载以及任何可疑物件，并将有关情况通报给船政厅；

3. 在向其提出要求或者情况显示必要时提供协助与救援；

4. 发出警告以预防犯罪、违法、打架和骚动等行为的发生；

5. 应向所有部门及警方提供为执行公务而要求其给予的协助；

6. 对遭受重伤或者因病摔倒的人采取尽可能迅速的救助措施；

7. 下令所发现的处于明显醉酒状态的人离开；

8. 立刻将需要上级迅速采取措施的一切事件向船政厅报告；

9. 制止人口云集扰乱秩序、妨碍交通；

10. 扑救在其执勤区出现的火灾，并在无法得到任何部门或职员同意时采取必要的措施；

11. 在紧急情况需要时可直接请求军方的协助；

12. 在其执勤区内监督市政条例可适用部分的实施情况；

13. 在其与任何人的关系中始终保持庄重和礼貌；永远不得拒绝解答向其提出而又可以做出解释的问题。

独一附款 十二名更胜任海事活动的警卫构成小火船船员的组成部分。

第四十二条 老该的工作由相应的头领负责，他必须密切关注用于指示恶劣天气的灯塔和信号。

独一附款 这些信号包括：白天见到一个黑色气球，夜晚见到一个绿色灯，表明暴风雨远离；若见一面带有一个红色方块的白色旗子，或者是两个绿色灯，并发射一颗炮弹确认，则表明风暴接近的可能性。

第四十三条 老该的职责如下：

1. 依次在小舟充当划桨手，监查在船政厅领导下的船只；清洁和整理营房、军需仓库，以及船政厅存放的蜡烛和其他燃材；

2. 在技师的全部工作中提供协助；

3. 在接到向其下达的命令时运送并保管船政厅的全部器械。

附款一 九位老该在巡捕船（Escaleres da Policia）与华船的关系中充当翻译，但不得因此而免除其划桨工作；

附款二 另外八位更胜任海上工作的老该，构成小火船船员的组成人员。

第四十四条 木匠的职责为：

1. 报告船政厅领导船舶的维护状况，以使它们始终保持可用状态；

2. 承担其专业以及船体填缝的全部工作，必要时可得到老该的协助；

3. 在船政官做出相关决定时在监查和评估中充当行家；

4. 每日如实报告前一日所完成的工作，并说明所耗费的材料。

第四十五条 技工首领除了作为小火船的技工履行下条所定的职责外，还负有下列专门责任：

1. 检查船政厅小火船上所有机器和锅炉的情况，经常查看它们，并向船政官报告它们所处的状况；

2. 指令其他小火船上的负责人采取预防措施，以维持机器和锅炉处于良好状况；

3. 亲临机器和锅炉检查及他所负责的压力泵（Bomba de Compressão）实验的全部现场；

4. 检验供给船政厅机器和锅炉使用与消费的全部材料；

5. 作为工匠的监工监督相关机器和刃具的维护，完成或下令完成修建和维修的全部工作；

6. 如实报告每日所完成的工作，以及建造和修理所消耗的煤炭、含油材料和其他材料的消耗量。

第四十六条 技工负责与其管理下的机器、锅炉和刃具有关的一切事项，具体职责为：

1. 节省易燃材料和含油材料的消耗量；

2. 每日如实记录易燃材料和其他材料的消耗量。

第四十七条 工匠的工作由不在执勤的技工、司炉和火钳工

(Chegadores) 完成。

第四十八条 厨师负责准备集体伙食警员的三餐饭食，并高度关注所负责的用具的保护和清洁。

第四十九条 船政厅和巡捕所所有在职职员不得有下列行为：

1. 非其公务所需时介入任何个人的谈话；

2. 非为公务而进入酒馆和赌馆；

3. 因执行公务而接受个人的酬金，获得船政官允许者除外；

4. 在必须进行合法防卫、维护公共安宁和执行上级命令的情况之外使用武器；

5. 离开既定的工作地点或者改变既定的工作条件，有其他特别任务或者执行合法命令者除外。

第五十条 船政厅和巡捕所职员即使不在履职也不得有下列行为：

1. 有制服的人不穿制服，享有许可者或因职务方便而获得上级批准者除外；

2. 相互侮辱，不论上级对下级还是下级对上级，都不得如此，上级应做出理智和谨慎的榜样；

3. 不再服从和尊敬其上级，或者无礼地抱怨他们；

4. 公开评价其上级的行为；

5. 为任何目的进行集体示威，在政治斗争中用过激的方式行使其选举权；

6. 发出警报信号、火警信号和暴风雨来临信号时不立刻到达船政厅。

第三章 薪水与退休

第五十一条 船政厅职员的薪水由表 B 确定，根据行政委员会成员签署的工资单每月发放。被派往澳门及属澳之地水域之外公干的职员每天可获 0.20 元（20 Avos de Pataca）的出差补贴。

第五十二条 工资单从 Livro de Soccorros 中摘出，内载录预支的薪水、各项扣除和每个人应该领到的净余金额。

第五十三条 因处罚或请假而发生的扣除，构成公物会的收入款项，用于抵偿第六十二条所指的补偿和警卫制服因公损害的补偿。

第五十四条 给医院的扣除占应得工资的五分之四，在当月工资中扣除；这些扣除不考虑酬金，这些酬金全部归病假期间代其履职者所得。

第五十五条 对于队长、班长和卫兵，扣除相当于两天半的月工资，达到 10 元，预先存于船政厅银库，作为对公物责任的保证金，只要上述保证金需要补足，就进行新的扣减。

独一附款 本条所指的保证金记录在一个特别的账册内，并记在每人一册的个人流水账内。

第五十六条 前条及其附款的规定也适用于老该，但不同的是，保证金只需5元。

第五十七条 当队长、班长、卫兵和老该不再属于巡捕所时，有权获得一笔贷款，同样必须在工资中减扣，直至达到它的欠款额。

第五十八条 制服的费用也在每月工资中扣除。

第五十九条 各种扣减的总额，除了医疗专用款，始终不得超过月工资的三分之一。

第六十条 由船政官及其副官管辖的船政厅和巡捕所全体职员，均可像其他民政公务员一样退休，为此，他在王国或者海外服役的时间算作民政任职时间。

第六十一条 因病或者受伤而不能继续履职的职员，总是有权享受退休待遇，为此，应该计算他服役的全部时间。

第四章 奖酬与惩罚

第六十二条 在履职中表现出色的职员，可依据其成绩得到各种形式的奖酬，诸如表彰、奖金、荣誉勋章；最后两种奖励由船政官提出建议。

第六十三条 职员因出错和行为失当而应受的纪律处罚包括：

1. 训斥；
2. 加班；
3. 罚款至多8天的工资；
4. 短时拘留；
5. 监禁至多30天；
6. 解职或除名。

附款一 书吏、誊写员和翻译官只可受训斥、停职或解职处分；第一项处罚仅有船政官可以行使，第二项处罚最多不得超过8天。

附款二 监禁处罚可用相应天数工资的三分之一替代；

附款三 被除名者不得重新担任公职。

第六十四条 被除名的理由总是包括：

1. 隐瞒任何已经得到通知的罪行或违法，以及因蓄意欺骗而提供不准确的说明和信息；
2. 反复酒醉；
3. 首次犯错时已被警告会被解职而重犯任何错误；

4. 因接受任何礼物或许诺而擅离职守，或违反本章程或上级命令。

第六十五条 职员有任何犯罪行为，本章程所规定的纪律处罚不能免予对其提起刑事诉讼，总是先宣布停职或除名，等待司法程序的随后判决。

第六十六条 奖励和惩罚均要记录在专门的册簿内。

第五章 警务、制服与装备

第六十七条 水师巡捕所的工作有常规和特殊两种。常规工作由同级别的职员轮班进行；特别警务根据情况需要而定，但必须始终有人留守在船政厅。

第六十八条 警务区（Districtos Policiaes）分为十三个，前三个在海上，其余的在岸上。后者的数目可依据情况需要而增加。

附款一 各区的顺序如次：

1. 南湾与沙沥（Bacia da Praia Grande e Rada）；
2. 内港入口至沙滩（Banco de Ca - pan - zan）最南端；
3. 从沙滩至港口最南端；
4. 从十二月一日炮台至圣佩德罗小炮台；
5. 从妈阁到 Ponte da Estação；
6. 从 Ponte da Estação 到带水围（Pateo do Piloto）；
7. 从带水围到水字巷（Travessa do Caes）；
8. 从水字巷到 Ponta da Doca da Capitania；
9. 从 Ponta da Doca da Capitania 到 Largo da Caldeira；
10. 从 Largo da Caldeira 到美基街（Rua do Miguel Ayres）；
11. 从美基街到沙梨头海边街（Rua da Ribeira de Patane）街口；
12. 从沙梨头海边街到鱼鳞巷（Travessa da Escama）；
13. 从鱼鳞巷到 Ribeira de Sankio 以南 50 米处。

附款二 在前三个区，由小火船和配有足够装备的小船实施巡查，在其余区由卫兵巡查。

附款三 在岸边，未包括在已经设立和以后设立区域内各处，也在船政厅及其巡查卫兵的管辖范围。

第六十九条 氹仔路环政务厅在其管辖范围内，可根据更加方便的模式划分警务区，并规范警务的程序。

第七十条 海上巡警使用由船政官提议并经过批准的制服。

第七十一条 队长、班长和卫兵在常规警务中使用佩刀和左轮手枪；在必要的情况下也可使用卡宾枪。

第三篇 船舶

第一章 所有船舶的共同规定

第一节 危险货载

第七十二条 各类易爆品均视为本节所指的危险货载；速燃品的载量超过下条及其附款规定的限度，也视为危险货载。

第七十三条 商船[①]可携带火药每门炮20磅，便携式火器每件1磅，但最高不得超过200磅；且必须存放在铜质或锌质的火药舱（Paiões）内，使之处于安全状态之下。

独一附款 船只允许携带数量不超过一月之内日常所必需的其他危险物品，且必须始终处于妥善保管状况。

第七十四条 装卸和转运任何超过前条及其附款所定限额的危险物品，均须得到船政官的许可，且只能在白天当一位水师巡捕所警卫在场时进行。

附款一 从事本条所指的业务的商船，应该始终挂着一面四边红色的旗帜。

附款二 当这里所指的活动是以火药及其他危险品为目标且重量超过20磅时，也必须遵守本条及其附款一的规定。

第七十五条 运载危险货载前来该港的船只，应停泊于妈阁炮台以南和东南200米以外，而入泊的任何其他船只应向船政厅作常规性报告，升起前条第一款所指定的旗帜，以及两盏用于夜间照明的白色灯。

第七十六条 进入港口内的任何船只不得拥有或接收危险物品，除非是在海事当局指定的地点或有发给他的临时许可证；在这两种情况下都必须遵守第七十四条附款一的规定。

第七十七条 违犯前述各条规定者，除了罚没所带危险品外，另处以5—60元罚款，但本条的规定不适用于战船和装备船。

第七十八条 只有当船只的船长亲自或由其代理人首先揭发，且立刻将危险品置于船政当局的控制下，方可免除本节所规定的该船对违章行为的责任。

独一附款 在本条的前提之下，违章的共同责任仅限于肇事者及其指令人（Mandante），以及违章货物的受托人（Consignatário）。

---

① 第七十三款“只准船上”字句之下加多“湾泊之时”四字。《澳门宪报》第廿四号附报，1887年6月18日，第229页。

第二节 港口的疏通

第七十九条 禁止船只在船政厅指定的地点之外抛撒压仓物、垃圾、骨灰以及其他有可能阻碍港口的物件。

第八十条 任何船只不得在没有事先通报船政厅的情况下放置或卸下压仓物，也不得装卸沙子、砖头、瓷砖或任何其他零散的可被水淹没的物件；在任何情况下都应该有一块帆布或油布盖住，以避免那些东西落入水中。

第八十一条 船政官应下令扣押锚、锚链乃至船舶不应该遗留在港口的其他东西。

1. 当不知道东西所属的船只；

2. 当该船所属国在澳门没有领事馆，在澳门也不知道谁是船只的主人或代理人；

3. 当上述的任何一种情况发生时，未在为其规定的时间内将物件收起。

附款一 在水里找到的东西只能交给合法领取它的人，但须先将其货物价值的三分之一交给公物会，并给付船政官批准的开销和提供服务的费用。

附款二 如果货物没有按照民法第四百一十九条规定的期限和条件被认领，应很快加以评估，并于发布公告8天之后在船政厅进行拍卖，批给出价最高者。

附款三 易于变质难以久存的货物可在附款二所指的期限届满之前进行拍卖，拍卖所得将给还在该期限内前来合法认领货物的人。

附款四 船政官将决定给曾保管货物的人一笔合理的酬金；

附款五 拍卖所得在扣除开销和酬金之外的剩余，在物主合法认领的期限届满之后，最后归公物会所有。

第八十二条 未经船政官允许，不得用绳索打捞水下的锚锭或者其他物件；在说明了拟打捞物件的标志，以便确认其特征之后方可同意；如果不能证实货物的归属，将按照前条及其附款的规定执行，所不同的是，该条附款一所指价值的三分之一归货物的发现者。

独一附款 倘系紧急之际，无须领取牌照，可准打捞锚锭等物。惟须报知船政厅，以便设法办理，免有诓骗等弊①。

第八十三条 任何船只如果在收起铁锚的同时捞到了前条所指的其他物件，须立即向船政官报告，以便执行该条尾部款项规定的程序。

---

① 此款为澳门总督第79号训令所加。《澳门宪报》第廿四号附报，1887年6月18日，第229页。

第三节 火灾的救助与预防

第八十四条 在港口停泊或向港区航行的任何船只，必须以其一切手段在发生火灾或从船上观察到火灾危险时提供迅速的救助。

第八十五条 已经显示火灾发生的船只，必须尽可能持续性发射信号，此外，若是晚间，还须垂直升起三盏白色灯，除非火势已经发展到岸上可以清楚地看到的地步。同样，在一切情况下须有两艘船更加接近这些信号。

第八十六条 所有商船必须始终保持船上有足够的船员以供意外情况需要或警方及其警员发出命令时调动。

第八十七条 非经船政厅许可不得有下列行为：

1. 改变锚地；
2. 靠锚缆或拖缆航行；
3. 无充分理由而砍断缆绳或毁坏船上的任何设备；
4. 解开缆绳，除非需要改换锚地或者离港，在这种情况下，任何其他船只必须从需要给它锚链的那艘船接受缆索，并由其承担任何损失。

第八十八条 任何船只不可拥有一个以上的小艇或者另一艘系在船尾的小船，且系船所用缆绳一概不得超过6英寻（Braça，约1.828米。——译者注）。

第八十九条 禁止以令人恐怖的力量航行。

第九十条 在港口停泊的所有船只（划桨船除外），夜间应该在船头挂起一盏白色灯，将统一、显见且不间断的光线投射于地平线至少1英里的范围内。

第九十一条 圆形或拉丁式帆船（Pano Redondo ou Latino）或蒸汽船（de Vapor），夜间在港口区航行时应该使用它们的航行灯（Pharol Nevegação）。

独一附款 中国装备船（Armação Chineza）在同样情况下可以仅使用它们在船头桅杆顶端升起的一盏白色灯。

第九十二条 每年自5月20日至10月31日，所有停泊在港口的船只的船长和船老大，负责降下中桅和横杆，保持锚地空场，保证铁锚迅速离开，并预防恶劣天气的意外发生。

第九十三条 任何船只不得靠近另一艘正在靠近码头但尚未停止或尚未通过的船只。

第四节 税收与协定

第九十四条 船只依法应缴的吨位税和其他费用在船政厅缴纳。

独一附款 专门从事澳门与其他港口间定期航运的船只，按照由公物会裁定的年度或半年度缴税协定缴纳。

第九十五条 为了对前条附款所指的船只进行登记议定税约，相关利益人应在船政厅陈出他提交公物会的申请书，将由船政官连同船舶情况资料以及可能影响协定成功与否的其他说明一并寄去。

第九十六条 倘若随后有理由在约定届满之前停止协定，将按照所停止天数的比例返还相关船只一笔税款；但因重复违反其所必须遵守之协定条款而被停止的除外，在这种情况下，不予返还税款。

第九十七条 船只依据本章程规定必须缴纳的税收和任何费用，由第七条第四款所提到的人共同负责。

第五节 各项义务

第九十八条 任何一艘船上有任何人死亡或失踪（不论在本港口，还是离开上一港口后），均须在到岸后立刻将此事实报告船政厅，违者罚款 10—60 元。

第九十九条 在本港未设代表之国家的商船，在未事先通报船政厅之前不得解雇任何船员。

第一百条 未得船政厅之特别批准，禁止在本港口丢弃麻风病患者、伤残人员、乞丐、无业游民和流浪者。

独一附款 违规船只不仅必须支付相应的罚款，还须将本条所指的人收留在船上，直至以其费用将他们送回。

第一百零一条 在本港水域航行的任何船只，不论白天还是夜晚的任何时刻，只要接到执行警务的小舟的通知，就必须停船并接受海事当局及其警卫上船检查。小船在白天升起带有“P. M.”字母的白色旗帜，夜晚亮出一盏绿色灯，即视为通知已经发出；这些信号可用一声拉长的轮船汽笛或鸣步枪一响加以确认。

第一百零二条 没有船政厅的事先预告，从事定期航运的任何商船不得改变既定的出航时间。

独一附款 特殊离港建议做出后，这些船只仍需遵守该规定。

第一百零三条 禁止船只停泊于航道经过之处。

第一百零四条 所有船只夜间应停泊于海岸线 10 米开外。

第一百零五条 禁止船上进行下列行为：

1. 在白天或夜晚的任何时刻连续发射子弹，除非必须发出求救信号或者抗击袭击；

2. 燃放炮竹或其他任何人造焰火，在市政条例所未准的时刻和条件下进行丧葬祭礼，违者适用相关的处罚，并且可延伸至敲锣或其他中国乐器的演奏。

第一百零六条 在南湾或由内港直至沙梨头南端之外的任何码头装卸货物都必须得到特别批准。

第二章 特别规定

第一节 远洋商船

第一百零七条 所有远洋商船（Embarcações Mercantes de Alto Bordo）必须在下列情况下升起其国旗：

1. 进港和出港时；

2. 在国庆节期间，由船政厅预告。

第一百零八条 商船的船长、代理人或船主，必须在抵达后24小时内向船政官陈出其航海文件（Papeis de Bordo），存放于船政厅，直至离港时领回；如果商船所属的国家没有在本市设立领事馆，则在船政官检查之后马上给还。

附款一 本国船在向船政官陈出文件后，航行执照将由船政官交由辅政司署保管。

附款二 在陈出航行文件时，船长应该提交一份乘客名册和货物数量及价值的清单。

第一百零九条 任何船只不得在接到离港文书之前起锚前往殖民地之外的港口，如果没有合法理由停留时间不能过24小时，自提出请求时算起。如果该船没有在确定离港时间后12小时内离港，应通报船政厅，并在后者提出要求时再次将文件陈出。

独一附款 接到离港文书时，船长、代理人和船主，应提交一份所载乘客总人数、在本港接载货物之量值的清单。

第一百一十条 违反前两条及其附款规定者，处以10—60元罚金。

第一百一十一条 船政官为本国商船依法必须提交之报告的法定接收者。

第一百一十二条 从事当日或隔日定期航运的商船可申请特殊准照，为此可获得下列好处：

1. 接纳其纳税协定；

2. 可根据自身的方便，每月或每个季度向船政厅提交第一百零八条附款二和第一百零九条独一附款所指的报告，但有特别要求时不能豁免；

3. 离港航行不需要离港文书；

4. 第一百四十九条所指的导航费减半缴纳。

第一百一十三条 前条所指的准照的发放必须遵守下列规定：

附款一 申请人亲自或其代理人在船政厅提交申请书，详细说明自己的意图，包括航行终点港、经停港、出航和抵达的大致日期和时刻，以及其他一切应被常规遵守的要求。

附款二 接到申请后，船政官即进行详细审查，查实商船的条件，计算船只的吨位。

附款三 接着，船政官将申请书连同一份抄件及申请人的相关资料寄往辅政司署，该署将根据情况决定是否发给准照。

第一百一十四条 航行于澳门与香港或珠江三角洲其他港口间的商船，在船只的上层载运乘客不得超过6人，下层载客不得超过8人，每艘船专用于载客的空间不得少于5平方米，且不得占用载货空间。

独一附款 违反本条规定者，除每多载一人加收5元外，另处以30—60元罚金。

第一百一十五条 单纯试航、未载货物而进入本港的船只免交吨位税，只须在抵达时和离港前一小时向船政厅通报。

第二节 小火船

第一百一十六条 本节标题所说的小火船（Lanchas Mercantes a Vapor）包括所有以蒸汽机驱动、载重量不超过50吨的商船。

第一百一十七条 对从事定期航运的小火船发放特别准照，该准照为期一年、由船政厅签发，遵行第一百一十三条附款一和附款二的规定。

附款一 其船老大和技师未能证明获得船政厅资格确认的商船，不得给发准照；这些人不能由其他不具备资格的人替换。

附款二 准照费在表C中确定。

第一百一十八条 小火船载运乘客人数不得超过准照中规定的人数。

第一百一十九条 每件准照规定商船所处的气压的最高界限，超过此限者罚款20—60元。

第一百二十条 所有小火船船上须时常备有至少两个救生圈，以及合适的锚和链。

第一百二十一条 已经确定了定期航运的船只，未经船政厅预告，不得改变出航时间和航行次数；此外，必须尽可能提前告知该部门其所需要的特殊业务。

第一百二十二条 定期航运小火船可在接近离港时间时发出汽笛信号，但只能鸣笛三声，且每次不得超过10秒钟。

第一百二十三条 不从事定期航运的小火船须遵守第一百零八条和第一百零九条及其附款中可适用部分的规定。

第一百二十四条 只为消遣或试验航行、未载运货物来到本港的小火船，享受第一百一十五条所指的好处。

第三节 华装商船

第一百二十五条 本节所指的华装商船（Juncos）系指专门在本港与其他港口之间运送乘客和货物的中式平底商船。该平底船分为两类：

1. 持有准照的平底船；
2. 未有准照的平底船。

第一百二十六条 未获特别准许，任何平底船不得在夜间离港；该许可将写入离港批文中（Despacho de Saida）。

第一百二十七条 平底船须经船政厅批准方可进行下列行动：

1. 靠近堡垒的围墙；
2. 夜间装卸货物。

第一百二十八条 只有用于第一百一十二条所规定的目的，平底船才能获得准照。

附款一 准照有效期为一年或半年，按照表C的规定缴纳规银，且须先交出殷实担保人担保其履行准照所规定的条款[①]。

附款二 该担保金为500—1 000元不等，由船政官根据情况确定，然后签订合同并载入船政厅为此而设的簿内[②]。

附款三 始终明确理解准照中该船只必须进行合法贸易的条款，不得从事葡萄牙刑法规定的超越本澳海事当局权限的处罚行为。

附款四 违反前款所指的条款，即构成判定完全失去担保金之合法理据，并停止该准照的效力（Ipso Facto）[③]。

附款五 担保人因船只违规而缴纳了其他罚款，但未导致准照被终止，则经过裁定的保证金总是持续有效[④]。

第一百二十九条 由船政厅下令在船只的明眼处写上字母M和准照号数（也以中文书写），获得准照的商船须在准照有效期内始终保持该字母和号数

---

① 第79号总督训令将此款改为："附款一：领牌之日期或一年或六个月均可，其规银应依C字附图而计。如该船东主系在澳门住者，必须该东主先交出殷实人担保其船做合例生意。"《澳门宪报》第廿四号附报，1887年6月18日，第230页。

② 第79号总督训令将此款撤销。《澳门宪报》第廿四号附报，1887年6月18日，第230页。

③ 第79号总督训令将此款改为："一有犯第三附款之条，即算为有合例之据可将牌照销废。"《澳门宪报》第廿四号附报，1887年6月18日，第230页。

④ 第79号总督训令将此款撤销。《澳门宪报》第廿四号附报，1887年6月18日，第230页。

清晰可见。

第一百三十条 每艘准照船的锚地在准照中指明。或因方便上落货物，或因风雨之事，准其移泊他处，但须立刻报船政厅知，并无碍于别人方可①。

第一百三十一条 准照船的船长和头目须在抵达后24小时内通报船政厅，同时申报所载乘客人数、离港日期和时间，并交出一份所载货物数量和价值的清单。

独一附款 在报告时应将该船的准照存放于船政厅，待离港时方可与离港批文一起领回。②

第一百三十二条 前条的规定也适用于非准照平底船，它们的申报还应包括：

1. 船名及其载重量；
2. 船长和货主的姓名；
3. 代理人或委托人的姓名与住址；
4. 海员的人数；
5. 船上所带火炮和军器的数量以及军需物资的数量。

独一附款 在船政厅报到时，船长或头目将收到一份写着“抛锚指引”（Guia de Ancoragem）的通知单，该文件可表示他们遵守了本条规定。

第一百三十三条 第一百零九条的可适用部分③的规定延伸于本节所指的平底船，所不同的是，准照船可逗留的时间由24小时缩减为18小时。

第一百三十四条 在申请离港批文时，任何船只的船长或船老大，必须向船政厅报告船上所载乘客人数以及货物的数量和价值。至于呈交该报单，必须遵守第一百三十一条附款所定规矩而行④。

此外，对于未获准照的船只，还必须：

1. 交回抛锚指引以换取离港批文；
2. 指明航行的目的港；
3. 申报枪炮及军需物资的数量。

第一百三十五条 非准照平底船的抛锚地，北边止于安置在雷梅迪奥斯码头（Caes do Remedios）前方的浮标；南边止于新村尾码头（Caes da Ponta da

---

① 后半句为第79号总督训令所加。《澳门宪报》第廿四号附报，1887年6月18日，第230页。

② 第79号总督训令将此款改为：“如该船有托行店铺家，则该报单毋庸该船主呈交，但该行店或铺家必须交出。惟照依一百二十款规矩而行。”《澳门宪报》第廿四号附报，1887年6月18日，第230页。

③ 第79号总督训令将“可适用部分”删去。《澳门宪报》第廿四号附报，1887年6月18日，第230页。

④ 后半句为第79号总督训令所加。《澳门宪报》第廿四号附报，1887年6月18日，第230页。

Rede）前方的浮标；西边到标志佳潘赞沙洲（Banco de Ca - pan - zan）东水道的浮标线，东边止于一条与岸边平行相距 50 米的平行线，未经特别许可，这些商船不得在其他地方抛锚。

第四节　渔船

第一百三十六条　本节所指的渔船（Barcos de Pesca）包括所有在船政厅注册的一贯在澳门近海或者远洋从事捕鱼业务的船只。这些船不受前节对非准照华船之规定的制约。

第一百三十七条　本节所指的渔船仅须支付表 C 所规定的年度牌照费。

第一百三十八条　第一百二十九条的规定适用于渔船。

第一百三十九条　远海捕鱼船的船老大须在抵达本港后 24 小时内到船政厅报到，并提前 18 个小时申请离港批文。

第一百四十条　澳门近海捕鱼船的船老大须在每月的 15—20 日向船政官出示其注册证明以供查验。

第一百四十一条　渔船的抛锚地在相关的证明中确定，禁止它们在规定之外的地点抛锚。

第五节　港口运输船

第一百四十二条　港口运输船（Embarcações do Trafico do Porto）包括通常在港口区内从事运输业务、不为前四节所涵盖的所有船只，它们只受下列各条规定的制约。

第一百四十三条　所有港口运输船必须在船政厅申领年度准照，完成注册，船政厅着人在该船最显眼之处写上准照的编号，船只必须始终保持该号码清晰可见。

第一百四十四条　本节所指的港口运输船不得拖延靠岸时间至超过装卸货物和上落乘客所必需的时间，而是应马上离开，如果必须停留时，应安置在不妨碍其他船只运输的地方。

第一百四十五条　没有船政厅的特别许可，港口运输船不得在夜间进行运输。

第三章　导航与海损

第一节　导航

第一百四十六条　船政厅将依据实际需要而设有一定名额的导航员；其任

命须先经过由一个委员会主持的竞聘测试，该委员会由船政官、副官和一个由船政官挑选的行家组成，船政官任主席。

第一百四十七条 在船政厅登记的导航员无须收到任何凭证（Diploma），只有一份他所承担业务的特别指引（Guia），待任务完成后，该指引应该交回。

第一百四十八条 船只在靠近港口时应在船头桅杆升起表明其国籍的船首旗（Jaque），以示请求导航。

第一百四十九条 使用导航员的船只在进港、出港时分别交导航费5元。

第一百五十条 未请求使用导航员的船只，亦须半额缴纳前条所定的导航费，本章程所规定的例外不在此列。

第一百五十一条 导航员的薪水由船政官每年提出建议，由公物会给付；导航税归公物会，扣除五分之一作为船政官的津贴。

第一百五十二条 导航员不得向为之提供服务的任何人索取津贴。

第一百五十三条 船只承担停船检疫隔离期40天的费用，每天1元。

第二节 海损

第一百五十四条 船政官有权裁判商船所引起的涉案价值低于50 000厘士的海损和碰撞纠纷案件；判罚金额的全额支付收据即可作为对任何一艘船放行的凭据。

独一附款 价值超过本条所定额度的案件，船政官只能对双方进行调解；如果不能达成和解协议，须将案件提交有关法庭。

第一百五十五条 任何船只经历的海损，如果违反了本章程的规定，无权要求任何赔偿，除非其情况与引起损失的船只完全相同，在这样的情况下，将尽可能公正地处理。

第一百五十六条 因一艘船仓促停泊在另一艘船附近而引起的海损，总是推定是由前者造成的。

第一百五十七条 进入港口或者驶离港口时没有申请使用合格导航员的商船，无权对因不良导航所导致的海损提出任何要求。

第一百五十八条 导航员已经提出抗议而商船仍坚持航行，则该导航员无须对因此而造成的损失负责。

过渡性规定

第一条 在本章程开始实施后，水师巡捕所的现任职员和士兵，无须办理任何手续可继续任职，如果现有的薪水高于表B中的规定，此后即被视为带原薪水续聘。

独一附款 续聘是指士官（Sargento）对应为队长（Chefe de Sacção），水手长（Guardião）对应为班长（Cabo），其他士兵对应为警卫（Guarda）。

第二条 水师巡捕所的职员和士兵有权按照第六十条的规定领取退休金，为此他在任何其他部门的任职均计入其在巡捕所的任职时间。

第三条 船政厅的任何现任职员在本章程颁布后五年之内不得退休，但是过渡期计入整个任职时间。

表 A 归船政厅的收费 单位：元（Patacas）

离港批文①	1.25
吨位测量费	
50 吨以下者	1.00
50—100 吨者	2.00
100—200 吨者	4.00
200 吨以上者	10.00
远洋船检查费	
船政官检查	3.00
技师检查	2.00
蒸汽船检查费	
船政官检查	2.00
技师检查	2.00
华装船检查费	
船政官检查	2.50
技师检查	1.50
海事辖区监查（Vistoria a Terreno de Jurisdição Maritima）	
船政官检查	3.00
技师检查	2.00
铁锚与锚缆的评估	1.00
铁锚丢失或找到	1.00
财产权登记	
100 吨以下	2.50

① 第 79 号总督训令补充：“如未领牌照之华装商船（Juncos）欲领出口放行执照，每张银七毫半。”《澳门宪报》第廿四号附报，1887 年 6 月 18 日，第 230 页。

100 吨以上	5.00
注册通知	1.00
吨位注册费	
100 吨以下	1.00
100 吨以上	1.50
注册通知	0.25
外国船注册许可证	2.00
许可证登记与发放	
渔船与港口运输船	免费
小火船与平底华船	1.00
固定锚地	1.00
改换锚地	1.00
在海岸线之外搭帐篷	0.50
王家护照签证	0.25
责任状或保证书	1.00
货单账本及航海日志批注每页	0.02
申请开具证明书	
不超过两页	0.75
超过两页者每页	0.50
证明小火船技师和船长的能力	1.00
证人的书面证词每页	0.20
查找货单指定一年的月份	0.20
查找货单未指定一年的月份	
找到一至三年的记录	0.25
找到三至十年的记录	0.50
找到十年以上记录每年加收	0.10
没有找到目标	半价收费

表 B　职员的年薪　单位：厘士（Reis）

船政官：工资、津贴、伙食补贴及船上官员的其他收入

船政副官：同上

书吏	324 000
一等誊写员	180 000
二等誊写员	144 000

翻译官	120 000
技师	300 000
队长（每位）	200 000
金库看守人的奖金	40 000
队长（每位）	142 000
小火船技师的奖金	20 400
警卫（每人）	122 400
小火船服务	20 400
导航员（每位）	153 000
木匠	91 800
机师每人	183 600
五金工或工头的奖金	71 400
铁匠奖金	40 800
车工奖金	40 800
司炉工每人	153 000
火钳工每人	132 000
老该头目	102 000
老该每人	71 400
船舶注册服务奖金	10 200
厨师	61 200

表 C　归公物会征收的税收　单位：元（Patacas）

第一部分　吨位税

长途航运的帆船或轮船（每立方米）	0.01
远洋船	
200—500 吨（每立方米）	0.10
500—1 000 吨（每立方米）	0.15
10 000 吨以上（每立方米）	0.20
从事苦力运输的船	
200—500 吨	10.00
500—10 000 吨	15.00
10 000 吨以上	20.00

第二部分 许可证费

从事定期航运的小火船每年	10.00
华装商船	
8—20 立方米每年[①]	2.00
20—40 立方米每年	4.00
40—60 立方米每年	6.00
60—80 立方米每年	8.00
80—100 立方米每年	10.00
100 立方米以上每年	12.00
渔船	
4—20 立方米每年	1.00
20—40 立方米每年	2.00
40 立方米以上每年	3.00
港口运输船	
5 担以下每年	0.25
5—10 担每年	0.75
10—50 担每年	1.00
50—100 担每年	1.25
100—200 担每年	1.50
200—400 担每年	2.00
400—600 担每年	2.50
600 担以上每年	3.00
固定锚地	5.00
改换锚地	2.00
任何节日在离开海岸线搭帐篷，按照市政条例规定收费	
打捞许可	0.05
上卸压载物许可	0.05
夜间上落货许可每晚[②]	0.05

① 原为 20 立方米以下，第 79 号总督训令改为 8—20 立方米。《澳门宪报》第廿四号附报，1887 年 6 月 18 日，第 230 页。

② “打捞许可”“上卸压载物许可”“夜间上落货许可”三项收费被第 79 号总督训令删除。《澳门宪报》第廿四号附报，1887 年 6 月 18 日，第 230 页。

第三部分　船舶的计数与编号

港口运输船	0.15
其他商船	0.25

备注一　下列船只免缴吨位税：

1. 任何国家的战船；

2. 因不可抗因素而被迫进港的商船；

3. 来航澳门前在经停地时已在当地完税的商船；

4. 依据有偿合约、国际条约效力或者其他特别法令予以豁免的商船；

5. 只从事捕鱼的国内外商船；

6. 只载运生活必需品进入港口，既未进行任何生意，也没有载运乘客的商船；

7. 未在港口上落货物和乘客的商船。

备注二　对于华装商船，按照16.5担等于一立方米，47担等于一吨计算。

恩里克·德·马赛多（Henrique de Macedo），1887年1月19日，于王宫。

——*Boletim Official*, Vol. XXXIII, N.º 17, 28-04-1887, pp. 146-153; Supplemento ao N.º 24, 18 de Junho de 1887, pp. 229-230.

四、澳门猪肉牛肉承充章程合约

SUBSCREVE-SE.

Por Anno.	$ 10
Por Semestre.	$ 6
Por Tremestre.	$ 3½

CUSTAM

Folha Avulsa.	Avos 25
Annuncios, por linha.	10
Correspondencias, e Commu.	5

BOLETIM
DO GOVERNO
DA PROVINCIA DE MACAO, TIMOR, E SOLOR.

Assim, sem compromctter os publicos interesses, se satisfará ao maior de todos elles, que consiste em que toda a verdade se diga, a quem toda a verdade lhe devida.

SILVESTRE PINHEIRO FERREIRA

4.° ANNO. MACAO, SABBADO 10 DE FEVEREIRO 1849. N.° LXI.

PARTE OFFICIAL.

N. 31.

O Governador da Provincia de Macao, Timor, e Solor determina o seguinte.

Achando-se prezo e em Processo o Escrevente da Santa Casa da Misericordia Francisco de Paula e Silva, em consequencia da falta de 677 patacas que se encontrou no Cofre da mesma Santa Casa, cuja chave, da qual estava de posse o dito Escrevente, deixara elle ou por negligencia ou por malicia em um escriptorio aberto: hei por conveniente demitti-lo do referido lugar de Escrevente ; e a Commissão Administrativa da Santa Casa se reunirá quanto antes para me propor uma pessoa, em quem a mesma Commissão, ou sua maioria reconheça as qualidades indispensaveis para poder bem servir o mencionado lugar, a fim de ser por elle competentemente nomeado. As Authoridades a quem competir assim o tenham entendido e executem. Macao, 31 de Janeiro de 1849.

JOAÕ MARIA FERREIRA DO AMARAL.

N. 34.

O Governador da Provincia de Macao, Timor, e Solor determina o seguinte.

Attendendo ao que me representou Miguel Maher pedindo a sua demissão do lugar de Escrivão do Juizo dos Orfãos: hei por conveniente desonera-lo daquelle lugar. As Authoridades a que competir assim o tenham entendido e executem. Macao, 1 de Fevereiro de 1849.

JOÃO MARIA FERREIRA DO AMARAL.

N. 35.

O Governador da Provincia de Macao, Timor, e Solor determina o seguinte

Achando-se vago o lugar de Escrivão do Juizo dos Orfãos por desoneração de Miguel Maher que o servia ; e attendendo ao prestimo e mais circunstancias que concorrem na pessoa de Miguel Faustino da Silva Telles; hei por conveniente, nos termos do Decreto de 28 de Setembro de 1838, nomear, como pela presente nomeio, para servir o dito lugar, ao mencionado Miguel Faustino da Silva Telles, com obrigação de servir tambem de Interprete da Lingua Ingleza nos cazos de Justiça, como se offereceo no seu requerimento, e terá os vencimentos que por Lei lhe pertencerem ; sendo obrigado ao pagamento dos direitos de mercê e sello correspondentes. As Authoridades a quem competir assim o tenham entendido e executem com os registos necessarios. Macao, 1 de Fevereiro de 1849.

JOAÕ MARIA FERREIRA DO AMARAL.

EDITAL.

Não convindo que em Macao, alem das casas grandes de penhora, vá de dia em dia accomulando-se as pequenas chamadas Hãos pequenos, onde se recebe toda a qualidade de fazenda, fato de uzo, e armamento etc. ; manda sua Exa. o Sr. Governador, que alem dos Hãos que até hoje se acham estabelecidos nesta Cidade, nenhum mais se possa estabelecer sem licença do Governo, e bem assim que as que existem presentemente, se apresentem na Procuratura no praso de 48 horas a contar da data deste para se lhes dar a necessaria licença, e assignarem o termo em que se obriguem a não receber uniforme militar, e qualquer armamento, com pena de serem multados em 20 taeis e fechar-se o Hão ; ficando entendido, que as licenças servirão sómente para aquelles em cujo nome são passadas ; não sendo permettida a sua transferencia sem previa authorização do Governo ; o que para conhecimento dos interessados, manda Sua Exa. fazer publico pelo presente affixado nos lugares do estillo. Macao 1 de Fevereiro de 1849.

Antonio Jozé de Miranda—Secretario do Governo.

EDITAL.

Não sendo ainda sufficientes, para cohibir o pessimo costume de andarem os Chinas a jogar pelas ruas da Cidade, os meios de repressão até aqui empregados ; manda S. Exa. o Sr. Governador fazer saber, que daqui em diante, todos os Chinas que forem apanhados naquella occupação, quer sejam ambulantes, quer com bancas fixas, serão multados com dois taeis, ou, na falta deste pagamento, de outra forma punidos como contraventores de ordens estabelecidas. O que para conhecimento de todos se faz publicó pelo presente, que d'ordem de S. Exa. é affixado nos lugares do estillo. Secretaria do Governo, Macao, 1 de Fevereiro de 1849.

Antonio Joze de Miranda—Secretario do Governo.

EDITAL.

João Maria Ferreira do Amaral, do Conselho de Sua Magestade, Fidalgo da Caza Real, Commendador da Ordem de Sm. Bento d'Aviz, Cavalleiro da Muito Antiga e Nobre Ordem da Torre, e Espada do Valor Lealdade e Merito, e da de Nossa Senhora da Conceição, Capitão de Mar e Guerra, e Governador da Provincia de Macao, Timor, e Solor por Sua Magestade Fidellissima Que Deos Guarde etc.

Faço saber que havendo eu na data de 13 de Janeiro passado mandado publicar avizos para arrematação da venda da carne de porco para o consummo nesta Cidade, visto estar ja proximó a findar o praso em que se arrematou este mercado : e tendo-se procedido o leilão no dia 27 do mesmo mez de Janeiro, foi concedido ao China Tai-chiu, da Loja Ip chiu, por tempo de um anno o privilegio excluxivo da venda de toda a carne de porco, sujeitando-se elle aos artigos de condições abaixo declarados. Pelo que hei por conveniente ordenar, que se cumpram os ditos artigos, que adiante vão indicados, ficando os contraventores da ordem sujeitos as penas nelles comminadas. Para que chegue, pois, ao conhecimento de todos mandei publicar este, que será affixado nos lugares do estillo. Macao, 3 de Fevereire de 1849.

JOAÕ MARIA FERREIRA DO AMARAL.

CONDIÇÕES.

1.° O arrematante deve aprezentar o porco necessario para o consummo de

图4 1849 年 1 月 27 日猪肉承充出投公告与合约（《澳门宪报》1849 年 2 月 10 日）

合法化和专营制（时称“承充制”）是澳葡当局在实现管治澳门过程中所采取的两项重要制度。合法化就是对以前非法的活动（例如售卖鸦片、贩卖人口、卖淫等）发放许可证，将它们纳入政府管理之下，准许它们合法经营，照章纳税；专营制就是通过公开竞标的办法，将主要生活必需品（猪肉、牛肉等）的销售权出投，由中标人与当局签订合约，实行垄断经营，而政府则得到承充规银。这两项制度本是为解决财政危机而采取的应急办法，却构成了澳葡当局治澳过程的显著特色，值得加以深入研究。

根据笔者此前的考证，与西方学者传统的说法不同，澳葡当局自1848年开始在猪肉和牛肉的销售方面实行承充制度，并渐次推行到食盐销售、鸦片烟膏以及一些公共事业中，1850—1851年度开始在中式赌博番摊和中式彩票白鸽票的经营中实行承充制。①

就猪肉和牛肉专营的研究而言，早期阶段有一定困难。澳门历史档案馆所藏财政局档案中保留的中葡双语的承充合约，年份始自1872年，此前的合约不易找到。笔者通过阅读《澳门宪报》，搜集到了1848—1871年的若干投标章程与成交合约。虽然还有一些年份阙如，但已经可以填补研究早期阶段的专营制所面对的资料空白。根据这些文献，可以了解到专营制度起步时期的基本要素，并通过与后期的制度对照而揭示承充制度的演变，还可以比较猪肉与牛肉承充制度的细微差别。此外，合约所附的价格表，也为我们提供了考察当时澳门主要生活品物价所需要的宝贵资料。

01. 1849年1月27日猪肉承充出投公告与合约

Edital e Contrato sobre a Arrematação da Venda da Carne de Porco no dia 27 de Janeiro de 1849

澳门—帝汶—梭罗省总督亚马留通告：本总督经于今年1月13日下令发布了招投本市猪肉销售专营权的公告，据此已于1月27日在理事官署（Procuratura）进行了拍卖，猪肉专营权（Privilegio Exclusivo）由协绍店的华人泰绍（China Tai－chiu da Loja Ip chiu）投得，承充期限为一年，他承诺遵

① 参见张廷茂：《晚清澳门专营制度探源》，《文化杂志》中文版第71期，澳门文化局2009年夏季刊；张廷茂：《晚清澳门番摊赌博专营研究》，广州：暨南大学出版社，2011年，第2－14页。

守下文所公布的合同条款。兹命令执行这些条款，违反者将受到该条款所列明的惩罚。特此布告，以周知遵行。

亚马留，1849年2月3日，于澳门。

合同条款

第一条 该承充人（Arrematante）须足量供应在澳门（以迄关闸界内）消费所需的猪肉。

第二条 猪肉零售价格按照每月公布的兑换率不得低于每元10斤；称量按照海关规定以16两为1斤。

第三条 该承充人须每6个月分两次向政府预付承充费。

第四条 此次承充以一年为期，自本月10日起算；在此期间承充人须忠实遵行合同条款，且须有殷实之担保人。

第五条 该承充人享有猪肉销售的专营权，或本人自售或由其代理人零售；任何未经承充人同意而私售猪肉者，首次罚银10两，二次罚银20两，并处以30天监禁，以此累加；罚金之一半归检举人，另一半归公物会。

第六条 进入澳门的所有生猪须经承充人之手，但承充人不得滥用此特权限制他人携带猪肉销售；未经承充人之手而私自将猪肉带入澳门者，除罚没猪肉外，首次罚银10两，二次罚银20两，并处以30天监禁，罚金之一半和罚没的猪肉归检举人，罚金之另一半归公物会。

第七条 任何有意零售猪肉者须向承充人提出申请并得到其同意，否则将受到该合同第五条所规定之惩罚。

独一附款 该承充人向零售商收取的手续费，每头猪不得超过白银2钱（Mazes）。

1848年猪肉承充合同第二条所指的售价表[①]

猪头与猪蹄	每元16斤
猪脊、肋骨和瘦肉	每元10斤
猪腿	每元10斤半
肚腩和肥肉	每元14斤
猪油	每元13斤

① 原合同无售价附表，暂以1848年合同内售价表代之。*Boletim Official*, Vol. Ⅲ, Nº 1, 9 de Fevereiro de 1848, p. 144.

猪肠	每元20斤
猪舌头	每斤铜钱96文
猪耳朵	每斤铜钱80文
猪胃	每斤铜钱80文
猪肺	每斤铜钱80文
猪粉肠	每斤铜钱80文
猪肝	每斤铜钱110文
骨头	每斤铜钱16文
猪血	每斤铜钱5文
大肾	每斤铜钱80文
小肾	每斤铜钱40文
猪心	每斤铜钱40文

——*Boletim Official*, 4.º Anno, Nº. LXI, 10-02-1849, pp. 7-8.

02. 1849年2月8日牛肉承充公告与合约

Edital e Contrato sobre a Arrematação da Venda da Carne da Vaca de 8 de Fevereiro de 1849

澳门总督亚马留通告：本总督曾于今年1月22日下令发布招投本澳牛肉销售专营权的告示，据此已在理事官署进行了公开拍卖，由昌利店的华人文福（China Man-Fu da Loja Chao-Li）投得为期一年的牛肉专营权，承充期从本月15日起算；他承诺遵守下文所公布的合同条款。兹命令执行这些条款，违令者将受到该合同所列明的惩罚。特此布告，以周知遵行。

亚马留，1849年2月8日，于澳门。

合同条款

第一条 该承充人（Arrematante）须足量供应在澳门（以迄关闸界内）消费所需的牛肉；牛肉须质量合格且不得在水中浸泡。

第二条 牛肉零售价格以本合同所附之价格表加以规定；称量按照海关规定以16两为1斤；废止官船士兵每斤收取24文铜钱的习惯做法。

第三条 该承充人须每隔6个月向政府预付承充费。

第四条 承充期自本月15日起算，以一年为期；在此期间承充人须忠实遵行合同条款，且须有殷实之担保人。

第五条 该承充人享有牛肉销售的专营权（Privilegio Exclusivo），或本人自售或由其代理人零售；任何未经承充人同意而私售牛肉者，首次罚银10两，二次罚银20两，并处以30天监禁，以此累加；该罚金之一半归检举人，另一半归公物会。

第六条 任何有意零售牛肉者须向承充人提出申请并得到其同意，否则将受到该合同第五条所规定之惩罚。

合同第二条所指的价格表

腿	每元10斤半
肺	每元11斤半
乳头	每元12斤
腰肉	每元10斤
前腿肉	每元12斤
油脂	每元9斤
骨髓	每磅59文
舌头	每斤96文
心和肝	每斤80文
胃孔（Livro）	每斤80文
头和蹄	每斤56文
头肉	每斤104文
牛油（熬制的）	每斤40文
肠	每斤36文
肾	每斤64文
肋骨	每斤48文
腿骨	每斤36文
脊骨和胯骨	每斤32文
尾巴	每斤64文
牛肚	每斤48文
血	每罐30文

——*Boletim Official*, 4º Anno, Nº LXII, 20-03-1849, pp. 11-12.

03. 1850年1月28日牛肉承充公告与合约

Edital e Contrato sobre a Arrematação da Venda da Carne da Vaca de 28 de Janeiro de 1850

澳门—帝汶—梭罗省总督公会（Conselho do Governo）通告：经于本月9日下令发布本澳牛肉销售专营出投通告，并依据该通告于本月24日在理事官署进行了出投，专营权批给米糙巷（Travessa do Surian）五号 Chu - li 店的华人 Man - fiu 和 Chi - San，承充期限为一年，自2月13日起算，遵守下文宣布的条款。

现下令执行下文确定的条款，违反此令者将受到合同中强制性的处罚。为周知遵行，特命人刊布此令，并张贴于常贴告示之处。

1850年1月28日，于澳门，教区主教热罗尼莫、卡内罗（Joaquim Antonio de Moraes Carneiro）、内维斯（Neves）、西芒（Miguel Pereira Simões）、奥利维拉（José Franciscod'Oliveira）、弗雷塔斯（Thomaz José de Freitas）。

合同条款

第一条　该承充人（Arrematante）须足量供应在澳门（以迄关闸界内）消费所需的牛肉；牛肉须质量合格且不得在水中浸泡。

第二条　牛肉零售价格以本合同所附之价格表加以规定；称量按照海关规定以16两为1斤；废止官船士兵购买时每斤支付24文铜钱的习惯做法。

第三条　该承充人须每隔6个月向政府预付承充费。

第四条　承充期为一年，自2月13日起算；在此期间承充人须忠实遵行合同条款，且须有殷实之担保人。

第五条　该承充人享有牛肉销售的专营权（Privilegio Exclusivo），或本人自售或由其代理人零售；任何未经承充人同意而私售牛肉者，首次罚银10两，二次罚银20两，并处以30天监禁，以此累加；该罚金之一半归检举人，另一半归公物会。

第六条　任何有意零售牛肉者须向承充人提出申请并得到其同意，否则将受到该合同第五条所规定之惩罚。

第七条　所有从黄埔进口的牛只，如果是订货，应该提前几日携带来，牛头上挂出订货者的名册。

合同第二条所指的价格表

腿	每元 10 斤半
腰肉	每元 10 斤
肺	每元 11 斤半
乳头	每元 12 斤
前腿肉	每元 12 斤
骨髓	每磅 50 文
舌头	每斤 96 文
心和肝	每斤 80 文
胃孔（Livro）	每斤 80 文
头和蹄	每斤 56 文
头肉	每斤 104 文
胃（Bucho）	每斤 40 文
肠	每斤 36 文
肾	每斤 64 文
肋骨	每斤 48 文
腿骨	每斤 36 文
脊骨和胯骨	每斤 32 文
尾巴	每斤 64 文
牛肚	每斤 112 文
零碎	每斤 48 文
血	每罐 30 文

——*Boletim Official*, V Anno, N.º 90, 25 - 02 - 1850, p. 138.

04. 1851 年 1 月 19 日猪肉专营出投公告与章程

Edital e Condições sobre a Arrematação do Exclusivo de Venda de Porco no dia 19 de Janeiro de 1851

大西洋理事官喽嚟哆马忌士奉公会命谕各人知悉：缘澳中猪栏批期将满，预定本月十八日十一点钟，在议事亭（Cartorio da Procuratura）从新出投夜冷（em hasta publica），如有愿承充此行买卖揽头者，到亭声出若干批银，以出高价并遵规条者，准令承充。为此谕知。

道光三十年十二月初三日（1851 年 1 月 4 日）谕。(《澳门宪报》原译文)

合同条款

第一条 该承充人（Arrematante）须足量供应在澳门（以迄关闸界内）消费所需的猪肉。

第二条 猪肉零售价格不得低于每元 11 斤，按照告白所公布的兑换率折算，称量按照海关规定以 16 两为 1 斤。

第三条 该承充人须每隔 6 个月分两次向政府预付承充费。

第四条 此次承充以一年为期，自本月 10 日起算；在此期间承充人须忠实遵行合同条款，且须有殷实之担保人。

第五条 该承充人享有猪肉零售的专营权（Privilegio Exclusivo），或本人自售或由其代理人零售；任何未经承充人同意而私售猪肉者，首次罚银 10 两，二次罚银 20 两，并处以 30 天监禁，以此累加；罚金之一半归检举人，另一半归公物会。

第六条 进入澳门的所有生猪须经承充人之手，但承充人不得滥用此特权限制他人携带猪肉销售；未经承充人之手而私自将猪肉带入澳门者，除罚没猪肉外，首次罚银 10 两，二次罚银 20 两，并处以 30 天监禁，罚金之一半和被罚没的猪肉归检举人，罚金之另一半归公物会。

第七条 任何有意零售猪肉者须向承充人提出申请并得到其同意，否则将受到该合同第五条所规定之惩罚。

第八条 该承充人须对猪倌大秤（Dachins dos Porqueiros）负责，如果不按照 16 两规定，首次支付罚金 5 两，二次 10 两，以此类推。

第九条 该承充人不得将猪肉在水中浸泡以增加重量，违者首次罚银 5 两，二次 10 两，以此类推。

第十条 可在家中自由宰猪用以自食，但不得用于出售，违者处以上文所规定的处罚。

独一附款 该承充人向零售商收取的手续费，每头猪不得超过白银 2 钱（Mazes）。

1851 年猪肉承充合同第二条所指的售价表

猪头和猪蹄	每元 18 斤
猪脊和肋骨	每元 10 斤半

猪腿	每元 11 斤半
猪肚	每元 15 斤
肥肉	每元 17 斤
猪油	每元 16 斤
猪肠	每元 24 斤
猪舌头	每斤铜钱 96 文
猪耳朵	每斤铜钱 80 文
猪胃	每斤铜钱 80 文
猪肺	每斤铜钱 80 文
猪粉肠	每斤铜钱 80 文
大肾	每磅铜钱 80 文
小肾	每磅铜钱 40 文
大猪心	每个铜钱 40 文
小猪心	每个铜钱 20 文
猪肝	每斤铜钱 110 文
骨头	每斤铜钱 16 文
猪血	每斤铜钱 5 文

理事官马忌士（Lourenço Marques），1851 年 1 月 4 日，于理事官署。

——*Boletim Official*，Vol. 6，Nº. 8，11 - 01 - 1851，pp. 5 - 6.

05. 1851 年 1 月 20 日牛肉专营出投公告与章程

Edital e Condições sobre a Arrematação do Exclusivo de Venda de Vaca no dia 20 de Janeiro de 1851

大西洋理事官唛嚟哆马忌士奉公会命谕各人知悉：缘澳中牛栏批期将满，预定本月十九日十一点钟，在议事亭从新出投夜冷，如有愿承充此行买卖揽头者，到亭声出若干批银，以出高价并遵规条者，准令承充。为此谕知。

道光三十年十二月初四日（1851 年 1 月 5 日）谕。（《澳门宪报》原译文）

合同条款

第一条 该承充人（Arrematante）须足量供应在澳门（以迄关闸界内）

消费所需的牛肉；牛肉须质量合格且不得在水中浸泡。

第二条 牛肉零售价格以本合同所附之价格表加以规定；称量按照海关规定以16两为1斤；废止官船士兵购买时每斤支付24文铜钱的习惯做法。

第三条 该承充人须每隔6个月向政府预付承充费。

第四条 承充期为一年，自本月14日起算；在此期间承充人须忠实遵行合同条款，且须有殷实之担保人。

第五条 该承充人享有牛肉销售的专营权（Privilegio Exclusivo），或本人自售或由其代理人零售；任何未经承充人同意而私售牛肉者，首次罚银10两，二次罚银20两，并处以30天监禁，以此累加；该罚金之一半归检举人，另一半归公物会。

第六条 任何有意零售牛肉者须向承充人提出申请并得到其同意，否则将受到该合同第五条所规定之惩罚。

第七条 该承充人不得将牛肉浸泡水中以增加重量，违者，首次罚款5两，再犯罚款10两，以此累加。

第八条 可自由在家中宰牛用于自食，但不得用于销售，违者处以上文规定的处罚。承充人亦不得阻止任何人自黄埔带进牛肉用于家用。

第九条 该承充人须对牛倌（Vaqueiros）的大秤负责，若不照16两一斤算，首次罚银5两，再次罚银10两，以此累加。

合同第二条所指的价格表

腿	每元11斤
肺	每元11斤半
乳头	每元12斤
腰肉	每元11斤
前腿肉	每元13斤
油脂	每元10斤
骨髓	每斤40文
舌头和心	每斤80文
胃孔（Livro）和肝	每斤64文
头和蹄	每斤56文
头肉	每斤100文
胃（Bucho）	每斤40文
肠	每斤24文
肾	每斤64文

肋骨	每斤 48 文
腿骨	每斤 36 文
脊骨	每斤 32 文
牛腩肉	每斤 48 文
尾巴	每斤 56 文
血	每罐 30 文

理事官马忌士，1851 年 1 月 5 日，于澳门。

——*Boletim Official*，Vol. 6，N.º 8，11 – 01 – 1851，p. 6.

06. 1855 年 1 月 16 日猪肉承充合约

Contracto sobre o Exclusivo da Venda da Carne de Porco no dia 16 de Janeiro de 1855 （01 – 03 – 1855 a 28 – 02 – 1856）

猪倌公司代理人 Cam – chom – quim 和 Tau – can 于 1855 年 1 月 16 日在公物会投得猪肉专营权，承充期限为一年，自今年 3 月 1 日起至 1856 年 2 月底止，承充规银 3 300 元，每三个月上期缴纳，由 Tai – ché 担保，章程条款如下：

第一条 该承充人须足量供应本市（以迄关闸界内）市场消费所需的猪肉；猪肉零售价格遵行附表中的规定；称量以 16 两为 1 斤，所用之秤由海关测定；有任何缺斤少两行为，首次罚承充人 5 两，二次 10 两，罚金一半归检举人，另一半归公物会。

第二条 该承充人享有猪肉零售的专营权（Privilegio Exclusivo），或本人自售或由其代理人零售；任何人须经承充人同意方可销售猪肉，违者首次罚银 10 两，第二次罚银 20 两并处以 30 天监禁，以此累加；罚金之一半归检举人，另一半归公物会。

第三条 所有生猪须经承充人之手方可运进澳门，但承充人不得滥用此特权限制他人携带猪肉销售；以任何其他途径将猪肉带入澳门者，除罚没猪肉外，首次罚银 10 两，二次罚银 20 两，以此类推。

第四条 该承充人或其代理人，不得将猪肉在水中浸泡或以其他方式增加重量，违者将处以第一条所规定的处罚。

第五条 可在家中自由宰猪用以自食，但不得用于出售，违者处以第二条所规定的处罚。该承充人向零售商收取的手续费，每头猪不得超过白银 2 钱（Mazes）。

1855 年猪肉承充合同第一条所指的售价表

猪脊和肋骨	每元 9 斤 14 两
猪腿	每元 10 斤
肥肉	每元 14 斤半
猪肚	每元 11 斤半
猪油	每元 12 斤
猪肠	每元 19 斤
猪头和猪蹄	每元 13 斤半
猪舌头和猪心	每元 12 斤
其他	市场价

米盖尔·佩雷拉·西芒（Miguel Pereira Simones），1855 年 1 月 18 日，于澳门。

——*Boletim Official*，Vol. Ⅰ，Nº. 18，17 - 02 - 1855，p. 69.

07. 1855 年 2 月 1 日牛肉承充合约

Contracto sobre o Exclusivo da Venda da Carne de Vaca no dia 1 de Fevereiro de 1855（14 - 02 - 1855 a 13 - 02 - 1856）

华人 Van - Asen 于本月 1 日在公物会投得牛肉专营权，为期一年，从本月 14 日起至 1856 年 2 月 13 日止，承充规银 1 110 元，每半年上期缴纳，由华人亚六（Alok）担保，合同条款如下：

第一条 该承充人（Arrematante）须足量供应本市（以迄关闸界内）消费所需的牛肉；牛肉零售价格以本合同所附之价格表加以规定；称量以 16 两为 1 斤，由海关测定；若短斤少两，首次罚银 5 两，再犯罚银 10 两，以此累加；罚金一半归检举人，另一半归公物会。

第二条 承充人享有牛肉销售的专营权（Privilegio Exclusivo），或本人自售或由其代理人零售；任何有意零售牛肉者须向承充人提出申请并得到其同意，违者首次罚银 10 两，二次罚银 20 两，并处以 30 天监禁，以此累加；该罚金之一半归检举人，另一半归公物会。

第三条 该承充人及其代理人不得将肉浸泡水中或以其他任何方式增加肉的重量，违者须受到第一条所规定的处罚。

第四条 可自由在家中宰牛用于自食，但任何人不得将自宰的牛肉用于销售，违者处以第二条规定的处罚。承充人亦不得阻止任何人从黄埔将牛肉带进本市用于家内自用。

合同第一条所指的售价表

脊肉和腿	每元 11 斤
前腿肉	每元 13 斤
牛肺	每元 11 斤半
油脂	每元 10 斤
乳部	每元 12 斤
其余	随行就市

公物会书记米盖尔·佩雷拉·西芒，1855 年 2 月 1 日，于公物会办公室。

——*Boletim Official*, Vol. Ⅰ, Nº 17, 10－02－1855, p. 65.

08. 1867 年 1 月 29 日亚六承充猪肉专营合约

Contracto sobre a Venda de Carne de Porco Feito com o China Aloc na Junta da Fazenda em 29 de Janeiro de 1867

奉上级之命公布以下在公物会签署的猪肉专营合同。

1867 年 1 月 29 日亚六在公物会签署的合同

第一条 在澳门实行猪肉自由销售。

第二条 但是，正如迄今为止的那样，有意在澳门销售猪肉的所有中葡居民，应按照以前合同所定每宰杀一头猪应纳费用的标准，向承充人付费。

第三条 正如迄今为止的那样，承充人对委托给他的货所应收取的手续费由本合同规定。

第四条 猪肉销售在澳门各地价格统一。

第五条 猪肉销售不再像迄今为止的那样事先定价，而是跟任何其他货物一样随行就市。

第六条 承充人必须时常保持市场上供货充足。

第七条 承充期为两年，承充规银每年 12 000 元，分期付给本省银库。

第八条 承充人必须忠实履行本合同的规定。

1866 年 3 月 1 日至 1867 年 2 月底猪肉承充合同之猪肉售价表①

猪脊和肋骨	每元 7 斤 4 两
猪腿	每元 7 斤半
猪油	每元 9 斤
肥肉	每元 9 斤半
猪头和猪蹄	每元 9 斤
猪肚	每元 8 斤
其他	按当日价格购买，用铜钱支付，由当天汇率折算

米盖尔·佩雷拉·西芒（Miguel Pereira Simones），1866 年 2 月 1 日，于澳门。

——*Boletim Official*, Vol. XIII, Nº 5, 04-02-1867, p. 22.

09. 1871 年 1 月 31 日订立黄亚奇、姚德培承充两年期牛肉专营合约

Condições de Contrato da Arrematação da Licença para o Exclusivo da Venda da Carne de Vaca aos 31 dias do Mez de Janeiro de 1871

1871 年 1 月 31 日，按照法令规定，当公物会公所面前进行了牛肉专营权出投，期限两年，从本月 22 日起算，由华人黄亚奇（Vong-aqui）、姚德培

---

① 无售价附表，暂以 1866 年合同内售价表代之。*Boletim Official*, Vol. XII, Nº 6, 5 de Fevereiro de 1866, p. 22.

(Yoi - tac - pui) 投得，每年规银 5 000 元，由华人 Tong - a - mun 担保，合同条款如下：

第一条 该承充人 (Arrematante) 须优质足量供应本市（以迄关闸界内）市场消费所需的牛肉；牛肉零售价格不得低于每元 10 斤；来自黄埔的牛肉售价每元 8 斤。

第二条 倘若在肉内注水，首次罚款 50 元，再犯罚款 100 元。

第三条 本国和外国的任何人，都可以从黄埔携带牛肉用于家内消费，但如果被证实轮船上售卖来自黄埔的牛肉，承充人应获得警方提供的协助，以促成有权限部门根据情况征收罚款。

第四条 午夜后可以宰牛，但须通知警方；只要有人买，也可以出售水牛肉。

第五条 可自由在家宰牛用于家内自食，但任何人不得将自宰的牛肉出售，违者处以第二条规定的罚款。

第六条 每年 5 000 元的承充规银将分三期上期缴纳，即每四个月支付一次，银钱为七二兑。

第七条 任何人未事先向承充人通报不得向停泊在内港和沙沥的商船购买活牛，该船只离开前为日常自用购买除外，违者须支付一笔由华政衙门裁定的罚金，该罚金一半归承充人，另一半归公物会。

为使该承充人及其担保人全部履行该合同，特缮立此合约，并在边缘处译出华字，以便更好地履行他们的职责。他们与本公物会书记一同签名为据。——米盖尔·佩雷拉·西芒

公物会书记米盖尔·佩雷拉·西芒核对无误。

——*Boletim Official*, Vol. XVII, Nº. 15, 10 - 04 - 1871, p. 60.

10. 1871 年 3 月 22 日卢合、陈亚银承充猪肉专营合约

Condições de Contrato da Arrematação da Licença para o Exclusivo da Venda da Carne de Porco aos 22 Dias do Mez de Março de 1871

1871 年 3 月 22 日，公物会与华人卢合 (Lu - op)、陈亚银 (Chan - ayon) 在澳门公物会公所签署该猪肉承充合同，承充规银 13 560 元，每隔三个月上期缴纳，承充期限一年，自 4 月 1 日起算，由华人亚六担保，合同条款如下：

第一条 猪肉在澳门实行自由销售；销售价格跟任何其他货物一样随行就市。

第二条 在本市宰杀猪只，53 斤以上者，承充人每头收取手续费 2 钱，53 斤以下者，每头收取 1 钱 2 分（1 Maz e 2 Condorins）。

第三条 此外，由水路运进本澳的猪只，承充人向买者收费每头 8 分，由陆路运来者，每头收费 6 分，违者处以罚款。

第四条 承充人有权拥有全部在本澳宰杀猪只的油和肠。

第五条 承充人可根据习惯做法向委托给他的猪只每头收取手续费。

第六条 澳门的中葡居民均可在澳门开设行号接受委托猪肉，同样有权按照习惯做法收取手续费，而无须向承充人缴纳任何费用。

第七条 猪只可自由进出口澳门，下船或不下船猪只均可。

第八条 同样，任何居民均可设台摆卖猪肉，为此无须领取牌照。

第九条 任何人被证实未向承充人付费而宰猪发售，首次罚款 20 元，再犯罚款 50 元，罚金一半归承充人，另一半归公物会。

第十条 承充人必须时常保持市场上供货充足。

现已议定，本合同将被译成中文，以便承充人及其担保人理解；他们必须完整遵守本合同的规定，并与本公物会书记一同签名。

米盖尔·佩雷拉·西芒（签名），华人承充人及其担保人（签名），公物会书记西芒核对无误。

——*Boletim Official*, Vol. XVII, Nº 15, 10-04-1871, p. 60.

五、澳门娼寮章程

Artigo 1o.—Haverá na Procuratura um livro de registo, no qual serão obrigadas a inscrever-se todas as mulheres prostitutas ora existentes nesta Cidade, ou que de futuro nella vierem estabelecer-se.

§ unico.—Neste Registo deverá fazer-se declaração do nome, naturalidade, idade, e morada da mulher prostituta.

Artigo 2o.—Para se effeituar o Registo de que trata o artigo antecedente é concedido para todas as mulheres prostitutas ora existentes na Cidade o prazo de um mez a contar da data da publicação do presente Regulamento. Aquellas que de futuro vierem nella estabelecer-se deverão cumprir com a mesma obrigação em 8 dias contados do da sua chegada.

§ unico.—A mulher prostituta que não fizer, ou fizer incorrectamente as declarações do artigo antecedente, ou que no prazo determinado neste artigo, não se fizer inscrever no Registo Geral, e que sendo advertida da sua omissão ou falta, o não fizer no termo que lhe fôr prescripto, pagará uma multa de cinco taeis, ou será espulsa da Cidade, segundo o caso o pedir.

Artigo 3o.—Não é tolerado o estabelecimento de qualquer caza de prostituição, em que duas ou mais prostitutas vivam em commum ou em companhia, sem que esta caza tenha uma directora, devidamente authorizada pela Procuratura. As cazas de que se trata serão designadas pelo nome de *Cazas toleradas.*

Artigo 4o.—A mulher que na qualidade de directora queira de futuro estabelecer uma caza tolerada, deverá solicitar permissão do Procurador da Cidade por meio de requerimento que ao mesmo dirigirá em que declare :—seu proprio nome, e naturalidade—o nome da rua, e o numero da Porta do estabelecimento—o numero de mulheres prostitutas que pertende ter debaixo de sua inspecção e regimen, com a disignação do nome de cada uma, sua idade, naturalidade, e ultimo domicilio, e bem assim a competente Certidão do seu Registo.

§ 1o.—Igual requerimento é tambem obrigada a fazer a mulher prostituta, que pertender estabelecer-se nesta Cidade, para viver sobre si, em que declare seu nome, naturalidade e idade, o nome da rua, e numero da porta da caza em que habitar.

§ 2o.—Em quanto ás cazas destas natureza, que agora existem, aquella ou aquellas mulheres que as tiverem arrendado, serão obrigadas dentro de um mez da publicação deste Regulamento a habilitar-se nos termos deste artigo, e a cumprir as mais obrigações que por elle lhes são impostas.

Artigo 5o.—Com o despacho da Procuratura, no qual se designará a quantia que a requerente deva pagar na conformidade dos artigos 6o. e 7o., haverá esta a competente Certidão passada pelo Escrivão Deputado da Junta da Fazenda, na forma estabelecida para as licenças aos habitantes Chinas ; a qual Certidão valerá sómente por tempo de um anno.

Artigo 6o.—Em vez do Imposto, a que até aqui eram sugeitas, pagarão as cazas toleradas, a contar do 1o. de Agosto do corrente anno, uma contribuição, que será regulada do modo seguinte :

As cazas em que viverem em commum até tres mulheres prostitutas pagarão de vinte até cincoenta patacas por anno ; e as que tiverem mais de tres, pagarão mais cinco até dez patacas por cada mulher que exceder este numero.

§ unico.—O pagamento desta contribuição deverá ser feito por trimestre adiantado, e por elle será responsavel a directora de cada uma de taes cazas.

Artigo 7o.—A mulher prostituta, que viver sobre si, pagará por anno, de vinte a trinta patacas, sendo-lhe arbitrada a quantia que cada uma devera pagar nos termos do artigo antecedente.

Artigo 8o.—As directoras das cazas toleradas são responsaveis :—

1o.—Pela limpeza e aceio dos Estabelecimentos a seu cargo, os quaes deverão prover de trastes e utencilios que a salubridade reclama.

2o.—Pelo estado sanitario das mulheres prostitutas sob a sua inspecção.

3o.—Pela devida decencia e comedimento na conducta e porte das mesmas mulheres em publico.

Artigo 9o.—Verificando-se a inflacção de qualquer das disposições do artigo antecedente, incorrerá a directora, que a commetter, em uma multa de cinco até dez taeis ; e nos casos de reincidencia lhe será cassada a licença, e ficará inhabilitada para já mais obter a renovação della. Sendo infractora fôr mulher prostituta que vive sobre si—á qual incumbem as mesmas obrigações em relação á sua propria caza, que neste artigo são impostas ás directoras das cazas toleradas—será esta expulsa da Cidade ; sem prejuizo em um e outro caso dos demais procedimentos que parecerem justos.

Artigo 10o.—Ás mulheres prostitutas é concedida rezidencia sómente nas ruas abaixo declaradas :—a saber.

1o.—Rua do Bazarinho—Rua do Desfiladeiro—Travessa de Maria Lucinda—Rua de Alleluia—e Rua de Mata-Tigre, todas no Bazarinho.

2o.—O Sitio chamado Prainha, ou Feitoria.

3o.—O Sitio do Chunambeiro ; e

4o.—Os Sitios denominados—Becco do Estaleiro—Travessa do Becco do Estaleiro—Becco da Praia Pequena—e Becco do Armazem velho.

§ 1o.—Alem dos sitios indicados neste artigo são defesos, para habitação ás mulheres prostitutas, todos os demais lugares situados dentro dos muros da Cidade.

§ 2o.—Ás mulheres prostitutas que ora vivem em cazas construidas sobre estacadas á beira-mar nos sitios de Matapao, Bazar, Praia-piquena, e outros, é concedido o prazo de dois mezes da publicação deste Regulamento, para se mudarem para outras cazas sitas em terra ; devendo logo que findar este prazo ficar demolidas as ditas cazas, e removidas as estacadas, que ora completamente obstruem aquelles sitios.

Artigo 11o.—Todas as mulheres prostitutas ora existentes na Cidade deverão mudar-se para os sitios neste Regulamento marcados para sua habitação, dentro do prazo do paragrapho antecedente ; e aquellas que o não tiverem feito, findo o mesmo prazo, soffrerão as penas do Artigo 2o.

Artigo 12o.—É expressamente prohibida a admissão de mulheres prostitutas, e o exercicio de prostituição nas hospedarias, tavernas, lojas ou cazas de bebida, e em geral em todas as cazas publicas semelhantes.

§ unico.—Aos donos e administradores desta cazas, logo que conste o abuzo, será immediatamente caçada a licença para o exercicio do seu commercio licito, e elles postos em detenção, e entregues ao Poder Judiciario para serem processados e punidos nos termos das leis em vigor contra os que dão cazas de alcouce.

Artigo 13o.—Toda a mulher prostituta que fôr encontrada nas ruas praticando actos desonestos, ou provocando os passageiros por palavras ou por acções : a que fôr encontrada nas tavernas ou em qualquer das cazas mencionadas no Artigo antecedente, ou por qual quer modo violar as dispozições do presente Regulamento, soffrerá uma multa de cinco a dez taeis ou será expulsa da Cidade coforme a gravidade do cazo o pedir.

Artigo 14o.—Nenhum individuo possuidor ou administrador de predios existentes nos sitios defesos para habitação ás mulheres prostitutas, poderão alugalos a mulheres de costumes escandalozos, sob pena de perder o valor do aluguel das cazas de meio anno pela primeira vez ; e o de um anno inteiro pela segunda e mais vezes, metade a favor de quem o fizer saber na Procuratura. E para conhecimento geral se faz publico por este Edital, que será affixado nos lugares do estillo. Macao, 11 de Septembro de 1851.—*Francisco Antonio Gonsalves Cardoso.*

Por ordem de S. Exa. o Governador se annuncia que a Contadoria da Fazenda-publica da Provincia foi transferida do edificio do Leal Senado para o da extinta Alfandega. Macao, 11 de Setembro de 1851.

SYNOPSE DA PROCURATURA.

(De 25 de Agosto a 7 de Setembro de 1851.)

Agosto 25.—Entrou no Cofre da Fazenda Publica $ 10 de licenças concedidas aos Faitiões.

Ditto ditto.—Entrou no Cofre da Fazenda Publica $ 60 que pagou de cizas José Maria Carion pela compra de uma embarcação de pescador ao China U-Ap.

Ditto ditto.—Entrou no Cofre da Fazenda Publica $ 5 de multa paga pelo China U-Ap por ter excedido á licença

Ditto 26.—Questão entre os Chinas Fou-Kiu-Jou e Choug-i-Tong por uma divida de 20 taies, o que se concelhou.

Ditto ditto.—Queixa entre Albina Roza e o China Achoy por uma divida de $ 11, o que se conciliou.

Ditto 27.—Queixa entre Joaquim Pedro Xavier, e o Chincheu Ahúi por uma divida de 100 taies, o que se conciliou.

Ditto 28.—Forão soltos os Chinas Pau-Alac e Un-Apan, debaixo da fiança de China Tay-Chy do Bazar.

Setembro 2.—Foi solto o China Acáo, e pagou uma pataca de multa por andar sem lanterna.

Ditto ditto.—Conciliação de uma questão entre dois Chinas sobre um negocio de 500 picos de azeite.

Ditto ditto.—Venda de uma Caza a Bernardo Estevam Carneiro, que pagou de siza $ 3.

Ditto 3.—Outra conciliação entre um China e um Chincheu

Ditto ditto.—Outra, entre o Cappitão de um Tooman, e o arrematante da carne de porco.

Ditto 4.—Foram remettidos ao Mandarim, tres Chinas ratoneiros.

Ditto 7.—Entraram no Cofre da Fazenda, $ 10 de licenças a Faitiões.

图5 1851 年 9 月 11 日总督颁布之《澳门娼寮章程》(《澳门宪报》1851 年 9 月 13 日)

娼寮妓业的合法化是澳葡当局推行合法化政策的重要组成部分，并由此形成了近代澳门历史上所谓特种产业之一。1851 年 9 月 11 日，澳门总督卡多佐发布训令，批准实施了第一个《娼寮章程》，将娼寮妓业合法化，并制定了初步的管理规章。此后，澳葡当局先后于 1873 年、1887 年、1889 年和 1905 年数次加以修改后重新颁布。后两个章程在《澳门宪报》刊登了葡中双语文本，而前三个章程只刊布了葡语文本。笔者从《澳门宪报》中辑录了前三个章程，并将其译为中文，供李晋华同学用于写作她的硕士论文，从而得以对这五个娼寮章程进行系统的比较和评析。① 此次出版计划确定后，补译了《1879 年 1 月 9 日第 4 号训令》。

01. 1851 年 9 月 11 日澳门总督颁布实施之《娼寮章程》

Regulamento para as Meretrizes e Casas Toleradas de Macau, Aprovado pelo Edital do Governador, 11 de Setembro de 1851

澳门—帝汶—梭罗省总督卡多佐宣布：为了公共道德和民众健康，应该立即采取措施，制止丑恶的娼妓活动在本市城区继续泛滥。为此，特宣布全面实施由为此目的而任命的专责委员会所提交的下述章程。该委员会由本法区法官（按察使司）若昂·马里亚·德·塞克拉·平托（João Maria de Sequeira Pinto）、国家律政司若昂·达玛赛诺·科埃略·多斯·桑托斯（João Damasceno Coelho dos Santos）和澳门公物会管数官安东尼奥·若瑟·德·米兰达（António José de Miranda）组成。

第一条 将在理事官署设一注册簿，所有现住本市或未来定居本市的妓女必须在该簿注册。

独一附款 注册时须声明妓女之姓名、原籍、年龄和住址。

第二条 所有现住本市的妓女，须在本章程公布之日起一个月内完成前款所指的注册；以后来澳居住的妓女，则须在抵达之后八日内完成注册。

独一附款 没有或者错误进行了前条所指的申报，或者在本条规定的期限

① 参见李晋华：《晚清澳门娼寮章程初探》，《文化杂志》中文版第 84 期，2012 年。

内没有完成注册，或者被提醒但仍未按照规定去做，将根据案情的严重程度被处以5两罚金或者被逐出澳门。

第三条 由两个或两个以上妓女共同居住的妓院，若没有一个经过理事官署批准的寮主，则不默许其设立。这里所指的卖淫场所被称为“默许妓院”(Cazas Toleradas)。

第四条 在寮主监管下的任何妓女若要求开办妓院，须向理事官署提出书面申请，同时申报自己的姓名和原籍，妓院坐落的街道名与门牌号，拟监管妓女的人数，每个妓女的姓名、年龄、原籍、最近住址，以及注册的法定证明。

附款一 打算在本市单独居住的妓女也必须提出申请，其中须申明其姓名、原籍、年龄，所住之街道名和门牌号。

附款二 已租用了上述房屋的妓女，须在本章程公布之日起一个月内，遵行本条之规定，并履行对其规定的其他责任。

第五条 申请开办妓院的妓女，须有一份由理事官署发出的公文，其中列明依据第六、七两条规定每个申请者所应缴纳的费用；此外还须获得由公物会根据有关华人许可证发放的既定制度而发出的合法证明，该证明有效期为一年。

第六条 自今年8月1日起，妓院须缴纳一笔税款，收取标准如下：不超过三个妓女的妓院每年纳税20—50元（Patacas）；有三个以上妓女的妓院，每多出一名妓女，须纳税5—10元。

独一附款 该税项应每季度预付，由寮主负责缴纳。

第七条 单独居住之妓女每年纳税20—30元，按前款之规定支付。

第八条 妓院老鸨须负责：

1. 其监管之妓院的清洁卫生，须提供符合卫生健康要求的家具和用具；
2. 其监管之妓女的身体健康状况；
3. 其监管之妓女在公共场合行为与仪表的得体和礼貌。

第九条 一旦被确认违反前项规定，妓院老鸨将被罚款5—10两；再犯即被吊销执照，且失去获得更新执照的资格；单独居住的妓女违规，即被逐出本市，以示法律程序的公正。

第十条 妓女仅允许在规定的下列地方居住：

1. 水手西街（Rua do Bazarinho）、德斯菲拉戴路街（Rua do Desfiladeiro）、卢善德巷（Travessa de Maria Lucinda）、大和斜街（Rua de Alleluia）、太和街（Rua de Mata - Tigre）；
2. 三层楼（Prainha）；

3. 烧灰炉（Chuambeiro）；

4. 船厂里（Beco do Estaleiro）、船厂里巷（Travessa do Beco do Estaleiro）、细湾里（Beco da Praia Pequena）、烂鬼楼里（Beco do Armazem Velho）。

附款一 除开本条所指明的地点外，禁止妓女在城墙以内的其他任何地方居住。

附款二 在位于桔仔园、商业区、细湾及其他海边的木椿屋居住的妓女，须于本章程公布之日起两个月内搬入陆地的其他地方居住，该期限一到，那些木椿屋即被拆除，木椿亦将被清除。

第十一条 所有已在本市居住的妓女，须在前款所规定期限内搬入本章程所规定的地方居住，该期限届满而未搬迁者，将被处以第二条所规定的处罚。

第十二条 明确禁止妓女进入商店、酒吧及其他公共场所。

独一附款 如确证有上述违规行为，妓院老鸨或管理者即被取消营业执照，并被拘押解往司法机关，依据现行娼寮章程加以审判和处罚。

第十三条 凡被发现在街上从事卖淫活动或以语言和动作勾引过客，进入酒吧或前款所指地点，或以任何方式违反本章程之规定的妓女，将依据情节的严重程度处以5—10两罚金或逐出本市。

第十四条 凡在禁止妓女居住地区拥有房屋的业主，不得将其屋出租给妓女，如违首次罚没房屋半年租金；再犯则罚没全年租金，该罚金之一半发给向理事官署举报的人。

为周知遵行，特发布此告示，该告示将被张贴于常贴告示之处。

澳门，1851年9月11日。

弗朗西斯科·安东尼奥·贡萨维斯·卡多佐（Francisco Antonio Gonçalves Cardoso）

——*Boletim Official*, Nova Serie, Vol. 6, Nº 43, 13 - 09 - 1851, pp. 145 - 146.

02. 1873年1月20日第10号训令核准实施改定之《娼寮章程》

Regulamento Modificado acerca das Meretrizes e Casas Toleradas na Cidade de Macau, Approvado pela Portaria Nº 10 de 20 de Janeiro de 1873

澳门—帝汶省总督决定：

去年6月4日的娼寮章程[①]经据7月20日通告暂停实施，现已根据经验修改定稿并再次听取了医局的意见，现批准实施下列由辅政司签字的改定章程。

有关部门遵照执行。

本省总督圣热努·阿里奥子爵，1873年1月20日，于澳门总督府。

改定之《澳门娼寮章程》

第一章 论妓女

第一条 所有妓女（从事卖淫活动以赚钱的妇女）必须在西洋政务厅（Administração do Concelho）注册。

第二条 妓女将被分为两类：在寮主（Dona da Casa）的管理下共同居住者；自己单独居住者。

第三条 在挂号簿内要声明妓女的类别、年龄、出生地、婚姻状况、住址、特征、已从事卖淫行业的时间和是否感染过病毒等。

独一附款 共同居住的妓女，要出现在注册当场，或由其所属娼寮的寮主代表妓女到场注册。

第四条 妓女所居住的街区由警方确定。

第五条 接待基督徒的妓女要单独接受医疗检查，该检查应在她本人的住处、医院或者为此而设的任何场所进行。

附款一 每位妓女将在注册当场领到一个小簿，负责检查的医生须在小簿内写明检查的日期和结果。

附款二 检查免费。

---

① *Boletim official*, Vol. XVIII, Nº 24, 08-06-1872, pp. 99-100.

第六条 被发现感染性病的妓女将被送去专门设立的医院进行治疗，并且须把事实通报给西洋政务厅。

第七条 有了出院证或者在家中被诊断病愈的妓女，必须随时接受医疗检查。

第八条 在两次检查间隔期间，感染性病的妓女须立刻由寮主进行处理或送往医院。

第九条 寮主须将每一个妓女入院和出院的情况向西洋政务厅通报，以便在那里获得法定登记凭证。

第十条 任何妓女在西洋政务厅被证明不能再从事卖淫活动，应该将其从注册单上除去。

第十一条 西洋政务厅受理任何关于妓女健康状况的可信的报告。

第二章 论寮主

第十二条 如果有两个或两个以上注册的妓女要求一起居住，就应该置于一名经过批准的寮主的管理之下。

第十三条 任何要求自己开办和管理娼寮的妇女，须获得西洋政务厅的准照，并要写明完整履行管理章程的责任条款。

第十四条 娼寮的寮主改变住址、接纳和解雇任何一位妓女，须在24小时内向西洋政务厅报明有关情况。

第十五条 所有娼寮须在显眼位置放置妓女名册，其中应包括个人卫生状况的说明。

第十六条 娼寮寮主须监视在其管辖下生活的妓女，如发现感染任何性病须立刻停止其卖淫活动。

第十七条 西洋政务厅官员和负责检查的医生可在任何方便的时候视察注册的娼寮。

第十八条 娼寮寮主对在其寮内的违章行为负责，但违章者本人的责任亦不能免除。

第三章 论处罚

第十九条 妓女如有下列违规行为将被处以5元（Patacas）罚款，或监禁5天：

1. 未经注册而从事卖淫活动；
2. 在禁止居住的街区居住；
3. 在要求时未呈出显示其身体健康状况的小簿。

第二十条 有下列违规行为的妓女将被罚款10元，或被监禁10天：

1. 拒绝接受健康检查；
2. 未向所居住之娼寮寮主和体检专责医生通报已患有花柳或其他性病；
3. 被诊断治愈后从事卖淫活动但未经法定医生事先检查。

第二十一条 感染某种性病或其他疾病的妓女将被处以20元罚款或20天监禁。

第二十二条 娼寮寮主有下列违章行为者，将被处以15元罚款，或15天监禁：

1. 容许非注册妓女进入其娼寮而在24小时内没有注册；
2. 在禁止开办的街区开设娼寮；
3. 改换其娼寮住址、接纳或解雇妓女以及妓女入院住院等，未在24小时内向西洋政务厅通报有关情况；
4. 离开娼寮时未留下接替者；
5. 未在显要位置摆放其管辖下妓女名册（含健康说明）；
6. 反对对其娼寮或所属妓女进行体检。

第二十三条 娼寮寮主有下列违规行为者，罚款20元或监禁30天：

1. 没有事先获得娼寮经营许可证；
2. 容许感染性病的妓女进行卖淫活动。

第二十四条 本章程所指罚款将由西洋政务厅收取。

第二十五条 西洋政务厅官员每月将注册妓女之数量通报给巡捕兵营（Corpo da Policia）。

辅政司恩里克·德·卡斯特罗（Henrique de Castro），1873年1月20日，于澳门辅政司署。

——*Boletim Official*, Vol. XIX, Nº 4, 25-01-1873, p. 13.

03. 1879年1月9日第4号训令

Portaria Nº 4 de 9 de Janeiro de 1879

澳门—帝汶省政府决定：

看过娼寮寮主们就他们在缴纳牌照费、注册费、税收以及其他要求所遭受的过重负担而提出的陈请；获悉，在华政衙门，由于对1873年1月20日章程第五条第一附款的误译，不合理地向妓女派发小簿，因为那个章程并未开始实施。

如果发生在该部门要求支付注册费、签字确认费以及别的款项的情况，这些数量确实包括在华政衙门的收费表中，其中仅规定以执行上述章程为条件，而正如上面已指出的，上述章程并未实施。

必须对这个问题做出规定，以便使利益相关者明确知道他们应该向公物会缴纳的费用，而任何人以任何借口向她们索要超过规定的费用均为非法。

听取了公物会的意见，现决定如下：

第一条 娼寮寮主在公物会领取牌照，其所纳牌照费即包括了一般的生意及点街灯公钞。该项费用，一等娼寮每年 15 元，二等娼寮每年 10 元，三等娼寮每年 6 元。

第二条 上述娼寮中的妓女应缴纳治安费，在过去被错误地称为捐纳。该费用标准为：一等娼寮的妓女每人每月 1.25 元，全年 15 元；二等娼寮的妓女每人每月 0.75 元，全年 9 元；三等娼寮的妓女每人每月 0.50 元，全年 6 元。

该项费用可在支付牌照费时缴纳，也可在每月征收，就像迄今为止那样。

第三条 娼寮寮主若是中国人，将营业牌照拿去华政衙门登记；若是中国人以外的其他人，就去西洋政务厅登记。此项登记视为娼寮及其妓女的注册，且免费。

第四条 迄今为止派发小簿的做法予以废除，不得向寮主和妓女索取其他费用。

第五条 本训令将由华政衙门以华语告白予以公布，张贴于适当的地方。

有关部门遵照执行。

本省总督施理华（Carlos Eugenio Correa da Silva），1879 年 1 月 9 日，于澳门总督府。

——*Boletim Official*, Vol. XXV, Nº 2, 11-01-1879, p. 5.

04. 1887 年 4 月 13 日第 57 号训令核准之新订《娼寮章程》

Regulamento das Meretrizes e Casas Toleradas de Macau Aprovado pela Portaria Nº 57 de 13 de Abril de 1887

本省医局公会向本督提交了一份该市娼寮章程草案（Projecto de Regulamento）；考虑到对公共健康事务加以必要规范，避免因缺乏规章而导致的严重危害，均极具重要性；听取了公物会（Junta da Fazenda）和总督公会

(Conselho do Governo) 的建议；现决定批准下列由辅政司署署理辅政司签字的澳门娼寮章程。各有关部门遵照执行。

澳门—帝汶省总督费米诺·若泽·达·高斯达 (Feiminuo José da Costa), 1887 年 4 月 13 日，于总督府。

新订《澳门娼寮章程》

论注册

第一条 在澳门西洋政务厅和华政衙门行政司法科 (Secção Administrativa) 设立娼寮注册机构。

第二条 所有妓女必须进行该项注册。

第三条 注册义务包括的对象：

1. 单独居住的妓女；
2. 申明是娼寮寮主，不论其是否在澳门；
3. 不符合上述条件但显然应被视为寮主或宣称在寮主不在期间代替寮主的人。

第四条 有一个或一个以上以卖淫为主要生活来源 (尽管还有别的来源) 的妇女在其中活动的场所，即被认定为娼寮，从而必须遵守本章程的规定。

第五条 注册内容包括：

1. 妓女的序号；
2. 寮主以及每一个妓女的名字、出生地和年龄；
3. 每一个娼寮的街道名称和门牌号；
4. 娼寮的等级，以供征收巡捕钞银。

第六条 还应该注册每间娼寮人员的任何改变，以及娼寮间人员的流动。

独一附款 当其离开的时间不超过八天或按照下列第十九条的规定住院治疗者不必注明。

第七条 每一次注册发给寮主一个以葡中文字书写的凭单。当需要做任何改变时，须向注册的官员出示这个凭单。

独一附款 这个凭单也须向所有到娼寮来并要求查看的人出示。

第八条 已有的娼寮须在本章程于《澳门宪报》公布后三十天内完成注册。以后将要设立的娼寮必须提前注册。

独一附款 第六条所指的变更注明应在该变更完成后三天之内完成。

论健康检查

第九条 所有在所属娼寮接待非华籍人的妓女必须接受健康检查。

第十条 体检一般每周进行一次，特殊情况下按责任医生要求进行检查。

第十一条 体检的日期和时间将通过《澳门宪报》或者其他任何必要的方式加以正式公布。

第十二条 在上级以另外方式做出安排之前，体检的地点是在民人医院（Hospital Civil）大楼内为此目的专门开设的房间。

第十三条 所有要求在其住所内体检的妓女须事先向责任医生申明，该医生将按照本章程附表 B 中明确开列的标准收费。

第十四条 所有被发现感染花柳及其他性病的妓女须强迫其立刻住院治疗。

第十五条 任何感染花柳及其他性病的妓女不得在医院之外治疗。

第十六条 所有妓女须有一册小簿，其中写明上次由专责医生体检的结果。

独一附款 该小簿应向进入娼寮并要求看阅的人出示。

第十七条 在必须接受健康检查的娼寮，本章程第三条所指的人须执行第九条到第十六条的有关规定。

论医院

第十八条 未由政府做出安排之前，将在仁慈堂民人医院（Hospital Civil da Misericordia）专设一厅用于妓女的治疗，该治疗室应尽可能与其他诊疗室隔开。

第十九条 由专职医生检查，结果患有疾病的所有妓女，应被送往医院。

第二十条 所有在第十八条所提到的诊疗室治疗的妓女住院期间的生活费、医药费、衣服、床位费以及护理费均为免费。

一般性规定

第二十一条 禁止在有害公共健康和邻居家庭的地方开设新的娼寮，巡捕所有权采取措施保证这项规定的实施，并受理向其递呈的公正的投诉。

独一附款 同样的措施也适用于已经设立的娼寮，有理由时将其搬走或关闭。

第二十二条 本章程的所有规定适用于生活在娼寮船上的所有妓女。

第二十三条 任何被发现在街上或其他公共地方从事卖淫活动，或为其他妓女牵线者，将立刻被拘捕并被押送西洋政务厅。

第二十四条 违反本章程之任何规定，第三条所订责任的承担者及第二十三条所指的违章人将被处以最高达二万厘士（$20 000 Réis）的罚款。

附款一 船上娼寮的违法行为由其船主负责。

附款二 没有财产支付罚金的，责任人将被处以监禁，监禁天数以每天50分（50 Avos de Pataca）的价格来折算。

第二十五条 违章责任人的国籍决定对其执行该章程的法定部门。

第二十六条 所有妓女必须支付表A所列明的税项。

独一附款 除此之外不得索取任何其他费用。

第二十七条 为落实第二十六条的规定，西洋政务厅须依照妓女所属娼寮的位置以及其他值得考虑的情况，对妓女做出分类。

第二十八条 应纳税项应按季度预付；由公物会任命并支付薪酬的可信的征税员（Cobrador）按照公物会管数房（Contadoria de Fazenda）发出的通知，在纳税人的寓所收取。

第二十九条 在3月、6月、9月、12月的25日至30日，相应的管理部门向公物会寄送该日期现有的娼寮报告，指明所属的妓女的等级、寮主的姓名、娼寮所在位置、内有妓女人数，以便书写有关的纳税通知。

独一附款 在每一季度新增的娼寮或者已注册的人员变更，也要按照同样方式报告。

第三十条 当上述税项不能按照有关通知收取时，收费人将通知当局，当局将立刻下令关闭那些其房客拒绝支付欠款的娼寮。

第三十一条 该征税人须确定每间娼寮之妓女数量是否超过有关的通知，如有超过，将通报给法定行政当局。

第三十二条 每季首月首日之前应将征税的文件在公物会管数房交给征税员，征税员应在当场交出收到这些文件的收据。

第三十三条 每季首月15日之前须完成征收，在这一天征税人将向公物会提交所收税款的数量，公物会立刻将其交给公钞房（Recebedoria de Decimas e Mais Impostos），同样应提交欠缴税款的通知，以便清算其账目，公钞房也应给他出具收据。

第三十四条 针对继续开办而未完税项的娼寮，应依据未完税项文件，向有权限之行政当局提交有关证明，行政当局将利用其职权进行征收。

第三十五条 所有相关部门和巡捕所的官员，有责任监督本章程条款的遵行情况。

表 A　每年收费（Taxa annual）

项目	一等	二等	三等
每位妓女	$ 18	$ 12	$ 8

每份证明将依法收取 2% 的印花税。

表 B　住所内体检费收取标准

法定酬金	每位妓女	每多一位妓女
每视察一次	0.50 元	0.25 元
一月内检查多次	2.00 元	1.00 元

署理辅政司若昂·阿尔比诺·里贝罗·卡布拉尔（João Albinuo Ribeiro Cabral），1887 年 4 月 13 日，于澳门帝汶省辅政司署。

——*Boletim Official*，Vol. XXXIII，N.º 15，14－04－1887，pp. 131－133.

六、澳门仁慈堂彩票章程合约

procuratura administrativa dos negocios sinicos, em vista da extincção d'aquella repartição, por portaria n.º 98 de 27 d'abril de 1894, e serviu todo esse tempo até ao presente sem interrupção;

Verificando-se pelo documento da baixa com que instruiu a sua pretensão, ter elle de serviço militar, com bom comportamento, 13 annos e 21 dias, e que, nos termos do artigo 2.º do decreto de 28 de fevereiro de 1895 só lhe deve ser contado para os effeitos da aposentação, 12 annos e 6 mezes:

Hei por conveniente declarar para os effeitos legaes, que o requerente conta de serviço effectivo 18 annos 5 mezes e 2 dias até á presente data.

As auctoridades e mais pessoas a quem o conhecimento e execução d'esta competir, assim o tenham entendido e cumpram.

Palacio do governo, em Macau, 1 de outubro de 1897.

O Governador da provincia,
Eduardo Augusto Rodrigues Galhardo.

Nos termos do disposto no n.º 5 das instrucções para a loteria da Santa Casa da Misericordia de Macau, de 20 de agosto de 1897, se publicam os seguintes contractos devidamente approvados por Sua Ex.ª o Conselheiro Governador.

Escriptura de locação de serviços pela qual a Santa Casa da Misericordia de Macau cede a Lu-cong-iü e Ho-loc o exclusivo da revenda de bilhetes

SAIBAM quantos esta publica escriptura de locação de serviços virem que no anno do nascimento de Nosso Senhor Jesus Christo de mil oitocentos noventa sete aos desasete dias do mez de setembro em Macau e na sala das sessões da irmandade da Santa Casa da Misericordia de Macau, onde eu tabellião vim a pedido da meza directora da Santa Casa, compareceram de uma parte como primeiro outhorgante o cidadão Pedro Nolasco da Silva, provedor da irmandade da Santa Casa da Misericordia, devidamente auctorisado pela meza directora da dita irmandade, como me fez certo pela apresentação da copia authentica da acta da sessão da mesma meza de treze do corrente mez que fica archivada no meu cartorio e vai transcripta no translado d'esta escriptura, e da outra parte como segundos outhorgantes os chinas Lu-cong-iü e Ho-loc, maiores, casados, negociantes residentes em Macau, cujas identidades me foram asseveradas pelas testemunhas Secundino Antonio Noronha e Silvio Silvinio da Silva, maiores, casados residentes em Macau, aquelle vive de sua agencia, este escripturario da Santa Casa, minhas conhecidas do que dou fé; e ante as supraditas testemunhas foi dito pelo primeiro outhorgante que a meza directora da irmandade da Santa Casa da Misericordia devidamente auctorizada pelas instrucções para o serviço da loteria da Santa Casa approvadas pela portaria provincial numero cento e onze de vinte de agosto de mil oitocentos noventa sete, e pelo officio do Secretario geral do governo numero quinhentos noventa um de vinte um de agosto do mesmo anno, mandou publicar no *Boletim official* de vinte oito d'agosto de mil oitocentos noventa sete, o annuncio de vinte quatro do mesmo mez e anno, pelo qual se fez publico que no dia treze do corrente ao meio dia se faria, em hasta publica, a adjudicação do exclusivo da revenda dos bilhetes da loteria da Santa Casa com as condições que estavam patentes no cartorio da mesma Santa Casa, devendo ser objecto de licitação uma percentagem offerecida á dita irmandade, para despezas e lucro, sobre o valor total das series mensaes dos bilhetes da loteria da mesma Santa Casa, e que em conformidade com o dito annuncio foi com effeito adjudicado provisoriamente em hasta publica, no dia acima mencionado, perante a meza directora, reunida em sessão, com assistencia do administrador do concelho, o dito exclusivo de revenda dos bilhetes da loteria da Santa Casa, ao china Lu-cong-iü que offereceu o maior lance de sete por cento sobre o valor total das series mensaes dos bilhetes da loteria da Santa Casa, e que a requerimento do dito china, Lu-cong-iü, permittiu a meza directora que a elle se associasse o china Ho-loc, ficando d'este modo ambos elles, Lu-cong-iü e Ho-loc, concessionarios solidarios do dito exclusivo. Disse mais o dito provedor, como primeiro outhorgante, que os concessionarios segundos outhorgantes completaram as garantias que teem de prestar depositando em nome do provedor da irmandade da Santa Casa da Misericordia, no Banco Hongkong and Shanghai Banking corporation de Hongkong, a quantia de vinte quatro mil seiscentas patacas, sendo vinte duas mil e quinhentas patacas, garantia de premios, e duas mil e duzentas digo mil e cem garantia de lucros e despezas, como provaram fazendo entrega á meza directora da Santa Casa de duas notas respectivas de deposito numero dois mil duzentos sessenta um da serie trinta tres e numero cento vinte nove da serie trinta tres, sendo a primeira de oito mil e duzentas patacas e a outra de dezaseis mil quatrocentas patacas, sendo ambas as notas de deposito feitas em nome do provedor da irmandade da Santa Casa da Misericordia de Macau, por isso vinha elle primeiro outhorgante confirmar pelo presente contracto em nome da meza directora da dita irmandade da Santa Casa da Misericordia, a adjudicação do exclusivo da revenda dos bilhetes da loteria da mesma Santa Casa feita em hasta publica aos chinas Lu-cong-iü e Ho-loc no dia treze do corrente mez com as condições que vão abaixo transcriptas e que são as mesmas que foram apresentadas no acto da licitação, as quaes condições a mesa da dita irmandade se obriga a cumprir fielmente. Disseram os segundos outhorgantes os concessionarios Lu-cong-iü e Ho-loc por intermedio do interprete sinologo Eduardo Marques e ante as mesmas testemunhas acima mencionados que elles confirmam pelo presente contracto o offerecimento feito em hasta publica no dia treze do corrente mez de pagar á Santa Casa da Misericordia a percentagem de sete por cento sobre o valor total das series mensaes da loteria da Santa Casa, em compensação da concessão a elles feita do exclusivo da revenda dos bilhetes da loteria da Santa Casa e se obrigam mais a cumprir fielmente as condições da adjudicação que foram presentes na occasião da licitação e que são as que vão abaixo transcriptas, sujeitando-se ás penalidades impostas nas ditas condições, das quaes teem pleno conhecimento pela sua versão chineza. Disseram mais ambas as partes outhorgantes que fica convencionado que este contracto só será valido e começará a vigorar, depois de approvado por Sua Excellencia o Senhor *Conselheiro Governador da provincia*, e que as condições de adjudicação do referido exclusivo que ambas as partes se obrigam a cumprir, são como se seguem: Primeiro—Os concessionarios Lu-cong-iü e Ho-loc como revendedores privilegiados obrigam-se a comprar todos os bilhetes da loteria mensal da Santa Casa da Misericordia de Macau feita nas condições abaixo designadas, nas alineas A. B. C. D. E e F obrigando-se em tróca d'esses bilhetes a pagar os premios designados nos planos approvados pelo governo provincial, e a pagar mensalmente á irmandade da Santa Casa da Misericordia, para despezas e lucros, uma percentagem sobre o valor total dos bilhetes da loteria de cada mez, a qual será de sete por cento. Segundo—Este contracto durará pelo praso de oito (8) annos começando-se a contar um mez depois da data da approvação d'este contracto pelo Excellentissimo Governador da provincia, sendo este mez destinado para os preparativos. Terceiro—O valor total dos bilhetes da loteria de cada serie mensal não poderá ser inferior a dez mil patacas, e se por acaso convier aos concessionarios fazer em algum mez loteria de valor inferior, a percentagem, que elles terão de pagar á irmandade da Santa Casa para despezas e lucros, regular-se-ha sempre pelo valor minimo de dez mil patacas em cada mez. Quarto—Sendo o primeiro anno d'este contracto destinado á experiencia, poderão os concessionarios desistir d'este contracto se, no decurso do primeiro anno por dois mezes successivos, não puderem vender metade dos bilhetes de duas series; e em tal caso não terão nenhuma outra obrigação mais do que pagar á irmandade da Santa Casa da Misericordia seiscentas patacas ($600) por mez até completar o primeiro anno do contracto, embora não continuem a fazer a loteria; e depois quando se provar que já pagaram todos os premios e satisfizeram todos os pagamentos relativos ás despezas e lucros da Santa Casa, serão devolvidas as garantias. Quinto—Se os concessionarios faltarem ao cumprimento do contracto em qualquer tempo depois do primeiro anno, ficará o contracto *ipso facto* rescindido, e reverterão á irmandade da Santa Casa da Misericordia todos os valores das garantias prestadas, ficando a dita irmandade só com a obrigação de pagar os premios dos bilhetes emittidos. Sexto—A meza da irmandade da Santa Casa prestará todo o seu auxilio aos concessionarios para estes cobrarem as dividas provenientes da venda dos bilhetes da loteria; mas não incorrerá em nenhuma responsabilidade por causa d'essas dividas e sua cobrança. Setimo—Os concessionarios não serão obrigados a pagar o imposto de sello sobre os bilhetes da loteria, nem sobre os premios; nem tão pouco serão obrigados a esse pagamento os compradores dos bilhetes que forem premiados; devendo, no caso de ser imposta tal obrigação, dar-se este contracto por nullo e sem effeito, sendo a irmandade da Santa Casa obrigada a devolver as garantias depois de se provar que estão pagos todos os bilhetes digo os premios dos bilhetes emittidos. Oitavo—Antes de terminar o praso do contracto, não poderá a irmandade da Santa Casa contractar o exclusivo da venda dos bilhetes com qualquer outro individuo ou companhia, ainda que offereça maior percentagem. Nono—Findo o praso d'este contracto, os concessionarios, em igualdade de circumstancias serão preferidos para continuarem a ficar com o mesmo privilegio. Decimo—Obrigam-se mais

图6 卢光裕、柯六承充八年期包售仁慈堂彩票合约（《澳门宪报》1897 年 10 月 2 日）

仁慈堂彩票是传入中国最早的西式彩票，由迁入巴西的葡萄牙王室于1810年下令批准澳门仁慈堂在澳门发行，其售后所得用于资助各类公共慈善活动。该彩票发行后一直作为福利彩票，由仁慈堂自行经营。在澳门发展赌博业之后，仁慈堂彩票仍维持福利彩票的形态。1810年的王室令虽多有提及，但一直未见全文。笔者在阅读《澳门档案》时偶尔得之，遂将其译为中文，收入本专题。

此次集结的译文揭示了仁慈堂彩票发展过程中的一些重要的史实。鉴于经营状况不理想，仁慈堂执理会于1895年8月8日提请澳门总督暂停发售彩票，次日获得第115号总督训令的核准。两年之后，经过改革重组，仁慈堂再次提请总督批准恢复发售该彩票。总督研究了该会的陈请后，于1897年8月20日发布第111号总督训令，批准恢复发售仁慈堂彩票，同时批准了仁慈堂彩票批给代售专营权的议案，并核准了修改后的《澳门仁慈堂彩票章程》。新章程的第五条对此作了专门规定。由此，仁慈堂彩票的经营开始被纳入赌博业的发展轨道，新章程贯彻落实的结果，产生了1897年9月17日订立的《卢光裕、柯六承充八年期包售仁慈堂彩票合约》。于是，这三个文件构成了仁慈堂彩票由福利彩票向赌票转变的重要历史文献。这些文件的部分译文曾由邓伟立同学在他的硕士学位论文中引用。①

1905年11月3日敕令核准了《澳门仁慈堂彩票出投规则》，1909年12月16日敕令核准了《澳门仁慈堂彩票章程》。这是两份来自葡萄牙中央政府的敕准规则和章程，显示该彩票的发行进一步受到了重视。由此，晚清时期澳门仁慈堂彩票的法规得到了完整呈现。

01. 1810 年王室敕令

Carta Regia de 5 de Junho de 1810

澳门天主圣名之城议事会法官、唛嚟哆和理事官：本摄政王问候你们身体健康。本王已经慎重考虑了请求批准在澳门市设立一种彩票，以其售后所得救助澳门仁慈堂医院、弃婴之家、孤仔院及其他慈善机构的陈请。本王向来热衷于保护慈善事业，尤其是我忠实臣民的福利，现批准由议事会领导每年在澳门

① 邓伟立：《晚清民国时期澳门仁慈堂彩票初探》，暨南大学硕士学位论文，2014年。

市开办类似于里斯本仁慈堂发行的那种彩票；现决定：该彩票的售后所得将由议事会用于资助那些慈善机构的维持与救助活动。议事会根据各慈善机构所处的特殊情况的需要，谨慎地做好救助金的分配。本王决定：在命令提供救助的顺序上，援助应该评定给慈善事业（比如公共事业），而在尚未以一种更加持久的方式为那些教堂的宗教仪式确定专项收入之前，特别要求给帝汶和梭罗的教堂提供援助，让它们拥有一些教堂装饰物，以便进行祭神（Culto Divino）仪式；本王还决定，来自该彩票的这部分特别收入应该单独记账，收支的净结余应该说明它们的应用，按照海事暨海外属地事务部的要求报送准确的账目。

摄政王，1810 年 6 月 5 日于里约热内卢王宫，发澳门天主圣名之城议事会法官、唛嚟哆及理事官。

——*Arquivos de Macau*，3ª. Série，Vol. XI，Nº. 05，nuaio de 1969，pp. 281 – 282.

02. 1895 年 8 月 9 日第 115 号训令

Portaria Nº. 115 de 9 de Agosto de 1895

澳门仁慈堂行政委员会在本月 8 日第五号公文（公文及其附表附于本训令之后）中向我提出陈请，请求自 9 月起停止发行 1892 年 4 月 20 日第 41 号训令批给该仁慈堂的彩票，因为该彩票每月的出售量持续减少，该堂每月遭受的损失不断增加，而这一切又因为一种非常低效率的程序将该堂的基金用于冒险投资。

考虑了该委员会陈述的全部理由，本督完全赞同他们的意见，认同所遵行的制度是不慎重的，拿该团体的基金和在意外情况下委托给它的遗产去冒险是一种该受谴责的错误。

现决定批准仁慈堂行政委员会的决策，暂时停止发售 1892 年 4 月 20 日第 41 号训令所核准的彩票，直至新的办法产生为止。

相关机构和个人遵照执行。

本澳门总督高士德（José M. de S. Horta e Costa），1895 年 8 月 9 日，于澳门政府总督府。

附录：澳门仁慈堂第五号公文

尊敬的辅政司大人，荣幸地通知阁下并请转呈总督大人，本管理委员会在今日会议上决定，自9月起不再发售仁慈堂彩票。

这一决定的理由，阁下会在附表中看到。该表显示，不仅该彩票的发售量每月持续减少，本堂所遭受的损失也在持续增加。这些损失已经显著影响到了本会的基金，倘若没有一个有力的措施使它获得大量报酬，可能会被置于崩溃的地步。

本委员会看到了初期的良好管理，也考虑了该彩票本月销售的严重性（其开彩可在11月得到证实：仅发出彩票362张，其中还不包括各代理人可能退回的件数），因此，本委员会认为不能再继续采用现行的制度，因为它太不谨慎，拿该团体的基金和在意外情况下委托给它的遗产去冒险（或者说完全是一种赌博）是一种该受谴责的错误，所以决定自9月起停止发售仁慈堂彩票，如果总督阁下没有做出相反的决定的话。

我主保佑阁下　澳门政府辅政司　仁慈堂行政委员会主席安东尼奥·若阿金·巴士度（Antonio Joaquim Basto），1895年8月8日，于仁慈堂办公室。

1894年9月至1895年7月1 200张仁慈堂彩票销售情况表

价值单位：元

月份	已售出张数与价值		未售出张数与价值		利润	亏损	本堂应得收入
	张数	价值	张数	价值			
9月	1 177	2 354	23	46	19	—	10
10月	1 089	2 178	111	222	—	148. 49	20
11月	841. 5	1 683	358. 5	717	—	619. 11	195
12月	852	1 704	348	696	—	237. 06	140
1月	848. 5	1 697	351. 5	703	—	334. 62	170
2月	752	1 504	448	896	—	514. 96	1 230
3月	835	1 670	365	730	—	357. 16	425
4月	806. 5	1 613	393. 5	787	—	414. 81	1 430
5月	553	1 106	647	1 294	—	893. 76	1 475
6月	418	836	782	1 564	—	1 061. 51	1 590

（续上表）

月份	已售出张数与价值		未售出张数与价值		利润	亏损	本堂应得收入
	张数	价值	张数	价值			
7月	388	776	812	1 624	—	1 206. 16	665
合计	8 560. 5	17 121	4 639. 5	9 279	19	5 787. 64	7 350

注：1894 年 12 月至 1895 年 7 月，尚未包括因 15% 应得收入印花税的损失。倘若该堂必须支付这些税的话，其间的损失会更大。

至于本月截至本日所发出的 362 张彩票，如果售不出去，各代理人有权退回，所以，结果不会比过去的月份好。

仁慈堂书吏希尔维奥 · S. 达 · 席尔瓦（Silvio S. da Silva），1895 年 8 月 8 日，于仁慈堂办公室。

——*Boletim Official*，Vol. XLI，Nº. 32，10 – 08 – 1895，pp. 340 – 341.

03. 1897 年 8 月 20 日第 111 号训令核准之《澳门仁慈堂彩票章程》

As Instrucções para a Loteria da Santa Casa da Misericórdia de Macau Aprovadas pela Portaria Nº. 111 de 20 de Agosto de 1897

1897 年 8 月 20 日第 111 号训令

鉴于该慈善院院长向我陈请，在可以保证该机构利益的新的制度下重组该种彩票；完全同意该院在提呈本督候批的陈请中所提出的修改；现决定恢复由 1810 年 6 月 5 日王室令所准、目前被 1895 年 8 月 9 日第 115 号训令中止的仁慈堂年度彩票，准予分 12 个月发行；同时批准将仁慈堂发行之彩票批给代售专营权的议案，并遵照下述经辅政司签署、构成本训令组成部分的章程办理。

相关部门和个人遵照执行。

澳门省总督贾列多，1897 年 8 月 20 日，于澳门总督府。

本训令所指的仁慈堂彩票发卖章程

第一至四条 【同1892年5月3日第47号训令核准之澳门仁慈堂彩票章程第一至四条】[①]

第五条 该彩票可由仁慈堂及其代理人售卖，也可依据双方签订的合约，将全部彩票的售卖权批给一个享有专营权的代售者，该合约须经澳门总督批准方可生效。

附款一 向专营者批给彩票销售权采用公开竞投的方式；该竞投过程遵照澳门总督事先批准的章程，在仁慈堂公会，并由该会首董事（Provedor）到场的情况下进行。

附款二 如果将购买和再出售彩票之专营权让与某个人或公司，则该章程第一条所指的彩票计划（彩单），将根据本堂公会与专营者的协议来拟定。

第六条 该彩票不能由仁慈堂赊售，票款应以现金支付，或者有充足之保证。

第七条 中式彩银按照本堂之谢脚单（Oficial Lista）并在票内写明的地点派送，自开票次日起，每个工作日早10点至下午3点均可前来领取。

独一附款 彩银一经支付，该票即告作废。

第八条 倘若中式彩银在开票之后一年内无人到领，则归仁慈堂收取。

独一附款 但是，如果已按第五条规定将售票之权批给了专营者，则该彩银归该人收取。

第九条 【同1892年5月3日第47号训令核准之澳门仁慈堂彩票章程第十条】[②]

第十条 中式彩银见票即要足额给付；至于依照现行或将来法令之规定应纳国课衙门各项公钞，则由仁慈堂负责。

第十一条 所有彩票必须严格依照预先公布的日期、时间和地点开票。

独一附款 未售出之票应按照本章程第十三条A款规定，在开票之前销废。

第十二条 该堂公会应任命三位同会人组成另一公会，负责监督开票相关事项。

独一附款 该堂写字担任该会书吏，将开票行动记入专门的簿册，由该会及政务厅签署，并挑选两名目睹开票现场之证人签名为据。

第十三条 在预先公布的日期、时间和地点，第十二条所指的公会人员必

---

① *Boletim Official*, Supplemento ao N.º 20, 21-05-1892, pp. 153-154.

② *Boletim Official*, Supplemento ao N.º 20, 21-05-1892, p. 154.

须齐集，待政务厅及书吏一到场即刻按照下文规定的程序开始其工作：

A. 全数清点该堂所剩票张，立刻将剩票盖上带有“销废”字样的图章，草拟剩票销废记录，写明剩票之张数及号数，并由各人签名，待开票一结束即将剩票焚毁。

B. 接着点算票号球（Espheras），从第一号至尾号一一核对，查看中式球面所写的彩银是否足额；然后将票号球面投入票号箱，将中式彩银投入中式箱，两箱都用葡中文字写明“票号”“中式”贴于箱体外面。

C. 然后遵循下列规则进行开票程序：

1. 该公会将两箱分别置于一张桌子的左右两边。

2. 每箱旁各置一人叫号，置一小童赤膊探取号球。

3. 该小童自票号箱（Numeros）内取出一球，随即递给该喊号之人，由其高声读出球上号数，相应之中式箱（Premios）旁的小童亦取出一中式球，递给喊号之人，由其高声读出中式号数，即算该号中式；如此持续开票，直至中式箱内之号取完为止。但每次两箱取球不得超过一个，亦不得先取中式球，再取号数球。所取出之球为喊号人读过之后，即交该公会核实。

4. 该公会之写字及政务厅之写字，一面听读，一面把中式号数记入号单。

5. 中式球取尽后号数箱内所剩票号，除了两条旁（Premios por Aproximação）均被视为白票。

6. 如果某箱偶有一次取出两球，即刻将取出之球掷回箱内不宣读号数。

7. 所有开票事宜均载录于记事簿内。

第十四至十六条 【同 1892 年 5 月 3 日第 47 号训令核准之澳门仁慈堂彩票章程第十六至十八条】①

第十七条 为了该彩票记账，应该设立一个专款账簿，一个与代售人或专营者的往来账，在转款账簿中应载录每次开票的实际收入与本身的开销。每个月都必须核算每次开票的净收入。

第十八条 专款账簿中记录的每月净利应该分为三个部分，其中属于省政府的那部分在政府提出要求时可以增加。仁慈堂应得部分应归入本堂总金库，属于政府的那部分应毫不迟疑地付给公物会银库。

澳门辅政司利马（Mario Pires Monteiro Bandeira de Lima），1897 年 8 月 20 日，于澳门辅政司署。

——*Boletim Official*, Vol. XLIII, Nº 34, 21 – 08 – 1897, pp. 435 – 436.

---

① *Boletim Official*, Supplemento ao Nº 20, 21 – 05 – 1892, pp. 154 – 155.

04. 卢光裕、柯六承充八年期包售仁慈堂彩票合约

Escriptura de Locação de Serviços pela qual a Santa Casa da Misericórdia de Macau Cede a Lu – cong – iü e Ho – loc o Exclusivo da Venda de Bilhetes em Macau, 17 de Setembro de 1897

根据1897年8月20日核准的《澳门仁慈堂彩票章程》第五条的规定，现公布经由总督批准的《卢光裕、柯六承充八年期包售仁慈堂彩票合约》。

基督降生1897年9月16日，在澳门仁慈堂会议厅，本公证员应该堂公会（Meza Directora）要求前来，合约签署甲方该会首董事佩德罗·诺拉斯科·达·席尔瓦（Pedro Nolasco da Silva）、乙方居住澳门之成年已婚华商卢光裕、柯六前来。甲方陈出公会本月13日会议决定的鉴证抄件，其原件保存于我的办公处并将转录于本合约的抄本中。据称，经1897年8月20日第111号训令所核准之仁慈堂彩票章程批准，并按照同年8月28日《澳门宪报》所刊辅政司8月21日第591号公文下令发布的8月24日出投公告，拟于9月13日中午一点钟，将总代售仁慈堂彩票专营权出投，其章程贴于本堂办公室，竞投者应向仁慈堂提供一个基于每月彩票总价格的支出和收入的百分比。按照该公告的规定，于上述日期，在公会会上并在政务厅（Administrador do Concelho）到场情况下进行了竞投，结果，该项专营权批给了华人卢光裕，他出价最高，即每月彩票总价值的7%。应卢光裕要求，本执理会同意华人柯六与他合伙经营，于是，卢光裕与柯六成为该项专营权的共同承充人。

该甲方代表席尔瓦还说，承充人乙方已经完成了必需的担保手续，即以本会主席之名义将24 600元的款项存入了香港汇丰银行，其中22 500元系担保彩金，2 100元系担保支出和利润。两笔款项（一笔8 200元，一笔16 400元）均以仁慈堂主席名义存入，并已将存单呈交本堂公会。因此，他作为签约甲方，代表仁慈堂公会以本合约确认，本月13日，按照开投当场所公布并将在下文转录的章程，以公开竞投方式，将代售仁慈堂彩票专营权批给了卢光裕和柯六两位华人。

承充人乙方卢光裕、柯六透过翻译官马忌士（Eduardo Marques）和前面提到的证人称说，他们据此合约确认，在本月13日竞投之时曾承诺，愿按照每月彩票总价的7%向仁慈堂支付款项，以作为仁慈堂向他们批给彩票代售专有权的代价，并承诺忠实履行竞投当场所呈出并将在下文转录的章程条款，愿

意接受该章程所规定的处罚规定，这些规定已经透过华语翻译而获知晓。

签约双方还称说，现已经商定，本合约获得本省总督批准后方可有效，并开始实施，双方必须严格遵循该专营权承充章程，其内容如下：

第一条 总代售人卢光裕和柯六必须按照下列 A、B、C、D、E 和 F 各项所规定的条件，全数承买仁慈堂月度彩票，作为交换，必须支付经本省总督所批准的派彩计划（彩单）中规定的彩银，并每月按照月度彩票总金额 7% 的比例向仁慈堂给付支费和利润。

第二条 本合约有效期八年，自合约获本省总督核准之后一个月起算；这一个月确定为预备期。

第三条 每月度彩票总价值不得低于 10 000 元，倘若偶然某个月低于 10 000元，承充人向仁慈堂给付支费与利润的比例仍以每月最低数 10 000 元为基准计算。

第四条 合约的第一年确定为试办期，倘若这一年内连续两个月未能售出月度彩票的半数，则承充人可以放弃合约；这样的话，虽然不再继续经营彩票，但承充人仍须每月向仁慈堂支付 600 元，直至合约第一年届满。在证明已经给付了全部彩金并全数付清了给仁慈堂的支费与利润后，承充人可领回保证金。

第五条 倘若承充人在合约试办期届满之后的任何时间违反本合约，合约将被注销，其所缴存的保证金将全数归仁慈堂充公，而仁慈堂仅负责给付已售出彩票的彩金。

第六条 仁慈堂公会将尽力协助承充人追收彩票出售后的欠款，但不对这些欠款及其收取承担任何责任。

第七条 承充人无须为售出彩票和彩金支付印花税（旧译“印厘”）；中式彩票的购买人也无须支付该税。倘若强迫征收此税，则该合约即告作废，在证明已经给付了售出彩票的彩银后，仁慈堂须返还承充人的保证金。

第八条 合约到期之前，即使出价更高，仁慈堂也不得将该生意专营权转批给任何其他个人或公司。

第九条 合约届满时，承充人在相同条件下有继续承充该生意的优先权。

第十条 合约双方必须遵守下文 A、B、C、D、E、F 各项所载有关彩单、票张、派彩、开票、担保和仁慈堂支费与利润之给付（旧译“纳用”）等规定。

A 项：彩单

1. 彩单按照承充人与仁慈堂公会达成的协议拟定，并由该公会呈送本省总督核准。

2. 承充人应提前三个月将彩单提交给仁慈堂，并提前两个月将其公之于众。

3. 彩单必须遵行且不可偏离之规则包括：（A）彩票每月开彩一次（会）；（B）每期彩票总价值的四分之三用于彩银开派，不得有任何扣留；（C）每期彩票总价中剩余的四分之一归承充人所有，以抵充费用；（D）彩单中应载明每张彩票的价格、中彩的名数以及每份彩银的数额；（E）彩单中应列明开彩的日期和时间；（F）开彩在澳门进行，采用现行之法，即有一位仁慈堂公会代表在场并在西政务厅监督之下公开进行。

B 项：彩票（票张）

1. 该彩票仍以仁慈堂名义发售，但其中文名称定为“澳门彩票”（Lotaria de Macau）。

2. 该彩票仍由仁慈堂首董事（Provedor，执事）加盖名印。

3. 该票张系归仁慈堂刊印并盖钤记，其费用系由仁慈堂支理。

4. 该票张花样颜色可以更改，但须由承充人与仁慈堂商酌而定方可。

5. 该票张如已印成并已加盖仁慈堂印记，应交给承充人，以便提前两个月做好售卖准备。

6. 该承充人如欲预先多出一会或两会彩票，须向仁慈堂请准，并须照所请多出若干会之全数票价另行加缴担保中彩及纳用两项担保银方可。

7. 每号一张分为十则，每则列明号码、价银、开票日期、领取彩银处所、下回开票日期，并在其反面刊载彩单大纲。

8. 仁慈堂发出票张须将票根一并交予承充人。

9. 承充人每月须在双方协商的时间将已收彩银之中式彩票全数呈交仁慈堂公会或者它的代理人，以便将它们销毁；仁慈堂应设立一个专用登记簿，将已收回中式彩票的彩银数额、所销毁彩票的日期和号码详加注明。

10. 仁慈堂可在票张上盖用其自知之特别暗记，以便辨认票张之真伪。

11. 如有挖改票张或票张损烂致使号码看不清和不能看清票内重要记号，则均不得认定为真票。

12. 承充人亦可在票张上加盖其自己的印记，以为认志。

13. 每张票之价格、每会中式彩数、每彩得银金额等，均由承充人拟定，但须遵行本合同 A 项第三条规定而行。

14. 每会彩票全数之价不得低于一万元。

C 项：派彩

1. 当有人陈出中式之票，由承充人指定并经仁慈堂公会核准之澳门华人银店，必须全数给付该票所中之彩银，不得有分毫扣减；而该银店之字号亦应于票内载明。

2. 若有中式票未能按照前条规定收取彩银，则仁慈堂可将承充人所交存之彩银担保银取出，以代支彩银；果如此，则承充人须于十日内将仁慈堂代为派出彩银之款项如数交回；否则，仁慈堂可停止发售下会彩票。

3. 倘若中式票在开票之后一年内未陈出以领取彩银，则该中彩权即告作废，中式之彩银归承充人所有。

4. 每会谢脚单（A Lista de dos Bilhetes Premiados）须由仁慈堂出资于开票后即刻刊布，广为散发。

D 项：开票

1. 开票将在由仁慈堂选定之澳门某处公共地方并在西政务厅监督之下进行。

2. 开票之日期和时间由承充人与仁慈堂协商确定，并在彩单中载明。

3. 除开承充人自愿出资另行购买新机器，凡开彩所用设备由仁慈堂出资购置。

4. 所有开彩之费用，以及刊印彩单、票张、谢脚单之费用，俱由仁慈堂支理。

E 项：担保

1. 承充人须提供两项担保：一为担保彩银，二为担保第一条所定仁慈堂支费溢利之用银。

2. 若承充人不要求预先多出两会票张，则其担保派彩之银应照三会合计应派中彩之数交出；若承充人欲先多出一两会或数会票张，则须另行照其所多出之会应派中彩之数合计加交担保银。

3. 担保仁慈堂支费溢利用银亦照三会票张合计应纳之数交出。

4. 承充人若要加票，则须照所加票张全数之价交出此两项担保银。

5. 此两项担保第一会之款项须用现银交出，并以仁慈堂会长（Provedor，旧译首董事）之名存入香港一家银店；其他各会之担保银，可以是存入香港之银店的存款，经仁慈堂公会核准并由主席出名注册的香港之担保银店的股份，亦可以是坐落于澳门且由承充人出资买过火险的物业。

（A）若系用物业或公司股份作为担保，承充人所提交之物业和股份的价值必须大于担保银总额的三分之一；

（B）若系用公司股份作为担保，倘若仁慈堂公会因对其信用和保证信心不足而拒绝接受香港银店的股份，则无须向承充人说明理由。

6. 若系用存入香港之银店的存款作为担保，则利息归承充人，但存款必须以仁慈堂主席（Provedor）名义交存。

F 项：纳用

按照本合同第一条之规定，承充人须每月向仁慈堂支付溢利支费用银；此银限开票后三日内交清，不得拖延；若有拖延，仁慈堂即可在其交存的该项担保银中扣拨。

签约双方称说，一定严格履行上述各项规定，故立此合约。该合约已经本公证员和翻译官向前面提到的各位高声宣读并解释清楚，他们与我一并签名为据。澳门按察司衙门公证员事罡（Augusto Irmino Serpa）缮立此约，并加盖印章。仁慈堂主席施伯多禄（Pedro Nolasco da Silva）。卢光裕与柯六以汉字签名，由翻译官马忌士翻译，并同在合约上签名。证人赛宫尼诺·安东尼奥·诺卢尼亚（Segundino Antonio Noronha）、希尔维奥·希尔维尼奥·达·席尔瓦（Silvio Silvinio da Silva）证明情况属实。印花税票戳 8. 24 元。

附录：1897 年 9 月 13 日仁慈堂公会会议决定抄件

1897 年 9 月 13 日在澳门仁慈堂公会会议大厅，由公会主席施伯多禄主持，本人担任秘书，并由政务厅坎西奥·若热（Cancio Rorge）律师到场，召集各位执事（Irmãos Mezarios）开会。本公会主席开场称说：自从选举了一些新执事后，公会尚未集会举行宣誓仪式，是故值此机会召集诸位新执事前来举行宣誓。接着，阿尔梅达（João Eleutero d'Almeida Junoir）、阿尔瓦雷斯（Eugenio Marciano Alvares）、巴士度（José Maria de Castro Basto）、席尔瓦（Claudio Ignacio da Silva）、马萨尔（Fortunato Maria Marcal）、帕苏斯（Luiz Marcos dos Passos）和阿尔维鲁斯（Francisco de Mello Lemos e Alvellos）到场，按照仁慈堂章程第十三条规定分别进行了宣誓并签署了宣誓词。宣誓结束时主席说：本次会议的主要目的是，按照 8 月 24 日有关公告的规定，并遵照 1897 年 8 月 20 日训令核准之《澳门仁慈堂彩票章程》第五条的规定，进行彩票总代售专营权出投。主席又说：据本省辅政司署第 591 号公文载，本省总督已经批准了以葡中双语书写并张贴于本会办公室门口的出投章程，所以，竞投者已经全部知悉合约内容，因而竞投可以开始进行。本会司库宣布，卢光裕、柯六两人已经分别存入一万元而获得竞投资格，仅有这两人竞投。接着，该公会主席按照会议的决定向喊价人立奥纳多·达·卢斯（Leonado da Luz）下令竞投开始，接受竞投者对每月须给付仁慈堂纳用之百分比的出价。竞投开始后，两位竞投者喊出了不同的出价，最后，最高的出价为百分之七。鉴于喊价人持续喊价较长一段时间，竞投者的出价没有任何改变，公会主席便宣布，按照公会会议的公告，竞投结束，接受百分之七的最后出价，于是，根据上文提到的合约条款，仁慈堂彩票代收专营权暂时批给卢光裕。按照相关章程规定，该中标人须在48小时内完成必需的担保，并当公证人面前签署最终合约（Contrato Definitiva，旧译寔合同），报督宪批准后生效。会议结束。本秘书及在场的执事、政务厅、中标人和喊价人共同签名：秘书亚宋生（Carlos A. R. d'Assumpção）、主席施伯多禄、布兰当（Antonio José Brandão）、罗连索（Eduardo Cyrillo Lourenço）、若泽·达·卢斯（Patrio José da Luz）、若泽·达·席尔瓦（Constancio José da Silva）、门东萨（Firmino Machado de Mondonça）、卢光裕（中文名，由翻译官马忌士翻译）、弗兰西斯科·达·卢斯（Leonardo Francisco da Luz），政务厅坎西奥·若热在场。

作为补充，仁慈堂公会授权公会主席按照上述条款和百分比签署最终合约。会议结束时签署该补充决定，由本秘书及上面提及的各位执事签名为据：秘书亚宋生、主席施伯多禄、布兰当、若泽·达·席尔瓦、罗连索、门东萨、若泽·达·卢斯。此为原件之全真抄件，原件存于仁慈堂公会会议记录簿内第七十二页反面至七十四页反面，由本秘书书写。秘书亚宋生，1897年9月15日，于澳门。

抄件与原件完全相符。原件存于我负责书写的第十八册记录簿内第十九页，仁慈堂公会1897年9月13日决定的抄件存于我的档案柜。本人，按察司衙门公证员事罢，签署盖印，确认属实。公证人事罢，1897年9月18日。

1897年9月24日补充条款

基督降生1897年9月24日，在澳门仁慈堂会议厅，本公证员应该堂公会执事要求前来，合约签署甲方，即本会首董事（主席）施伯多禄（Pedro Nolasco da Silva）、乙方即代售仁慈堂彩票专营承充人卢光裕、柯六前来。甲方代表陈出仁慈堂公会是日决定之副本（将转录于本合约后面）。甲乙双方透过澳门译务署正翻译官马忌士（Eduardo Marques）称说：按照仁慈堂公会9月24日会议决定，作为对9月17日所签立之《总代售仁慈堂彩票合约》的补充，双方议定如下：

第一条 全部废除上述合约第九条有关印花税征收之规定。

第二条 按照前述合约第一条所定乙方须向仁慈堂支付支费溢利之比例，由各月（会）票张总值的百分之七提高至百分之八。

甲乙双方还称说：上述补充条款构成前述《总代售仁慈堂彩票合约》不

可分割之组成部分，一定严格遵行。合约经由本公证员高声读过，并由上述翻译官讲解清楚，双方当证人若泽·潘克拉西奥·达·席尔瓦（José Pancarcio da Silva）和希尔维奥·希尔维尼奥·达·席尔瓦（Silvio Silvinio da Silva）面前，称说同意并接受合约。由本公证员一同签名。仁慈堂主席施伯多禄、卢光裕、柯六（以汉字签名）、正翻译官马忌士、证人若泽·潘克拉西奥·达·席尔瓦和希尔维奥·希尔维尼奥·达·席尔瓦。公证员亚宋生证明合约属实。

附录：仁慈堂公会会议决定抄件

1897年9月24日，在澳门仁慈堂公会会议厅，由主席施伯多禄主持，本人为该会议秘书，由下列签名的执事集会，做出决定：公会主席称说，召集此会，为的是通报本月24日省政府辅政司署第678号公文，内称："作为对该会本月19日第32号公文及所附仁慈堂与卢光裕签署的总代售仁慈堂彩票专营合约的回应，总督阁下着我将文件退回，不予批准，因为，该堂公会应该寻求获得更高的纳用比例并缩短期限。该比例决不能低于发出票张总值的百分之八，除非专营者同意将专营期限减至四年，否则在任何情况下都不能接受百分之七。督宪还认为应该删除合约中第七条的规定，因为目前并不存在印花税，即使将来确定了该税，也会免除承充人。如果承充人同意上述修改，可依照法律程序签署一个补充合约。倘若承充人坚持维持合约中的所有条款，这个考虑无效，将进行新的出投。澳门辅政司署，1897年9月24日，辅政司利马（Maria B. de Lima）。"

公会主席还说，已着人召集两位承充人卢光裕和柯六，他们已经到场，翻译官马忌士也应主席之邀到来，所以，询问与会者是否可以现在就把辅政司署公文的内容告知承充人，或者某位执事有别的话要说。本公会秘书发言，他说，即使第七条写入此前已获准作为专营合约的条款，也可以肯定，督宪大人是该机构的监护人，只能接受已经做出的指示；至于将百分比提高至百分之八，可投票表决一个可以被承充人接受的建议。没有其他人要发言。接着，由前文提到的翻译官马忌士将辅政司署的公文口译成中文，卢光裕和柯六宣称，同意删除合约中的第七条，因为现行法律完全免除了仁慈堂彩票的印花税，并同意将给付仁慈堂纳用的比例提高至百分之八，但同时宣布，百分之八是他们可以给付的最高比例。

鉴于这一回复，仁慈堂公会决定，签署一份对9月17日专营合约的补充合约，确定删除原来合约中的第七条，将给付的比例提高至百分之八；并决定，授权公会主席施伯多禄签署该补充合约。该会议还决定，交付第一会彩票之前，应该按照纳用比例百分之八相应增加纳用保证金的数额。别无他事，会议结束，签署会议决定，由本秘书撰写并读过，到场的执事、仁慈堂彩票承充人、翻译官马忌士各签名为据：秘书亚宋生、主席施伯多禄、罗连索（Eduardo Cyrillo Lourenço）、司库布兰当（Antonio José Brandão）、门东萨（Firmino Machado de Mondonça）、若泽·达·卢斯（Patrio José da Luz）、费尔南德斯（Jorge Carlos Fernandes）、阿瑟·巴士度（Arthur Antonio da Silva Basto）、卢光裕、柯六（以汉字签名）、正翻译官马忌士。此为原件之全真抄件，原件存于我负责书写的会议决定簿内。仁慈堂秘书卡洛斯·亚宋生（Carlos A. R. d'Assumpção），1897 年 9 月 25 日，于澳门。

原件存于我书写的公证书簿第十六册内第二十五页反面。公证员若昂·亚宋生（João Carlos Rocha d'Assumpção）撰写并盖印，确认内容真实。

辅政司利马，1897 年 9 月 30 日，于澳门辅政司署。

——*Boletim Official*，Vol. XLIII，Nº 40，02－10－1897，pp. 488－491.

05. 1905 年 11 月 3 日敕令核准之《澳门仁慈堂彩票出投规则》

Regulamento para a Arrematação do Exclusivo da Loteria de Misericórdia de Macau Aprovado pelo Decreto de 3 de Novembro de 1905

澳门仁慈堂彩票一直构成该乐善好施的慈善机构最重要的收入之一，后来根据 1902 年 6 月 28 日敕令规定，对该彩票净收入加收的百分比又构成了国家和该市议事会的重要收入。

按照现行制度，仁慈堂将其每月发行的彩票以专营权的形式批给了承充人，按照承充人与仁慈堂公会协商编订并经总督批准的彩票计划发售。这种制度对该彩票的发展起了重要作用，正如经验所表明的那样，因为它方便了彩票的赊售。但是，如果不能强制要求承充人做出严格的保证，就不能允许采取这种方法。应该看到实行另一种更有利于该机构的批给方式的合理理由，它可以找到必要的手段更好地实现其慈善施救的目的。

此外，允许承充人所获取的收益超出其工作、责任、义务以及保证金的存款应得的合理补偿，也是不合法的。

处理财产的方式对那些利益也是很重要的。承充人必须按照彩票的需求规范彩票的计划，而仁慈堂公会可以通过间接或直接方式从澳门、其他殖民地或外国获得有关信息来掌握有关情况。

最后，政府对彩票发行的整个过程实施主动的、直接的和专门的监督，也是完全必要的，以免出现因为缺少规则而对那些利益造成损害，从而对该机构的信用乃至国家带来损害。

该彩票专营权批给中现行的规则和合约中的条款，不能实现发行这一彩票所应该达到的目的。

鉴于上述情况，经与海外咨询会酌商，现颁布如下敕令。

第一条 1902 年 6 月 28 日敕令第一条第一款所指总代售澳门仁慈堂彩票生意之出投，将在依据 1903 年 10 月 3 日《海外省财政管理总章程》第六章第一百五十六条所定之公会面前进行，并遵循下列规定：

1. 省国课衙门应在本省总督做出决定之前发布招投公告，公告发布时间应至少比开投日期提前 60 天，比现有合约届满期提前 6 个月。该公告将在《澳门宪报》及本省总督认为合适的其他报刊上刊布。

2. 按照公告内的规定，出投用暗票进行；暗票与担保银存单须在出投当场呈给该公会；若有数票出价相同，则由同价者以此同价为底价再行明投。

3. 该公会若认为所出之价不合意，有权不准承充。

4. 合约期限确定为 5 年，且任何情况下均不得延长。

5. 倘若该公会认为合宜，承充合约将批给向仁慈堂出价（即所发出彩票总价之百分比）最高者，则 1902 年 6 月 28 日敕令所确定之最高限额即告无效。

6. 倘若承充人不能履行该合约中针对他们的任何一款，合同即被撤销，他们所提交的所有保证金将被仁慈堂充公。

7. 承充人须在每次开票后 3 个月内向仁慈堂提交已经给付彩银的中式彩票，以便由仁慈堂公会加以销毁；该公会应备有移交和销毁登记簿，详细记录每张已销毁彩票的号码和彩银。

8. 承充人还必须将一笔与开彩后待付彩银的总价相等的款项付给仁慈堂公会；此后至开票后一年内，仁慈堂负责给付所陈出的中式彩票的彩银。

9. 按照 1902 年 6 月 28 日敕令第一条第四款规定，未在第八条所规定的期限内申领的彩银，将被算作利润。

10. 每会（期）彩票的总价不得低于 100 000 元，但合约期内的前四期，可低至 50 000 元。

11. 只要连续三期彩票的彩银高出其票面价格百分之十，则承充人必须从继起的第三个月起按照同一比例增加每期彩票的价格，仁慈堂公会应对此做出通告。倘若在上述期限内彩票的彩银下降，则可将每期彩票的总价格递减，直至减至第十条所定的100 000元底线。

第二条 澳门省督理国课官负责监督彩票之运作，他必须亲自或由其代表主持开票过程，仁慈堂两位会员和西政务厅亦必须到场。

第三条 现行专营合约中未被本敕令改变和废除的条款，在未来的《总代售澳门仁慈堂彩票专营合约》中继续有效。

海事海外部遵照执行。

国王，1905年11月3日，于王宫。曼罗埃尔·安东尼奥·小莫雷拉（Manuel Antonio Mareila Junir）（附签）

——*Boletim Official*, Vol. Ⅵ, Nº 1, 06-01-1906, pp. 2-3.

06. 1909年12月16日敕令核准之《澳门仁慈堂彩票章程》

Regulamento da Lotaria da Santa Casa da Misericórdia de Macau Aprovado pelo Decreto de 16 de Dezembro de 1909

澳门省总督向本王提出陈请，修改仁慈堂彩票运行与监察的现行法令，以降低彩票的价格，让不同地区的大众买者、特别是低层人士可以买得起。急需将仁慈堂彩票置于更加便利的条件下，以使其更有效地适应社会环境。征询了海外咨询委员会及部长会议的意见，依据《大西洋新增国政律典》第十五条第一款授予之权力，现颁布敕令如下：

第一条 批准下述由海事海外部部长签署、构成本敕令不可分割之组成部分的《澳门仁慈堂彩票章程》。

第二条 废除与此相反的法令。

海事海外部遵照执行。

国王，1909年12月16日，于王宫。

澳门仁慈堂彩票章程

第一章 仁慈堂彩票及其收入之用途

第一条 澳门仁慈堂继续开办由1810年6月5日命令状所批准、1902年6月28日法令第一条新近确认的仁慈堂彩票。

第二条 该彩票开办之支费用该彩票之收入支付。

独一附款 这些支出由仁慈堂编制的预算列明并报请澳门公会（Conselho da Provincia）批准。

第三条 该彩票之净收入按照下列方式进行分配与使用：

1. 如果每月净收入不超过1 100元，这笔收入全数返回仁慈堂教友会，用于维持它所负责的福利工程。

2. 如果每月净收入超过1 100元但不足3 000元，仁慈堂教友会每月首先收取1 100元，用于它的开支；剩余款项全数平均分成五份，其中三份归政府所有，打入该省公物会银库，一份作为补助金归海外研究会（Instituto Ultramarino）所有，同样打入该省公物会银库，以便转拨王国；第五份拨入议事公会银库，用于公益工程。

3. 仁慈堂公会应在彩票开票完成后十日内完成清算并付讫所分配的款项。

4. 如果每月净收入达到或超过3 000元，将按照下列办法分配：百分之五十归政府所有，打入该省公物会银库，并将其中不低于五分之一的款项转拨王国，作为给海外研究会的补助金；百分之十五拨入议事公会银库，用于公益工程；百分之三十五归仁慈堂所有，用于慈善工程。

附款一 因时效丧失而无效的彩银将被视作该彩票的净收入，并按照本章程的规定被分配；

附款二 在第十四条第十二款独一附款以及第十三条所规定的情况下，失效彩银的收入的用途在本章程的规定中确定。

第二章 彩票开办的两种制度

第四条 由澳门仁慈堂教友会开办的彩票采用下列两种方式中的一种。

1. 由仁慈堂公会直接操办的自由售票制度；

2. 以专营承充方式代售彩票。

附款一 专营承充权总是优先批给提供最安全、最稳定和最有增值保证的竞投人，只有因情况特殊而无法实现时，才允许改用另一种制度。

附款二 只有当该公会提交报告，陈述将彩票尽数售出之高度可能性的理由并得到该省总督训令核准时，才能实行由该公会直销的自由售票制度。

第三章 两种开办制度的共同规则

第五条 采用任何一种开办制度，该彩票都必须遵循本章所规定的共同规则。

第六条 该彩票继续以仁慈堂的名义开办，但其中文名称改为“澳门彩票”。

第七条 彩单应由该公会编制，并报请该省政府批准，然后在该省《政府公报》上刊布。

第八条 彩单编制必须遵守且不得偏离的基本规则包括：

（a）该彩票应每月发行，或者根据情况需要在更短的时期发行；

（b）每会（Serie）彩票总价值的四分之三全部用于分派彩银，不得有任何减扣；

（c）每会彩票总价值剩余的四分之一属于仁慈堂的支费与利润；

（d）彩单中应写明每张票的价值、派彩份数和每份彩银的金额；

（e）彩单中还应写明开票的日期、时间和地点以及派彩的地点。

第九条 彩票应该遵行下列规定：

（a）每张彩票须有底根存据，分为十则或二十则，或按照最便于彩票销售而部分分为十则，部分分为二十则；

（b）每张彩票须盖有仁慈堂图章；

（c）彩票须由仁慈堂主席（旧译“首董事”）加盖印章；

（d）各会所开之票印制须有不同，以便容易辨认；

（e）除了奉仁慈堂之命将彩票分为十则或二十则外，任何人不得再分则数发卖；

（f）每张票卖出时应从其底根剪下，以便在给付彩银之前以票张与底根相合确认其为真票；

（g）所有彩票都由仁慈堂负责印制盖章，并支理相关费用；

（h）所有彩票的标识都由该堂公会确定；

（i）每十则或二十则彩票应标明彩票的序号、十则或二十则的价值、开彩日期、派彩地点，并在背面书写彩单大纲；

（j）仁慈堂可在彩票印制中采用任何只有它才能识别的标记，以便确证票张的真伪；

（k）因破损和碎烂而不能辨认号码和其他基本标识的票张，不能被视作有效票；

（l）中式票张在给付彩银后即告作废，将票号载入一个记录簿，然后当该公会一位代表面前焚毁；该记录簿应由出席焚烧废票现场的政务厅签名。

第十条 彩银应遵循下列规定：

（a）彩银须在陈出中式彩票时全数给付，不得有任何减扣；

（b）倘若中式彩票在开票之后一年内未有陈出到领，则彩银归仁慈堂所有；

（c）仁慈堂应在开票后以最快速度刊布谢脚单，由该会主席签字、加盖仁慈堂图章，并大量散发；

（d）谢脚银应按照谢脚单并在票张上写明的地点给付；

（e）若陈出的中式票张带有伪造的标记，则停止给付彩银，直至最后证实为止；

（f）如果被认定伪造，将交由有权限部门执行其法律效力。

第十一条 抽彩遵循下列规定：

（a）抽彩须在澳门仁慈堂维持而专设的大堂举行，采用现行的制度，用经过核准的机器，当一个由本会三位执事组成的代理会面前，并接受由书吏陪同的政务厅监督；

（b）抽彩的用具由仁慈堂提供；

（c）抽彩、公布彩银、印制彩票和谢脚单等项费用，由仁慈堂支理；

（d）由仁慈堂公会委托负责监理开票的三位执事组成一个委员会，本公会主席为该会成员并担任主席，主席不在时，由仁慈堂公会最年长的书吏充当秘书；

（e）开票的结果由这位仁慈堂书吏记录于一个专门的簿内，并须由三位代表、政务厅、两名证人及秘书签字，开票的所有结果都应该记录在该记录中。

第十二条 开票过程遵循下列规定：

（a）在事先确定和公布的日期、时间和地点，前条提到的代表委员会开会，待政务厅及其书吏一到，即可开始其工作；

（b）首先点算票号球面，以确认从首号到尾号是否对应，接着点算中式号球面，以确认是否有遗漏；

（c）点算结束后，令人将球面投入相关的票箱，接着按照下列规则进行开票：

1. 票号箱和中式箱分别置于监理会桌子的两边，每个箱子旁有一叫号人。

2. 自票号箱每次只能自动取出一个球面，递给叫号人，由其高声读出相应的号数，然后即可交给委员会加以必要的确认。

3. 在对应的中式箱重复同样的操作，将抽取球面上描写的彩银归入刚才读过号数的票号；任何中式球面的抽取必须在票号球面抽取与读号之后进行。

4. 如此反复进行抽取，每次只能抽取一个球面，直至中式箱内的彩银取完为止。

5. 在票号和中式号宣读的同时，委员会秘书和政务厅书吏分别在他们的记录本内记录下票号及其所应得的彩银。

6. 中式球面抽取之后剩在票号箱内的号数被视为白号，但任何一个票号都有权获得相邻中式号的彩银（Premios por Aproximação）。

7. 如果偶尔某一次取出了不止一个球面，则要将球面掷回票箱，不得宣读号数。

8. 票号球面和中式球面必须全数置于铁质票箱内，在开票之前接受公开检验，在抽彩过程中，读过号数并被验证之后即将中式球面与其对应的票号球面相继投入一个铁丝网内，立刻向公众展示。

9. 有关开票的所有操作都必须公开。

第四章　自由售卖制度的特别规则

第十三条　倘若采用自由售票制度，则须遵守本章所包含的规定。

附款一　彩票须由仁慈堂直接销售，或者由其代理人包售。

附款二　这些包售代理人在购买彩票时可得到一个折扣，该折扣由仁慈堂公会视情况需要而确定，并报请省政府批准，并且至少提前十天在本省《宪报》刊布。

附款三　应该至少提前十天公布开始发售彩票的时间。

附款四　仁慈堂公会不得赊账发售彩票，其彩票价格须以现款或者在本澳通行的银行钞票（Notas de Banco）支付。

附款五　彩票的价值可由包售人提供担保，可以是物业抵押，也可以是本公会信任和接受的公司的股份的质押，在两种情况下都要以公会主席的名义注册，且要多三分之一的价值，任何情况都不接受以人身担保为基础的担保。

附款六　因时效丧失而作废的彩银归仁慈堂所有，并按照第三条的规定进行分配。

附款七　没有售出的彩票应在开票之前用一个盖有“已作废”字样的图章宣布其作废，受托监督开票的执事委员会应下令由该会秘书预先写好一个作废决定，其中应列明将要在开票之前被焚毁的作废票的号码，该决定亦应由政务厅签名。

第五章　承充制度的特别规则

第十四条　该彩票的专营承充制度遵行本章所确定的规则：

1. 彩票专营合约条款由仁慈堂根据本章程制定，报请本省总督核准，所提交的合约草案应包括所有条款，仅在就每会彩票总值所应支付的百分比处留下空白，以便就这个百分比进行竞投。

2. 该合约条款应由仁慈堂公会在新合约开始实施之日前八个月制定并报请总督核准。

3. 仁慈堂彩票销售专营权之出投，应在1901年10月3日《海外省国课管理总章程》第六章第一百五十六条独一附款所指的公会面前进行。

4. 经总督核准后，该省国课衙门应在竞投之日前至少六十天、新合约开始前六个月发布出投公告；该公告应在本省《宪报》及本省政府认为合适的其他杂志上刊布。

5. 专营权竞投应以密封标书提出（旧译“暗票出投”），按照公告中的内容书写，在开投当场提交该竞投公会，并按照省政府的规定缴存保证金（旧译“押票银”）。倘若所出最高价出现两票或两票以上相同，则由同价之票以所出高价为底价再行明喊出投。

6. 该公会若认为所出高价不合意，有权不准承充。

7. 承充合约最长期限为八年，在任何情况下均不得延长。

8. 合约将批给向仁慈堂提供售出彩票总值之百分比最高的竞投者。

9. 如果承充人不能履行合约对其规定的任何条款，合约将被注销，其所提交的保证金将被仁慈堂充公；其款项将用于支付彩银及售出彩票的费用；如果有剩余，在开票之日满一年后，即视为净收入，并按照本章程第三条及其附款的规定进行分配。

10. 承充人如果在连续两个月内未能售出发出彩票的一半，并在开票之前向仁慈堂公会交回了未售出之彩票，则该承充人有权提出中止合约，其缴存的保证金不被罚没，仅须支付彩票印刷费以及仁慈堂已承担的其他费用。

11. 该承充人必须在每会开彩之后三个月内将已付中式彩银的中式彩票交回仁慈堂，以便加以焚毁；该公会应撰写移交及销废记录，载明每张作废彩票对应的号数、碎块和彩银，政务厅亦应出席销废彩票的现场。

12. 与前条所指的彩票一道，该承充人亦应将一笔与同一次开票后三个月内尚未给付的剩余彩银相等的款项交给仁慈堂；自此到开票之日起一年内，仁慈堂必须完成向陈出中式彩票的买主支付彩银。然而，如果承充人愿意代仁慈堂公会支付这些彩银，则承充人必须按照已经支付的款项领回彩银，中式彩票应该事先交回仁慈堂公会。

独一附款 如果承充人在开票之前五日内陈出证据，表明澳门彩票的票张在转运中被所经地区或国家的当局查获和没收，并提供一份关于这些票张的号数的报告，该公会将考虑这个通知；如果到中式彩银时效结束，这些彩票尚未有人陈出到领彩银，则这些彩银全数归承充人所有，并必须遵守第十四条第十二款的规定。

13. 其余因时效丧失而失效的中式彩银的收入将被分成均等的两份，一份归承充人所有，该公会应在一年内全数交给他；另一份归入彩票进项账户，并按照本章程第三条的规定进行分配和使用。

14. 每会彩票的总价值不得低于30 000元，但如果承充人愿意也可以发售每会价值低于30 000元的彩票，并事先与仁慈堂公会协商制定彩单，但在这种情况下，应给付仁慈堂纳用的百分比，仍按照最低价值30 000元计算。

独一附款 本条所定的最低限额，在情况需要、公会提议并经总督批准后可以增加。

第十五条 彩单由仁慈堂公会与承充人协商制定，为了证实这一协定，报请本省总督核准的彩单应该由承充人与公会主席一同签署。

附款一 这些彩单应该提前三个月报请本省总督核准，并很快予以公布。

附款二 编制彩单时，该公会与承充人可视情况需要增加或者减少彩票及彩银的价值。

第十六条 该彩票继续由仁慈堂按照总督核准的彩单发行，该承充人必须购进所发行的全部彩票。

第十七条 该承充人自仁慈堂公会收到彩票及其底根后，必须支付经核准的彩单中写明的彩银，并必须按照竞投现场确定的以发行彩票总价值的百分比向仁慈堂支付纳用（Lucros e Despesas）。

附款一 中式彩银须由该承充人在陈出中式彩票时以本澳通行之银行钞票全数给付，不得有任何减扣；仁慈堂的纳用款须在开票之后三日内在仁慈堂办公室以本澳通行之银行钞票给付。

附款二 在确定用于派彩的彩票价值中扣除百分之七十五，剩余的百分之二十五归承充人。

第十八条 该承充人必须提供两种担保，即彩银担保和仁慈堂纳用担保（纳用必须按照发行彩票总值的百分比支付）。

附款一 如果承充人无意提前得到两会彩票，彩银保证金应该等于三会彩票中式彩银的总量，但是如果承充人想要提前得到一会或两会的彩票，则彩银担保金相应增加。

附款二 纳用百分比保证金应该等于三会彩票百分比计算得出的总值。

附款三 该承充人应该按照发行彩票总值增加的比例增加保证金的额度。

第十九条 不论彩银担保还是仁慈堂纳用担保，首月须以现金交付，须以公会主席名义存入本公会挑选的银行；其余月份的保证金，可以是存入银行的存款，可以是通过了公会评估且以公会主席名义登记的香港的公司的股份，也可以是位于澳门且买过火险的抵押物业。

附款一 不论物业还是银行股份，作为承充人提供的保证金，只能接受为保证金总额的三分之一。

附款二 如果仁慈堂公会因不能确信银行的可靠性而拒绝接受任何银行股份，不必做出解释。

附款三 银行存款保证金由缴款人自负盈亏，且以公会主席的名义存入由公会选定的银行。

附款四 存入银行的保证金的利息归承充人所有。

第二十条 如果承充人未能在中式彩票陈出时给付彩银，并在每会开票后过三日未给付仁慈堂纳用款，则仁慈堂公会有权提取承充人提交的彩银保证金和纳用款保证金，以便用来给付中式彩银和欠交的纳用款；在这两种情况中的任何一种情况下，在承充人重新支付了被提取用于支付彩银和纳用的款项以再次完成担保之后，方可向承充人发出新的彩票。

第六章 记账

第二十一条 该彩票的记账将使用专用账簿，其中须记载所有实际收入和实际开支的变动。

独一附款 每个月都应进行结算，核算出每个月的净收入，以便按照本章程第三条的规定进行分配。

第二十二条 根据彩票开办所采用的制度，同样设仁慈堂与承充人之间或者仁慈堂与其代理人之间的往来账户。

第二十三条 本省政府在听取仁慈堂公会意见后，可依照情况的需要向中央政府提出修改本章程的建议。

曼努埃尔·达·德哈·佩雷拉·维亚纳（Manuel da Terra Peileila Vianna），1909年12月16日，于王宫。

——*Boletim Official*, Vol. X, Nº 6, 05-02-1910, pp. 36-39.

七、澳门译务署与译学馆

BOLETIM DA PROVINCIA

DE MACAU E TIMOR

報憲捫地門澳

SEGUNDA-FEIRA, 22 DE MARÇO DE 1886.—SUPPLEMENTO AO N.º 11

報附號壹十第　日七十月二年戌丙　日二廿月三年六十八百八千一　日一拜禮

PARTE OFFICIAL

MINISTERIO DOS NEGOCIOS DA MARINHA E ULTRAMAR

Direcção geral do ultramar

1.ª Repartição

Senhor.—Com o extraordinario augmento da população chineza de Macau nos ultimos annos, o expediente sinico a cargo da 1.ª secção da procuratura dos negocios sinicos, tem crescido por fórma que se torna indispensavel attender ás reclamações apresentadas officialmente pelo governador da provincia de Macau e Timor, sobre a falta de pessoal que o desempenhe com a devida regularidade.

Todos os documentos publicados no *Boletim official* da provincia, attinentes a regular os direitos e deveres da alludida população, carecem de ser traduzidos em china para se poder com justiça exigir o cumprimento das suas disposições, assim como têem de ser vertidos em portuguez os que, escriptos n'aquella lingua, são apresentados frequentemente e em avultado numero nas repartições publicas.

A demora nas versões de taes documentos póde occasionar damnos irreparaveis, e não menos os produzirá a falta de authenticidade das traducções, se forem feitas por individuos que não tenham habilitações e responsabilidade, circumstancias que se dão nos alumnos que coadjuvam os dois unicos interpretes que ha na referida secção.

Não tendo os alumnos a fé de empregados publicos, todo o seu trabalho precisa de ser examinado e authenticado pelos interpretes, que nem sempre o podem fazer em rasão do excessivo expediente.

Por estas considerações e ainda porque, segundo se tem observado, não é constante a coadjuvação d'aquelles alumnos, que, depois de habilitados, costumam abandonar o serviço sem indemnisarem o estado das despezas com elles feitas, e procurar fóra do paiz collocação vantajosa, julgo de absoluta necessidade que seja desligada da procuratura dos negocios sinicos de Macau a secção do expediente sinico, e creada uma repartição distincta para o referido expediente com interpretes habilitados, responsaveis e em numero sufficiente para satisfazerem ás exigencias do serviço d'aquelle tribunal e das diversas repartições publicas, supprimindo-se a classe de alumnos interpretes.

Assim obviar-se-ha aos inconvenientes que deixo expostos, cessando para o procurador dos negocios sinicos a responsabilidade que lhe impõe o § 1.º do artigo 4.º do regimento da procuratura, na parte respeitante aos actos dos interpretes, a qual difficil seria tornar-se-lhe effectiva em algum caso, visto que só por informações d'aquelles é que o alludido magistrado poderia conhecer do serviço do expediente sinico.

Não me parece que seja obstaculo attendivel a esta medida o augmento de despeza ordinaria que a sua adopção importa, e apenas attinge approximadamente á quantia de 600$000 réis annuaes, pelo que tenho a honra de submetter á approvação de Vossa Magestade o seguinte projecto de decreto.

Secretaria d'estado dos negocios da marinha e ultramar, em 2 de novembro de 1885.—*Manuel Pinheiro Chagas.*

Tomando em consideração o relatorio do ministro e secretario d'estado dos negocios da marinha e ultramar;

Tendo ouvido a junta consultiva do ultramar e o conselho de ministros;

Usando da auctorisação conferida ao governo pelo § 1.º do artigo 15.º do acto addicional á carta constitucional da monarchia;

Hei por bem decretar o seguinte:

Artigo 1.º A secção do expediente sinico em Macau é desligada da procuratura dos negocios sinicos, e formará uma repartição distincta e auxiliar de todas as repartições publicas d'aquella cidade nas suas relações com os chinas.

Art. 2.º Compete á repartição do expediente sinico:

1.º Todo o trabalho da versão, para portuguez, de documentos escriptos na lingua chineza e vice-versa, quer sejam relativos a negocios ao cargo do governador da provincia ou do ministro de Sua Magestade Fidelissima nas suas relações com as auctoridades da China, quer tratem de assumptos privativos das repartições publicas de Macau, Taipa e Colowane:

2.º Pôr á disposição do governador, todas as vezes que for necessario, interpretes para traducções oraes no dialecto cantonense e lingua mandarina;

3.º Destacar interpretes da lingua sinica para commissões de serviço fóra de Macau, todas as vezes que o governador assim o determinar;

4.º Fornecer interpretes para o trabalho da versão de escriptos chinezes nas referidas repartições, quando os respectivos chefes os requisitarem por haver inconveniente em enviar aquelles escriptos para a repartição do expediente sinico;

5.º Enviar interpretes para traducções oraes na lingua mandarina a qualquer repartição onde tenha de comparecer alguma auctoridade chineza;

6.º Archivar os originaes dos officios vindos das auctoridades chinezas e as cópias conformes em lingua sinica dos que ás mesmas auctoridades forem enviados, bem como as versões chinezas de outros quaesquer documentos que não forem publicados no *Boletim official* da provincia e que não devam ser archivados n'outras repartições;

7.º Traduzir os documentos officiaes que devem ser publicados em china no *Boletim official* e rever e examinar as provas typographicas para a alludida publicação.

Art. 3.º O pessoal da repartição compõe-se:

1.º De tres interpretes da lingua sinica, de 1.ª classe, sendo um primeiro interprete, chefe da repartição, um segundo, que será sub-chefe, e um terceiro;

2.º De tres interpretes da lingua sinica, de 2.ª classe;

3.º De um letrado china e um ajudante;

4.º De dois amanuenses chinas;

5.º De um continuo china.

Art. 4.º Os logares dos empregados da repartição serão sempre providos por meio de concurso feito perante um jury nomeado pelo governador da provincia e mediante provas escriptas e oraes, sendo para os logares de amanuense china exigidas sómente provas escriptas. O logar de continuo china será provido independentemente de concurso.

§ unico. Serão motivos de preferencia, em igualdade de circumstancias, os seguintes:

1.º Pertencer já ao quadro da repartição;

2.º Qualquer outro serviço publico anterior;

3.º As melhores habilitações litterarias.

Art. 5.º Os interpretes de 1.ª classe terão, como habilitação para o desempenho dos seus logares, conhecimento perfeito:

1.º Da lingua sinica escripta;

2.º Da lingua mandarina;

3.º Do dialecto cantonense;

4.º Das linguas franceza e ingleza.

Art. 6.º Os interpretes de 2.ª classe deverão ser habilitados com o perfeito conhecimento:

1.º Da lingua sinica escripta;

图7　1885年11月2日敕令（《澳门宪报》1886年3月22日）

近代澳葡当局政府机构中有一个特别的部门，即翻译机构。1865 年 7 月 12 日，因应管理澳门华人的需要，葡萄牙国王发布敕令，决定在澳门设立华文翻译机构，专门负责政府管理中的葡中文互译工作。该机构后来作为华政衙门的译务科，在理事官领导下运作。1885 年 11 月 2 日敕令决定对华政衙门进行改革，将译务科分出，升格为译务署，同时对新部门的运作做出了全面的规定。1905 年 7 月 22 日敕令颁布的海外省预算令对译务署做出了增加编制、附设翻译学校等四项规定。1911 年 9 月 16 日，译务署代理署长若泽·维森特·若热提交报告，陈述本署所存在的问题，并提出改革草案。三年后，葡萄牙共和国政府于 1914 年 11 月 30 日发布第 1118 号敕令，核准了新的《澳门译务署章程》，同时决定在译务署附设一间培养华语翻译和供本省公务员学习华语书面语与广东方言的培训学校。1915 年 7 月 22 日第 1786 号敕令核准了《澳门省译务署译学馆章程》。同年 10 月 14 日，译务署署长于《澳门宪报》发布《译务署订期准人到署挂号学习一等及二等翻译布告》，招生工作由此开始。这些文件具体反映了澳葡政府翻译部门建制沿革和翻译学校建立的过程。

这批文件在葡萄牙人高曼纳所著《共处的和谐与冲突：翻译员在澳门社会中的作用》一书中有部分征引，但未见披露全文。我国学者的有关论文虽有涉及，但似乎是对西人著作的译介，而非直接来源于对原始文本的研读。笔者近年以这些文献为主体史料，对澳葡政府翻译机构及政府翻译学的建置进行了初步的研究。①

01．1865 年 7 月 12 日敕令
Decreto de 12 de Julho de 1865

考虑到澳门的形势、本澳当局与中华帝国的密切关系，尤其是她的人口结构，澳门有必要设立一个华文翻译机构（Corpo de Interpretes da Lingua Cynica），以履行其应尽的职责。

考虑到设法确保该机构之译员专心学习华文的重要性，以及培训人员以补

① 张廷茂：《澳门译务署译学馆建置考》，《文化杂志》中文版第 91 期，2014 年；张廷茂：《从翻译官公所到译务署——澳葡政府翻译机构沿革考论》，《“纪念澳门回归十五周年暨全球视野下澳门历史文化研究”学术研讨会论文》，暨南大学港澳历史文化研究中心，2014 年 10 月。

充该机构编制的必要性；

运用《大西洋新增国政律典》第十五条第一款所授予之权力，并听取海外委员会和部长会议（Conselho Ultramarino e o de Ministro）的意见；

现颁布敕令如下：

第一条 在澳门市设立一个华文翻译机构（Corpo de Interpretes da Lingua Cynica）。

第二条 该机构由 1 名一等翻译官、1 名二等翻译官和 2 名学习翻译官（Alumnos Interpretes）组成。

第三条 一等翻译官年薪 1 150 000 厘士（Réis），二等翻译官年薪 800 000 厘士。

第四条 2 名学习翻译官根据各自的进步和表现，每人每月可得不低于 20 000厘士、不高于 30 000 厘士的津贴。

独一附款 该 2 名学习翻译官要获得这些资助，必须在华政衙门（Procuratura）或辅政司署（Secretaria do Governo）实习；倘若他们提供了有效的服务，亦应在所属等级的酬金分配（Distribuição dos Emolumentos）中获得同等的份额。

第五条 倘若二等翻译官和学习翻译官的职位空缺，可将相应的薪水和津贴用于资助青少年学习华语。

第六条 澳门总督应制定一份有关该机构运作、培训与擢升的章程，提请中央政府批准。

第七条 废除与此相反的法令。

部长会议主席（Presidente do Conselho de Ministros）、陆军部长（Ministro e Secretario d'Estado dos Negocios da Guerra）和代理海事海外部长（Interinamente Encarregado dos Marinha e Ultramar）遵照执行。

国王，1865 年 7 月 12 日，于王宫。马尔格斯·德·萨·达·班德拉（Marquez de Sá da Bandeira）（附签）

——*Boletim Official*, Vol. XI, Nº. 41, 9 de Outubro de 1865, p. 163.

02. 1885 年 11 月 2 日敕令

Decreto de 2 de Novembro de 1885

考虑了海事海外部部长（Ministro e Secretario d'Estado dos Negocios da

Marinha e Ultramar）的报告；听取了海外咨询会（Junta Consulta do Ultrmar）和部长会议的意见；运用《大西洋新增国政律典》（Acto Addicional á Carta Constitucional da Monarchia）第十五条第一款授予之权力，现颁布敕令如下：

第一条 澳门译务科（Secção do Expediente Sinico）与华政衙门分离，组建一个独立的部门（Repartição Distincta），在有关华人关系方面对该市的各个公共部门提供协助。

第二条 译务署（Repartição do Expediente Sinico，又译“翻译房”）职责如下：

1. 汉语文件的葡译和葡语文件的汉译之全部翻译工作，既包括有关本省总督分内事务和陛下政府部门与中国当局关系的文件，也包括澳门、氹仔、路环公共部门之专门事务的文件；

2. 遵照总督的规定，每次口头翻译必须以广东话和官话同时译出；

3. 派遣华语翻译官到澳门之外进行翻译工作，每次均由总督决定；

4. 上述部门的长官因不便将需要翻译的文件送来华文译务署而提出要求时，可派翻译官前去进行翻译；

5. 指派翻译官前往任何有中国官员在场的部门进行官话口译；

6. 将来自中国官府的公文原件，与送来华文原件完全一致的抄件，以及所有未刊于本省《宪报》和未在其他部门归档的文件的华文译本加以归档；

7. 翻译应在《宪报》上以华文刊布的官方文件，并校对排印校样（Provas Typographicas）以便出版。

第三条 译务署人员编制如下：

1. 三名一等华文翻译官，其中第一位为正翻译官（Chefe da Repartição），第二位为副翻译官（Sub - Chefe），第三位为翻译官；

2. 三名二等翻译官；

3. 一名华文先生（Letrado China）及一名帮办（Ajudante）；

4. 二名华书识（Amanuense China）；

5. 一名华人办事员（Continuo China）。

第四条 译务署职员之职位必须通过由总督任命之陪审团（Jury）监督的公开竞聘，并根据书面及口头材料来任命，华书识的职位只需提供书面材料，华人办事员的职位无须通过竞聘。

独一附款 同等情况下下列人士优先被录用：

1. 该部门的现有在编人员；

2. 以前在其他部门工作过；

3. 具有更好的文学修养（Habilitações Litteraria）。

第五条 作为履行职责的技能，一等翻译官须完全掌握：

1. 华语书面语；

2. 华语官话；

3. 粤语方言；

4. 英语和法语。

第六条 二等翻译官须完全掌握：

1. 华语书面语；

2. 粤语方言。

第七条 华文先生及其帮办必须是能够教授华文官话者。

第八条 二等翻译官须学习华语官话，并在其进入编制后的首三年内每半年进行相应的考试。

附款一 这些考试须在正翻译官的监督下进行；

附款二 倘若二等翻译官在连续两年内华文考试被判不及格，本省总督可根据正翻译官的通知将其辞退。

第九条 译务署职员的薪水载于该敕令所附的表中，并依照 1881 年 12 月 22 日法令所核准之《澳门华政衙门章程》相关表格内的规定得到一笔酬金。

附款一 已经属于由 1885 年 7 月 12 日敕令所设之学习翻译官机构（Corpo de Alumnos Interpretes）的二等翻译官，每年获得 100 000 厘士的额外酬金；

附款二 本署职员被差往澳门以外地区从事翻译工作者，有权得到一份由公物会决定的出差补贴。

附款三 被派往氹仔和路环的译员每月可得 10 000 厘士的出差补贴。

第十条 正翻译官和（在其不能当场时）副翻译官根据各位职员的能力和对业务的便利给他们分配任务，并决定应被派遣的人。

独一附款 翻译官须对自己所完成的译文的准确性和可靠性负责。

第十一条 本署职员的退休将由关于海外省的现行法律加以规定，包括自 1865 年 7 月 12 日敕令创立翻译公所时就被纳入其中的老资历者。

第十二条 为了培养人才充实本署的人员编制，本省政府将资助两位少年，令他们在公立或私立学校学习华文书面语。资助金额为每人每月 10 000 厘士，此项资助的发放须满足下列条件：

1. 年龄不低于十二岁；

2. 初中教育成绩优异；

3. 须参加由翻译官主持的年度考试，若被判不及格，则停止发放资助金；

4. 须学习英语和法语；

5. 五年内掌握华语书面语，资助金的发放以五年为限，五年届满或在此前，须接受三名翻译官的考试，若考试合格，则被视为具备竞聘本部门职位的能力；

6. 获得资格后为葡萄牙政府服务五年，以其所能履行其义务，在译务署、葡萄牙驻华领事馆或澳门政府的其他任何部门均可，其年薪不低于300 000厘士；

7. 若工作不足五年，须向政府赔偿其所得到的全部资助金，但在获得资格后六个月仍未被按照前条之规定录用者除外。

第十三条 将由一名二等翻译官（Interpretes de 2.ª Classe）充当文书（Amanuese），负责本部门的所有记录和抄写工作。

第十四条 为了翻译司法与行政文件或任何案卷，卷宗将被送达本部门长官正翻译官；若这些卷宗未能返回，他应承担法律所规定的保护卷宗之责。

第十五条 废除1881年12月22日敕令所核准之《澳门华政衙门章程》第二、十一及十二条中关于译务科人员编制及权限的规定，以及其他一切与本敕令相反的法令。

海事海外部部长遵照执行。

国王，1885年11月2日，于王宫。曼努埃尔·彼涅鲁·沙加斯（Manuel Pinheiro Chagas）（附签）

澳门译务署职员薪水一览表　单位：厘士

一名正翻译官，担任译务署署长

工资：1 150 000

津贴：　150 000

小计：1 300 000

一名副翻译官，担任副署长

工资：800 000

津贴：200 000

小计：1 000 000

第三名一等翻译官

工资：600 000

津贴：200 000

小计：800 000

三名二等翻译官（每位）

工资：400 000　　1 200 000

津贴：100 000　　300 000

小计：1 500 000

一名华文先生

工资：300 000

津贴： 60 000

小计：360 000

一名华文帮办

工资：200 000

津贴： 60 000

小计：260 000

二名华文书识（每位）

工资：183 000　　366 000

津贴： 60 000　　120 000

小计：486 000

二名学员（每位）

资助：120 000

小计：240 000

一名华人办事员

津贴：60 000

小计：60 000

（十三名）　　总计：6 006 000

——*Boletim Official*, Vol. XXXII, Supplemento ao Nº. 11, 9 de Março de 1886, pp. 85 – 86.

03. 1905 年 7 月 22 日敕令（节译）

Decreto de 22 de Julho de 1905

第十二条 在澳门译务署附设一间培养华语翻译官和供本省公务员学习华语书面语与广东方言的培训学校。

第十三条 由 1885 年 11 月 2 日敕令所规定的澳门译务署的人员编制，将由本敕令所包含的该省支出表格中的说明加以改变。

第十四条 对于实际服务时间超过 25 年的译务署翻译官，在继续服务期间，每隔五年按照相应级别、职务工资的 12.5% 发给津贴，以作为长期服务的额外酬金，但其总量不得超过其工资的50%。

第十五条 澳门政府将颁布有关澳门译务署组织与运作的必要规章。

——*Boletim Official*，Vol. V，Nº. 36，9 de Setembro de 1905，p. 732.

04. 译务署代理署长若泽·维森特·若热的报告（1911年9月16日）

Relatório do José Vicente Jorge，Chefe Interino da Repartição do Expediente Sínico de Macau，16 de Setembro de 1911

辅政司大人：

1865年7月12日敕令决定在澳门创建一个华文翻译机构，其构成为：一名正翻译官，年薪1 150 000厘士；一名副翻译官，年薪800 000厘士；两名学习翻译官，每人每年津贴20 000—30 000厘士。

后来，1869年3月17日敕令给该机构增加了两名二等学习翻译官（Alumnos - Interpretes de 2.ª Classe），每人每年津贴200 000厘士。它一直附属于华政衙门，构成该机构的第一科（《1877年6月11日敕令》《1881年12月22日敕令》）。

如同华政衙门的其他职员一样，翻译官和学习翻译官除了领取薪水外，还有通常所称的津贴（Emolumentos）。

然而，自从经由澳门港口的华工契约移民被禁以来，这些津贴停发了。为了补偿职员收入的减少，中央政府透过1874年7月30日敕令，决定向他们预付一笔酬金。这笔酬金标准为：翻译官和一等学习翻译官每人每年200 000厘士，二等学习翻译官每人每年100 000厘士。

尽管有前引1865年7月12日敕令第六条的明确规定，却从未颁布过任何有关华语翻译官的工作、培养及晋升的章程。

1885年11月2日敕令将翻译官公所从华政衙门中分出，将其升格为一个名为“译务署”的单独的部门，在同华人的关系方面向本省各个部门提供协助。

采取这项措施的理由是：澳门华人人口增长，翻译官所负责的文书大量增加，规范华人权利和义务的文件需要译为华文在《宪报》刊布，提交给政府部门的华语文件需要译为葡语，这些翻译工作必须由经过训练且具有法律责任的人加以核实。

因此，学习翻译官被取消了，因为他们对公共职业缺乏信心，而他们所做的工作还必须经过翻译官的检查核实。

该敕令确定的译务署的人员构成如下：（单位：厘士）

一名正翻译官，担任译务署署长

薪水：1 150 000

酬金：150 000

小计：1 300 000

一名副翻译官，担任副署长

薪水：800 000

酬金：200 000

小计：1 000 000

一名翻译官

薪水：600 000

酬金：200 000

小计：800 000

三名二等翻译官

薪水：400 000　　1 200 000

酬金：100 000　　300 000

小计：1 500 000

一名华文先生

薪水：300 000

酬金：60 000

小计：360 000

一名华文帮办

薪水：200 000

酬金：60 000

小计：260 000

二名华文书识

薪水：183 000　　366 000

酬金：60 000　　120 000

小计：486 000

二名学员

资助：120 000

小计：240 000

一名华人办事员

酬金：60 000

小计：60 000

后来，1905 年 7 月 22 日敕令第十三条改变了这一编制，并且在 1905—1906 年度澳门省预算支出表中作了如下规定：（单位：厘士）

一名一等翻译员，担任译务署署长

职级工资：1 200 000

职位工资： 200 000

小计：1 400 000

一名二等翻译员，担任副署长

职级工资：900 000

职位工资：200 000

小计：1 100 000

一名三等翻译员

职级工资：700 000

职位工资：200 000

小计：900 000

四名二等翻译员

职级工资：500 000   2 000 000

职位工资：100 000   400 000

小计：2 400 000

一名华文先生

职级工资：300 000

职位工资：150 000

小计：450 000

一名华文帮办

职级工资：200 000

职位工资：150 000

小计：350 000

二名华文书识

职级工资：183 000   366 000

职位工资： 93 000   186 000

小计：552 000

二名学员

资助：180 000

小计：360 000

三名口译

职级工资：300 000　　900 000

职位工资：　60 000　　180 000

小计：1 080 000

一名华人办事员

职位工资：100 000

小计：100 000

一名华人杂役

职位工资：46 200

小计：46 200

（十八名）　　总计：8 738 200

前引 1905 年 7 月 22 日敕令，除了增加译务署的人员编制外，还决定在译务署附设一间培养华语翻译官和供本省公务员学习华语书面语和粤方言的培训学校（第十二条），并要求澳门总督颁布关于译务署工作的必要章程（第十五条）。然而，这些决定变成了空头支票，因为从未设立过任何一间学校，也从未颁布过任何一份章程。

译务署继续在 1885 年 11 月 2 日敕令的规范下运作，而鉴于它在各方面存在的缺陷和漏洞，它已经不合时宜了。

根据 1885 年敕令，具备小学知识的人就可以成为学习翻译官，只要华语书面语和粤语考试合格就能晋升二等翻译官；而要想晋升一等翻译官，仅需学会华语官话、英语和法语即可。然而，在中学里教授的普遍知识对于培养一位称职的汉学翻译人员是绝对不可缺少的。因为，汉学不仅包括华语书面语和口语，还包括其他各类专业知识；这些知识非常复杂，必须经过足够的准备和长期而耐心的学习才能获得。

此外，目前的章程虽然规定学习翻译官必须在五年内掌握华语，却没有制订课程计划。学习翻译官一般为 12—14 岁的少年，他们自行其是，不知道如何学习，甚至放弃学习，结果便是，很多人被辞退，甚至在第三年和第四年的时候被辞退，由此，政府损失了花在他们身上的钱，现在澳门缺乏合格的人才充实翻译官的空缺职位。

不仅如此，1907 年 9 月 7 日敕令做出决定，译务署必须向葡萄牙驻北京公使馆和驻广州、上海的领事馆派遣翻译官，导致留在这里的人手减少，从而严重影响了本省的翻译工作。

另外，确定给翻译官的薪水微薄，与要求他们所具备的技能和承担的职责不相称，也不足以使他们生活得较为体面。因此，第三位一等翻译官的职位自 1906 年以来一直空缺，而在编的翻译官不是努力学习以求晋级，而是寻求其他更容易和收益更高的生活方式。倘若不增加工资，在不久的将来，或许没有人愿意成为翻译官。

增加工资将是一项完全合理的行动，因为，现今的翻译官，至少是一等和二等翻译官的工资收入，与 1865 年翻译官公所建立时水平相差无几；而澳门的生活成本上涨了 200%，本省的其他职员都已经获得了更高的薪水。

基于所有这些理由，译务署现行章程的改革已经刻不容缓。

本人将荣幸地在附件中向总督大人提呈一份新章程的草案。

在起草这份章程草案时，我查阅了关于这个问题的报告，并且始终不忘该部门所应达成的目的。在技术层面，我尽可能跟随外国驻京使馆在培养汉学翻译人员方面的做法。

我相信，该章程将弥补现行章程的一切空白，克服它的全部缺陷，吸引青年土生葡人（Mocidade Macaense）修读中学，致力于学习华语及其他科目，以便将来从事目前几乎被放弃的翻译官职业。

在草案中，将二等翻译官的人数降至二名，因为这足以处理本署的一般公文；将一等翻译官的人数增至五名，其中二人专为本省服务，三人为葡萄牙驻华使领馆服务；增加一名口译，因为必须将派去法院的口译由一名增至二名。

学习翻译官的录取必须要求具备利宵中学的全部课程或者任何中学教育机构的类似课程。学员要获得合格的翻译官资格，必须修读本草案附表 1 和附表 2 详细列明的课程。

我可以肯定，任何一个具备完整的中学知识的青年，如果不折不扣地修读了这些课程，必将成为一位好的翻译官，进而成为一名好的汉学家(Sinologo)。

除了增加编制，草案也将增加职员的薪水，以作为赋予他们的新职责的补偿。不过，这一增加将由一个重要的公共服务部门的重大改进而得到补偿。

恳请阁下垂顾将附件中的章程草案转呈督宪大人审阅，以便尽快申请上级的核准。

根据这份报告及其所附的草案，我相信同时可以实现本年 3 月 7 日第 45 号省政府训令的决定。

至于本部门迄7月31日为止半年内所完成的工作，本人已将编制的统计表寄往辅政司署。

祝大人健康、友爱！

译务署代理署长若泽·维森特·若热（José Vicente Jorge），1911年9月16日，于澳门译务署。

——*Relatorio do Governo*, 1911, Annexo Nº. 12, pp. 1 – 5.

05. 1914年11月30日第1118号敕令核准之《澳门译务署章程》

Regulamento da Repartição do Expediente Sínico de Macau Aprovado pelo Decreto Nº. 1118 de 30 de Novembro de 1914

澳门总督曾陈请必须重组和规范译务署，使其更好地履行其职责；听取了属地委员会（Conselho Colonial）和部长会议的意见；运用《大西洋民国宪法》第八十七条赋予政府之权力，依照属地部长（Ministro das Colonias）的提议，颁布敕令如下：

第一条 批准下列由属地部部长签署、构成该敕令必要组成部分的《澳门译务署章程》。

第二条 废除与此相反的法令。

属地部遵照执行。

1914年11月30日民国政府总部发布颁行。

曼努埃尔·德·亚里亚格（Manuel de Arriaga）；阿尔弗雷多·奥格斯多·里斯博阿·德·利马（Alfredo Augusto Lisboa de Lima）。

澳门译务署章程

第一章 译务署的目的与职责

第一条 对根据1885年11月2日敕令建立起来的澳门译务署进行改组，未来它将遵循本敕令的规范。

第二条 译务署旨在达成下列三个目的：

1. 在与华人的联系方面对本省公共部门提供协助；

2. 为葡萄牙驻北京公使馆和驻广州、上海领事馆提供中文翻译员（Interpretes Tradutores）；

3. 培养年轻的华语翻译员。

第三条 译务署的职责包括：

1. 一切中葡文献的互译工作，既包括本省总督主管事务的文件，也包括本省公共部门的专门文件。

独一附款 由公证员或本省的公证员书写的公证书，只能由译务署的翻译员按照署长安排的比例完成葡汉口译和笔译工作。

2. 根据本省总督的规定，翻译员应根据需要完成粤语（Dialecto Cantonense）或官话（Lingua Mandarina）传译；

3. 当有关部门领导因不便将所要翻译的文件寄送译务署而提出要求时，应该派人到该部门完成翻译工作；

4. 派翻译员前去有任何中国官员在场的部门进行官话口译工作；

5. 当有关部门领导提出要求时，派遣传译（Lingua）前去进行粤语口译工作；

6. 每月或每季度派遣一位传译前去法院（Tribunal Judicial）；

7. 须以中文翻译在《澳门宪报》刊布的官方文件，并完成相应校样的校对工作；

8. 将收到的中国官方文档的原稿、相应译本的抄件，以及发给中国当局的公文的中文抄件和葡文原件归档保存；

9. 将官方寄来译务署进行翻译的所有文件的抄本和有关译文的抄本归档保存；

10. 搜集出版的有关外商在华贸易，尤其是澳门及周边外国殖民地与中国港口贸易以及中国在其与外国列强关系上的政策变化的官私文件、小册子和著作，并加以归档保存；

独一附款 在该省支出项目内，每年增加一笔款项，作为获得由译务署署长所要求的文档、小册子和著作的开销。

11. 用心阅读报纸及其他华语出版物并关注社会舆论的传闻，向澳门省总督提供有关中国政治、社会和经济发展的信息；

12. 根据第二条第二款的规定，向葡萄牙驻北京公使馆和驻广州、上海领事馆提供华语翻译员；

13. 派遣华语翻译员到澳门以外地区出差，每次须由澳门总督决定；

14. 培养年轻的华语翻译员。

第二章 人员编制

第四条 译务署由下列人员构成：

四名一等翻译员，最长者为该署署长，次者为副署长；

三名二等翻译员；

二名华人文案（Letrados Chineses，又译华文先生），其中一名国文先生、一名粤语先生；

二名文书（Amanuense，又译华书识、缮录生等）；

三名通事（又译传话、传译等）；

一名办事员（Continuo）；

一名杂役（Servente）。

第五条 署长在其出缺、不在场或不能到场时可由副署长代替；副署长可由在该署服务时间较长的一等翻译员代替。

第六条 署长出缺，将由副署长充任；副署长出缺则由工作年限较长的一等口译、至少在驻京公使馆或广州领事馆或上海领事馆服务二年且表现良好者充任。

第七条 一等翻译员职位出缺，以公开竞聘方式从二等翻译员中选任；该竞聘将由为此而依法实行的规划纲要加以规范。考试合格者中分数较高或同等分数下年限最长的二等翻译员将被提升为一等翻译员。

附款一 如果没有任何一位二等翻译员在该条所指的考试中成绩及格，则本省政府将决定以实测方式举行公开竞聘；修读了二等翻译课程的任何人均可应聘，竞聘合格者中获得较高成绩的二等翻译员将被任命为一等翻译员。

附款二 这些竞聘将采取依法实施的规划大纲。

第八条 二等翻译员职位出缺，将在学习翻译员中进行公开竞聘；竞聘将依照为此目的而依法实施的规划大纲进行；竞聘合格者中获得较高成绩或同等分数下年限最长的学习翻译员将被提升为二等翻译员。

附款一 同等情况下优先提拔的理由有：①年限最长者；②具备更好的文学或科学修养，尤其是前者；③已在政府任职且表现出色。

附款二 如果没有任何一位学习翻译员在该条所指的考试中成绩及格，则本省政府将决定以实测方式举行公开竞聘；修读了中学或同等学校课程的任何人均可应聘，竞聘合格者中获得较高成绩者将被任命为二等翻译员。

附款三 被判考试不及格的学习翻译员将不再作为学习翻译员的编制内人员。

第九条 华文先生和缮录生职位空缺，将通过口试和笔试的公开竞聘来补充。

附款一 华文先生应提供证明其可以清楚、正确、流利书写和说汉语、熟悉中国文献和官方通信规则的证明材料。

附款二 缮录生应提供表明其能够清楚正确编写和讲汉语并且写得一手好字的证明材料。

附款三 同等情况下优先录用的理由包括：对于粤语先生和华人文案而言，①出生于广东省；②懂得葡语或英语；③年龄最小。对于国语先生而言，①出生于中国首都；②懂得葡语或英语；③年龄最小。

第十条 通事职位通过公开竞聘（口试）结果任命；竞聘者应该显示可正确操说葡语，并且可流利地讲粤语。同等情况下优先任命的理由是：

1. 懂得较多的中国方言；
2. 懂得英语；
3. 有较多的文学知识；
4. 已在政府任职且表现出色。

独一附款 初级教育成绩合格是准予参与竞聘的必备条件。

第十一条 办事员和杂役职位可根据译务署署长的提议任命，不必通过公开竞聘。

第十二条 作为履行其职责的知识，通事和一等翻译员应该具备广泛的知识：

1. 葡萄牙语；
2. 华语书面语；
3. 华语官话；
4. 粤方言；
5. 英语和法语；
6. 中国地理、历史及中国礼仪；
7. 中国文学以及中国行政和商业的一般知识。

第十三条 二等翻译员应当具备下列知识：

1. 葡萄牙语；
2. 华语书面语；
3. 粤方言；
4. 中国文学以及中国行政和商业的一般知识。

第十四条 译务署职员的薪俸和津贴由本章程的附表加以规定。

附款一 翻译员的津贴载于一个专门的册内，放入一个金库，由署长任命一位二等翻译员负责，每月月末，由他向在该省服务的翻译员等额分配。

附款二 来自司法业务和公证业务的收入是个人的；署长要按照一定的比

例分配这些业务。

附款三 华文先生、华人文书和传译的收入也是个人的。

第三章 学习翻译员

第十五条 为培养翻译员以充实该署的编制，该省政府将至多资助两名少年作为学习翻译员，要求他们必须学习华语，修读本章程所规定的课程。

独一附款 即使增加了候补学习翻译员，也不向增加的学员提供资助。

第十六条 学习翻译员的录取始终以提供书面材料的考试方式进行；应考者应符合下列条件：

1. 读完中学一般课程或任何中学教育机构的类似课程；
2. 具备良好的文明道德修养；
3. 身体健壮，未患任何严重的或传染性疾病。

独一附款 同等情况下优先录取的理由包括：

1. 具有较高的文学修养；
2. 在澳门的中学教育机构中读完华语课程；
3. 年龄最小。

第十七条 被选中的应考者一经获得任命，即需要：

1. 签订合约（成年者由其本人签署；未成年者由其父母或老师签署）。如果被辞退或者结业后没有为政府服务十年，则必须向政府退还其学习期间所得到的资助。
2. 为履行义务做出担保。

第十八条 学习翻译员必须修读本章程第二十二条所规定的二等翻译员课程；在修读课程的前三年每月获得资助 15 元，第四年每月 20 元，第五年每月 25 元。

附款一 在修读课程期间的任何一年考试不及格的学习翻译员，必须在次年重修，重修期间不能获得资助。

附款二 两个年度的课程考试不通过的学习翻译员将被辞退。

附款三 非因确凿的不可抗因素而一年内连续缺课 8 天或累计缺课 15 天的学习翻译员，同样要被辞退。

附款四 学习翻译员毕业后，译务署二等翻译员若有出缺，即可在其参加二等翻译员考试之前被任命为二等翻译员；若二等翻译员没有缺位，则作为该署的候补译员，候补的前两年每年可获得 480 元的津贴，此后增至每年 600 元，直至被任命为二等翻译员。

若该学习翻译员参加二等翻译员考试被判不及格，可在年末参加第二次考试，如果考试仍然不及格，即被辞退。

附款五 候补期计入本章程第十七条所指的十年服务期和退休的起算年限。

第四章 课程

第十九条 为达成本章程第二条第三款所指的目标，将在译务署内附设一间华语学校（Escola de Língua Sínico），并在该署的一个厅内运作。

第二十条 该间学校将由译务署署长负责。

独一附款 教师应由译务署二名华语文案（Letrados Chineses）（主要是在阅读、会话和写作练习方面）和一名他所挑选的华文传译（Interprete Sinologo）协助。

第二十一条 该校开设两个课程班：

1. 二等翻译员课程班；
2. 一等翻译员课程班。

第二十二条 二等翻译员课程班学习期限为五年，各年教授本章程附表 1 所规定的课程，采用该表中所指明的或者其他合法批准的教材。

第二十三条 学习翻译员必须注册该课程班。

独一附款 一般而言，首次注册在课程的第一年进行，但是，如果学员在考试中显示已经掌握了早于他所注册的年级的课程所教授的知识，则可在任何一年进行注册。

第二十四条 每一学年结束时，二等翻译员课程的学员将参加一场由澳督任命的考试评判委员会（Juri）所主持的考试，考试结果将被写成纪要，并寄送一份复本给辅政司署，以便在《澳门宪报》上刊布。

附款一 虽然没有修读该课程但被判具备能力的人士也可以参加考试。

附款二 准予考试的必备条件是：读完第十六条独一附款第 2 项所指的华语课程，利宵中学或同类学校的课程，以及较之参加的考试早一年级的考试及格。

第二十五条 考试评判委员会评定学员成绩所采取的评分标准为：

0—4 分，不及格；

5—9 分，勉强及格；

10—14 分，合格；

15—19 分，良好；

20 分，优秀。

第二十六条 一等翻译员课程班为三年，各年教授本章程附表 2 中所指明的课程；采用该表中所指明的或者其他合法批准的教材。

第二十七条 只有二等翻译员和已读完二等翻译员课程班的人可被录取进入一等翻译员课程班；但二等翻译员必须进行注册。

第二十八条 每个学年结束时，一等翻译员课程班的学员将参加一场由澳督任命的考试评判委员会所主持的实习考试（Exame Pratico），课程班结束时还应参加法语和英语的实习考试，为此，澳门总督将任命一名英语教师和一名法语教师进入第九年级的考试评判委员会。

第二十九条 二等翻译员一经读完一等翻译员课程，即可获增200元的职务工资（Vencimento de Exercicio）。

第三十条 考试评判委员会采取与第二十五条所指同样的评分方法。

第三十一条 该省总督在听取译务署署长和公共教育监督委员会的建议后，将制定一份关于该所学校的章程，并可修改本章程两个附表中的课程计划，替换其中所指明的教材。

第五章 出差

第三十二条 副署长、两名一等翻译员和修读一等翻译员课程的二等翻译员，必须受命分层次前往葡国驻京公使馆以及广州和上海的葡国领事馆从事翻译工作，驻京公使馆的差事将安排同级中资格最老者前往。

附款一 按照现行体制培养的二等翻译员，如果没有修读一等翻译员课程，则不能被差往澳门以外的地方提供服务。

附款二 考试一旦开始，在澳外服务的二等翻译员在出席的条件下，可获给付回澳和返回工作岗位的差旅费。

第三十三条 出差期限通常为三年，届满时，受遣人可按照本人要求或根据本省总督按照署长的合理提议所做决定而被替换。

第三十四条 在驻北京公使馆或广州和上海领事馆服务的翻译员，除了薪水，还将获得一笔由外交部规定并支付的住宅补助金（Subsidio de Residência）。

第三十五条 被差遣的翻译员还将得到一笔出差补贴（广州30元，北京和上海60元），一笔本人及其家人的差旅费。若其三年正常派遣期届满或由上级决定而非因本人过错而返回澳门，亦将得到差旅费。

第三十六条 被差往公使馆和领事馆服务的翻译员的薪水、住宅补贴、出差补贴和差旅费等，由澳门金库代外交部垫付。

第三十七条 被差往驻北京公使馆和广州、上海领事馆的翻译员，分别具有翻译秘书（Secretario Intérprete）和副领事（Vice - Cônsul）的级别，使用相应的工作制服。

第三十八条 如有翻译员被差遣完成本章程未列明的特别任务，也将按照上级判给他的标准得到住宅补贴、出差补贴。

第三十九条 任何翻译员被差遣，其职位均不得空缺。

第六章 纪律处罚

第四十条 译务署职员所受的纪律处罚包括：

1. 警告；
2. 在级别不低于他的职员面前被谴责；
3. 在本署全体职员面前被谴责；
4. 停职；
5. 辞退。

附款一 上述前三项处罚可由译务署署长实施；第四项处罚由澳门总督根据署长事先的提议实施；第五项处罚由任命该职员的有权限部门实施。

附款二 辞退处罚只有在符合刑法所规定的情况和该职员重犯失职错误时实施。

附款三 职员停职将被扣去其级别工资的全部或一半，根据停职训令中的说明，视其仅有级别工资，或仅有职务工资的情况而定，但在最后一种情况下，被停职的职员不能免除到场工作的义务。

附款四 对于无正当理由而旷工的职员，全部扣除所缺工日的工资，还要受到本章程的规定中适用于他的处罚。

附款五 职员无故旷工累计超过30天者，即被视为辞工。

第七章 杂项规定

第四十一条 译务署署长负责向职员分配工作任务，署长不能到场时，则由在澳门服务的一等翻译员代其派工。

第四十二条 一等、二等翻译员和候补学习翻译员必须对其译文的准确性和可靠性负责。

第四十三条 译务署职员的退休受相应现行法律的规范。

第四十四条 译务署现有职员应在此次重组开始实施一个月后以书面宣布选择章程中确定的薪俸，还是依据现行法律规定所得到的薪水；在后一种情况下，若符合1905年7月22日敕令第十四条的相关规定，有权得到一笔长期工作的津贴。

第四十五条 译务署署长指派一名口译充当文书，负责登记和抄写的全部工作；如果工作需要，这项任务也可由二等翻译员们分担。

第四十六条 需要翻译的文件或者司法、行政文档，可将卷宗寄送署长处，如果这些卷宗未能返回原处，则署长负有法律所规定的保护卷宗之责。

第四十七条 在澳门，除了署长，应始终有一名一等翻译员和两名二等翻译员在为该省政府工作。

第八章 临时规定

第四十八条 现有二等翻译员的晋升受1885年11月10日敕令的规定制约。

附款一 这些职位的晋升不要求现在设立的课程，但须具备该敕令第七条规定的考试所要求的成绩。

附款二 按第四十八条的规定可免除本条例所设升任一等翻译员所需课程的现任二等翻译员，为落实本章程第二十九条所指增加200元职务工资的规定，若已完成六年服务且评价良好，即可视为修完一等翻译员课程的二等翻译员。

第四十九条 一等翻译员的首次任命，将在二等翻译员中选择具备较多真实才能和任职时间较长的人。

第五十条 现任学习翻译员修读按照先前的法律所制订的教学计划中规定的课程，也通过了现行计划所规定的资格考试，但是，如果没有完成中学的一般课程或者可替代课程，则不能被任命为二等翻译员。

第五十一条 第三十一条所指的章程（即关于华语学校章程）一经获得上级批准，该机构即可开始运作。

阿尔弗雷多·奥格斯多·里斯博阿·德·利马（Alfredo Augusto Lisboa de Lima），1914年11月30日，于共和国政府总部。

澳门译务署职员薪俸表 **单位：元**

职级	级别	职务
一等翻译员、署长	1 200	600
一等翻译员、副署长	900	500
一等翻译员	700	400
二等翻译员（a）	500	400
二等翻译员（b）	500	400
二等翻译员（c）	500	200

(续上表)

职级	级别	职务
华文先生(文案)	300	200
缮录生	200	100
通事	300	120
学习翻译员	参见第十八条	参见第十八条
办事员(津贴)	100	—
杂役(津贴)	46	—

(a)现任,具备原来的课程,满六年良好服务;

(b)具有本敕令所确定的一等翻译员课程;

(c)没有一等翻译员课程。

澳门译务署职员津贴表

翻译员

1. 在本署翻译签名(每个)	12分(Avos)
2. 在署外翻译签名(每个)	48分
3. 本表未做特别说明的个人利益文书的中葡文互译,每百字或百字片段	1元(Pataca)
4. 翻译收据:	
5分至50分	12分
51分至1元	24分
1元以上(每元)	24分
5. 翻译司法通知或告白(每份)	1元10分
6. 在任何政府部门所立各种合约或决定的口译	2元
7. 任何翻译的抄件(每页)	1元10分
8. 在办公室口译契约文书(每件)	2元
9. 在办公室口译代理文书(每件)	1元
10. 在办公室口译任何遗嘱	2元
11. 传信员,与公证员相同,参见司法收费表	

写唐字先生与华人文案

12. 缮写宣誓决定(每件)	24分
13. 缮写担保书:	
1元至5元	24分

5 元以上	48 分
14. 抄写公告或告白（每件）	12 分
15. 抄写任何个人合约，每百字或百字片段	48 分

传译

16. 在任何政府部门翻译任何合约、决定、担保书	1 元 48 分

17. 在法庭现场的翻译活动，按司法收费表计算

18. 传递，比照衙役的规定

备注：提交给本省任何部门的申请书免收翻译费。

附表 1 澳门译务署章程附件：《二等翻译员课程计划》

一年级

口语（广东方言）：

A. 根据一份印刷的表格，进行拼写、发音、语调等练习；

B. 《怎样说粤语》，迪埃·巴尔（Dier Ball）编著；

书面语：

C. 214 个词根；

D. 《借助于例句学习汉语语法》，施伯多禄（Pedro Nolasco da Silva）编著；

E. 《新读本》（*San - Tok - Pun / Novo Metodo de Leitura*）前三册，或《国文教科书》（*Kuok - Man - Kau - Fo - Sü / Livro Para o Ensino da Literatura Nacional*）前三册；

F. 书写及听写练习；

相关知识学习：

G. 《中华帝国地理大全》（*Comprehensive Geography of the Chinese Empire*），M. 柯内利（M. Kenelly）编著，第一至四章。

二年级

口语（粤语）：

A. 《粤语会话阅读》，迪埃·巴尔编著；

书面语：

B. 《借助于例句学习汉语语法》，施伯多禄编著；

C. 《新读本》第一、四、五、六册，或《国文教科书》第四、五、六册；

D. 书写及听写练习；

相关知识学习：

E. 《中华帝国地理大全》第二卷，第五节，M. 柯内利编著。

三年级

口语（粤语）：

A.《库苏旅程》（*Aventuras de Robinson Crusoe*，现译为《鲁滨孙漂流记》）；

书面语：

B.《借助于例句学习汉语语法》，施伯多禄编著；

C.《新读本》第五、六册，或《国文教科书》第五、六册；

D. 书写及听写练习；

相关知识学习：

E.《中国史纲》（*A Skech of Chinese History*），豪罗斯·波特（F. L. Hawlos Pott）修订。

四年级

口语（粤语）：

A. 会话练习；

书面语：

B.《上谕广训》（*Sang - Yu - Kuang - Hsun / Amplificacao do Santo Decretos*），施伯多禄译；

C. 取自各种附录的商业函件；

D.《公函译要》（*Translation of Important Letters*），雷伊（W. G. Lay）译；

E. 书写及听写练习；

F. 简单信函和通告的写作与改写；

相关知识学习：

G.《中国礼仪与社会节选》，吉尔伯特·瓦尔士（Gilbert Walsh）编著。

五年级

口语（粤语）：

A. 会话练习；

书面语：

B.《文献集丛》（*Documentary Series*），托马斯·华德（Sir. Thomas Wade）编辑，第一至四部分；

C. *Hsin - Kuan - Wen - Chien - Lu*（*First Book of Documentary Chinese*），贺斯（F. Hirth）博士编辑；

D. 书写及听写练习；

E. 简单信函、通告和申请书的写作与改写；

相关知识学习：

G.《中国政府》，弗雷德里克·梅耶斯（W. Frederic Mayers）编著。

附表2 澳门译务署章程附件：《一等翻译员课程计划》

一年级

口语（北京话）：

A.《汉语及其学习法》（*The Chinese Language and How to Learn It*），瓦尔特·希列（Sir Walter Hilier）编辑，第一至二卷；

书面语：

B.《文献选编》（*Texte Chinois avec Traduction en Français et Latin*），S. Couvreur 编辑；

C.《中英南京条约》（1842）；

D.《中英天津条约》（1858）；

E.《中英北京条约》（1860）；

F.《中法条约》（1844）；

G. 申请书、公文等写作和改编练习；

相关知识学习：

H.《中国读者手册》（*A Hand－Book of Biographical, Historical, Mytological and General Literary Reference*），弗雷德里克·梅耶斯编著；

I.《中华帝国的商业与行政》，马士（H. B. Morse）编著。

二年级

口语（北京话）：

A.《官话指南》（*Kuan－Hua－Chi－Nan ou Bussole du Langage Mandarin*），鲍彻（H. Boucher）编著；

B.《圣旨》（*The Sacret Edict, with a Translation of the Coloquial Rendering*），巴勒（F. W. Baler）编著；

书面语：

C. "Ocuvres de Meg－tzeu", Livros de I a VII da Obra intitulada "Lez quatre Livres, avec Commentaire Abrege en Chinois avec un double Traduction en Fracais et Latin", S. Couvreur 编辑；

D.《中法天津条约》（1858）；

E.《中法北京条约》（1860）；

F.《1901 年中国与列国协定》（Protocolo de 1901 entre a China e as Potencias）；

G.《1902 年中英贸易及关税协定》（Tratado Comercial Anglo－Chines, de

1902, e Tarifa);

H. 《1887年中葡条约》(Tratado Luso – Chines de 1887);

I. 申请书、公文、照会等写作与改编练习;

相关知识学习:

J. 《中国文学史》(*History of Chinese Literature*), 吉尔斯 (H. Giles) 编著。

三年级

口语(北京话):

A. "Tan – Lun – Hsin – P'ien" (Chats in Chinese), 泰勒 (C. H. B. Tailor) 编著;

B. "Kuan – Yu – Pi – Ching – le – Chi – Ch'ing", Yei – Tsugu – Hara 编著;

书面语:

C. 《论语》(*Lu – Iu ou Entretiens de Confuciu*, Livros I a X da Obra intituda "Les Quatre Livres"), S. Couvreur 编辑;

相关知识学习:

D. 《中国官场交际礼仪》(*Hand – Book of Etiquette in Chinese Official Intercourse*);

E. 《中国与西方国家关系史》(*Histoire des Relations de la Chine avec les Puissances Occidentales, 1860 – 1892*), 考迪埃 (H. Cordier) 编著;

F. 《中央王国》(*Middle Kingdom*), 威廉 (William) 编著。

阿尔弗雷多·奥格斯多·里斯博阿·德·利马 (Alfredo Augusto Lisboa de Lima), 1914年11月30日, 于共和国政府总部。

——*Boletim Official*, Vol. XV, Nº. 6, 6 de Fevereiro de 1915, pp. 80 – 83.

06. 1915年7月22日第1786号敕令核准之《澳门省译务署译学馆章程》

Regulamento da Escola da Lingua Sinica Anexa á Repartição do Expediente Sinico da Provincia de Macau Aprovado pelo Decreto Nº. 1786 de 22 de Julho de 1915

根据葡萄牙民国宪法第四十七条第三款之规定, 按照1914年11月30日第1118号敕令所核准之《澳门省译务署章程》第三十一条和第五十一条规定, 采纳属地部部长的建议, 现颁布敕令批准下述由属地部部长签署并构成该敕令组成部分的《澳门省译务署译学馆章程》。

属地部部长遵照执行。

葡萄牙民国政府 1915 年 7 月 22 日签署，1915 年 8 月 3 日公布。

澳门省译务署译学馆章程

第一章　一般规定

第一条　该学校附属于译务署，专供培养预备华语翻译员（口语和书面语）而设。

独一附款　学校命名为“译学馆”（Escola da Língua Sínica），设于译务署所属大楼内。

第二条　译学馆的运作受本章程的规定制约，其未尽事宜，则按照现行利宵中学章程而行。

第二章　班级与课程

第三条　译学馆开设二个班：

1. 二等翻译员课程班；
2. 一等翻译员课程班。

第四条　二等翻译员课程班设五个年级，每个年级为一个学年；教授课程：

1. 华语书面语及辅助课程；
2. 华语口语（粤方言）。

第五条　一等翻译员课程班设三个年级，每个年级为一个学年；教授课程：

1. 华语书面语及辅助课程；
2. 华语口语（北京方言）。

第六条　前二条所指课程在各个年级的分布如下表所示：

表 1　二等翻译员课程班

课程	每周课时数				
	一年级	二年级	三年级	四年级	五年级
华语书面语及辅助课程	2	2	2	2	2
华语口语（粤方言）	2	2	2	2	2
	4	4	4	4	4

表2 一等翻译员课程班

课程	每周课时数		
	一年级	二年级	三年级
华语书面语及辅助课程	2	1	1
华语口语（北京方言）	2	3	3
	4	4	4

第七条 两个班的课程是按照1914年11月30日第1118号敕令所准译务署章程中两个附表所确定的课程计划而开列的，并将采用上述表格中所开列的教材。

独一附款 不论课程计划，还是教材的选用，均可由该省总督在听取译务署署长和公共教育监督委员会（Conselho Inspector de Instrução Pública）的意见后做出修改。

第三章 教师

第八条 译学馆课程之教授由译务署署长负责监管。他充任译学馆校长，并在课程管理上由该署的二名华文先生（主要是在阅读、会话和写作练习方面）和一名他所挑选的翻译员协助。

第九条 前条所指职员之间的工作分配由译务署署长负责，并应尽可能遵循下列规定：

1. 署长本人讲授二等翻译班四、五年级和一等翻译班一至三年级的华语书面语和辅助课程；

2. 翻译员讲授二等翻译班一至三年级的华语书面语和辅助课程及一年级的粤语课程；

3. 粤语先生（Letrado Cantonese）讲授二等翻译班二至五年级的粤语课程；

4. 京话先生（Letrado Pequinese）讲授一等翻译班一至三年级的北京话课程。

第十条 所有课程的讲授由译务署署长安排并监督，不论署长本人还是他的协助者，都必须每周讲授相应的课程达八个小时。

第四章 课时

第十一条 译学馆的课时每年由澳门总督根据译务署署长的建议并考虑下

述规定加以核准：

1. 学校年（Ano Escolar）开始于9月1日，结束于7月31日；授课年度（Ano Lectivo）开始于9月1日，结束于7月15日；

2. 除了译务署的假日外，中国年的最后一天和最初五天为假期；

3. 周三和周六不上课，但是，如果一周内的某天放假，则该假日的功课应在周三完成；

4. 课程应在译务署通常的办公时间内讲授；

5. 在规定的每周四天授课日中的每一天，都应该为两个班的每个班级分配一个小时的课时。

第五章 注册

第十二条 除了1914年11月30日敕令所准章程第十五条所指的学习翻译员外，符合下列条件的任何人均可注册进入二等翻译员课程班：

1. 修完中学普通课程或官方设立的任何中学教育机构的类似课程；

2. 有良好的文明道德修养；

3. 身体健壮，未患任何严重或传染性疾病。

独一附款 学习翻译员必须注册二等翻译员课程班。

第十三条 二等翻译班的首次注册通常在开班的第一年注册，其他年级的注册必须有前一年级考试成绩合格的证明。

独一附款 但是，具备首次注册所需条件且在专门的考试中证明具备在拟注册的年级前一年级所授知识的报名者，可注册进入该课程的任何一个年级。

第十四条 译务署二等翻译员以及通过了二等翻译员课程考试的其他人可注册进入一等课程班。

独一附款 译务署的二等翻译员必须注册一等课程班。

第十五条 一等翻译员课程班的注册可在课程第一年进行，其他年级的注册必须有前一年级考试成绩合格的证明。

第十六条 译学馆入学注册期限从每年8月1日开始，至8月20日结束。

独一附款 该期限应提前广为宣布，期限届满，任何人不得进行注册，因可证明的不可抗原因而经总督特准者除外。

第十七条 有意注册进入译学馆的人应向译务署署长提交可证明其符合条件的文件。文件的合法性得到确认后，该署长即签署应得的录取决定（Termo de Matricula）。

独一附款 译务署署长的决定可向本省总督提起上诉。

第六章 听课

第十八条 学员必须出席所注册班级的全部课程练习，完成教师布置的全部作业，并且始终如一按照学校应有的礼仪行事。

第十九条 学员缺课若有疾病证明，或者火灾灾难、邻居死亡或不可抗情况的证明，可不算旷课。

附款一 每年旷课十五天以上的学员将丧失继续修读该课程的权利。

附款二 三次可证明的缺课算为一次旷课。

第二十条 对译学馆学员可适用的纪律处罚包括：

1. 由校长（Director）给予个别批评；
2. 由校长当其他学员的面给予批评；
3. 一学年内短时间停止听课；
4. 停止听课直至本学年末且不得参加期末考试。

独一附款 第四项乃至第三项所指的处罚，如果被停止上课的时间超过了八天，则由本省总督根据该署署长的提议实施。其余各项处罚由该署署长实施。

第二十一条 每次练习的成绩由教师按照下列等级用数字表示：

0—4 分，不及格；5—9 分，及格；10—14 分，中等；15—19 分，良好；20 分，优秀。

独一附款 平均成绩未达到 9 分以上的学员，不得参加相应年级的考试。

第七章 考试

第二十二条 译学馆有下列几种考试：

1. 一等翻译员课程考试；
2. 二等翻译员课程考试；
3. 年级入学考试（Exames de Admissão a Classe）；
4. 单独考试（Exames Singulares）。

第二十三条 任何一种考试的考试委员会（Juri），均由本省总督任命组成。

第二十四条 一等翻译员课程考试，除了课程计划（Programa do Curso）中包含的内容之外，还有英语和法语的实用能力考试。

独一附款 为此，应由本省总督任命一名英语教师和一名法语教师作为考试委员会的成员。

第二十五条 二等翻译员课程考试，即为课程计划中所包含的内容。

第二十六条 任何课程每个年级的期末考试，均可作为升入下个年级的入学考试。

第二十七条 各年级各课程的所有考试，都应该有笔试和口试。

附款一 笔试成绩未达到9分以上者，直接被取消考试资格。

附款二 考试总成绩是笔试成绩和口试成绩的平均分数。

第二十八条 任何课程的笔试都包括：将华语文本译为葡语；将一段葡语译为华语。

第二十九条 任何课程的口试都包括：

1. 阅读一段华语书写的方言，并将其译为葡语；

2. 将一段葡语译为华语方言；

3. 用相应的方言会话，考生首先与一名考官交谈，然后再与一名不懂葡语的华人交谈；

4. 一名讲葡语的考官与一名说相应华语方言的华人交谈，由考生充当翻译。

第三十条 设有粤语和京话单项考试，分别包括二等翻译员课程和一等翻译员课程中所教授的相关方言的内容。

第三十一条 译学馆考试的记录将在本省《政府公报》刊布。

第三十二条 对于考试成绩的评定，考试委员会应采取前文第二十一条所确定的分数等级。

第三十三条 已经修读了课程并取得必要的平均成绩的相关年级的学员，以及满足下列条件的任何其他人，均可参加相应年级和课程的考试。

1. 修读了利宵中学的一般课程或任何一家公立中学教育机构的同类课程；

2. 修读了澳门中等教育机构开设的华语课程；

3. 通过了拟参加考试年级前一年级的考试。

第三十四条 完成了初级教育的任何人均可参加粤语或京话的单项考试。

第三十五条 非属相应年级学员的走读生要参与译学馆的任何考试，应向本署署长提交必需的文件。这些文件的合法性得到确认后，该署长即开具相应的录取决定（Termo de Admissão）。

独一附款 译务署署长的决定可向本省总督提起上诉。

——*Boletim Official*, Vol. XV, Nº 41, 9 de Outubro de 1915, pp. 636 - 637; Macau: Imprensa Nacional, 1915.

07. 译务署订期准人到署挂号学习一等及二等翻译布告（1915年10月14日）

Anuncio para se Recebem na Repartição Requerimemtos para a Admissão dos Aunos a Matricula nas 5 Classes do Curso de Interprete-Tradutor de 2ª. Classe，e na 3 Classes do Curso de Interprete-Tradutor 1ª. Classe，14 de Outubro de 1915

按照1915年10月9日《澳门宪报》第41期所载1915年7月22日第1786号敕令所核准的章程，自本月18日至28日，每个工作日上午9时至下午4时30分，本署受理二等翻译员课程班一至五年级和一等翻译员课程班一至三年级入学注册申请。

及至该期限届满，任何人不得进行注册，但因确凿的不可抗因素而获得本省总督特准者除外。

1914年11月30日敕令所准章程第十五条所指的学习翻译员以及符合下列条件的任何人均可注册进入二等翻译班：

1. 已修完中学全部课程或任何一间官办中学的类似课程；
2. 品行端正；
3. 身体健壮，未患任何严重或传染性疾病。

二等翻译班二、三、四、五各年级的注册，必须提供上一年级考试合格的证明。

译务署的二等翻译员和任何已经通过二等翻译班课程考试的人均可注册进入一等翻译班。

注册申请书须连同必需的证明材料一起递交译务署署长。

所有注册的学员，不论二等翻译班，还是一等翻译班，课程均于11月1日开始。教学采用1914年11月30日第1118号敕令所准章程附表Ⅰ和附表Ⅱ所指定的教材。

译务署署长若泽·维森特·若热，1915年10月14日，于澳门译务署。

——*Boletim Official*，Vol. XV，Nº. 42，16 de Outubro de 1915，p. 647.

参考文献

一、史料

Aresta, Antonio e Oliveira, Celina Veiga de (eds.), *O Senado: Fontes Documentais para a História do Leal Senado de Macau*, Macau: Leal Senado, 1998.

Boletim do Conselho Ultramarino, Legislação Novíssima, Vol. Ⅰ (1834 - 1851), Lisboa: Imprensa Nacional, 1869.

Boletim do Conselho Ultramarino, Legislação Novíssima, Vol. Ⅱ (1852 - 1856), Lisboa: Imprensa Nacional, 1869.

Boletim do Conselho Ultramarino, Legislação Novíssima, Vol. Ⅲ (1857 - 1862), Lisboa: Imprensa Nacional, 1868.

Boletim do Conselho Ultramarino, Legislação Novíssima, Vol. Ⅳ (1863), Lisboa: Imprensa Nacional, 1869.

Constituição de 1838, in *República e Laicidade*, Documentos, p. 34.

Directorio de Macao para o Anno de 1879, Macau: Imprensa Nacional, 1880.

Directoria de Macau para o Anno de 1885, Macau: Typographia Mercantil, 1885.

Fonseca, Antonio M. Ribeiro da (Compilador), *Índice Alfabetico e Cronológico de Todas as Disposições Contidas nos Boletins da Provincia de Macau desde* 1847 *a* 1887 *e Relativa à Administração da mesma Provincia*, Macau: Tip. Correio de Macaense, 1888.

Maia, José António, *Memória sobre a Franquia do Porto de Macao*, Lisboa: Typ. da Revolução de Septembro, 1849.

Provincia de Macau, Relatorio do Governo, 1911, Macau: Imprensa Nacional, 1912.

Regulamento da Escola da Língua Sínica Anexa á Repartição do Expediente Sínico da Provincia de Macau Aprovado pelo Decreto N°. 1786 de 22 *de Julho de* 1915, Macau: Imprensa Nacional, 1915.

Sampaio, Manuel de Castro, *Os Chineses em Macau*, Hong Kong:

Typographia de Noronha e Filhos, 1867.

汤开建、吴志良主编：《〈澳门宪报〉中文资料辑录（1850—1911）》，澳门：澳门基金会，2002 年。

二、外文论著

Amaral, Lia Arez Ferreira do, *O Significado do Governo de Ferreira do Amaral em Macau 1846 - 1849*, Lisboa: Agência Geral das Colónias, 1944, 2 vols.

Celina Veiga de Oliveira, "A Escola de Língua Sínica no Contexto das Relações Luso - Chinesas", in *Revista de Cultura*, Edição em Português, N.º 18, II Série, 1994.

Hespanha, António Manuel, *Panorama da História Institucional e Juridica de Macau*, Macau: Fundação Macau, 1995.

Jesus, C. A. Montalto de, *Macau Histórico*, Macau: Livros do Oriente, Primeira Edição Portuguesa da Versão Apreendida em 1926, 1990.

Ljungstedt, Anders, *An Historical Sketch of the Portuguese Settlements in China and of the Roman Catholic Church and Mission in China*, Boston: 1836; Hong Kong, Viking Kong Hong Publications, 1992.

Machado, Álvaro de Melo, *Coisas de Macau*, Fac - simile da 1.ª Edição de 1913, Macau, Editora Multimédia Lda, 1997.

Marques, A. H. de Oliveira (dir.), *História dos Portugueses no Extremo Oriente*, 3.º Volume: *Macau e Timor - Do Antigo Regime à* República, Lisboa: Fundação Oriente, 2000.

Mesquita, Pedro da, "A Santa Casa e as Lotarias no Oriente", in *Macau*, N.º 57.

Mesquita, Pedro da, "Lotarias com Todos", in *Macau*, N.º 35.

Paiva Maria Manuela Gomes, *Encontros e Desencontros da Coexistência - O Papel do Intérprete - Tradutor na Sociedade de Macau*, Macau: Livros do Oriente, 2004.

Rego, Antonio da Silva, *O Ultramar Português no Séculos XIX (1834 - 1910)*, Lisboa: Agencia - Geral do Ultramar, 1962.

Silva Beatriz Basto da, *Cronologia da História de Macau*, Vol. 3, Macau: Dircção dos Serviços de Educaço e Juventude, 1995.

Silva, Jorge Noronha e., *Subsídios para a História Constitucional de Macau (1820 - 1974)*, Macau: O Direito, 1991.

Silva, Maria Teresa Lopes da, *Transição de Macau para a Modernidade, 1841－1853: Ferreira do Amaral e a Construção da Soberania Portuguesa*, Lisboa: Fundação Oriente, 2001.

Teixeira, Padre Manuel, *Os Ouvidores em Macau*, Macau: Imprensa Nacional, 1976.

Teixeira, Padre Manuel, *A Educação em Macau*, Macau: Direcção dos Serviços de Educação e Cultura, 1982.

三、中文论著及译著

吉列尔梅·德·奥利维拉·马丁斯（G. D. O. Martins）著，黄徽现译：《葡萄牙的机构与实事》（*Portugal Instituições e Factos*），北京：中国文联出版公司，1998 年。

科斯塔著，唐晓晴译：《葡萄牙的法律史》，北京：法律出版社，2014 年。

唐晓晴等译：《葡萄牙民法典》，北京：北京大学出版社，2009 年。

陈志军译：《葡萄牙刑法典》，北京：中国人民公安大学出版社，2010 年。

吴志良：《生存之道——论澳门政治制度与政治发展》，澳门成人教育学会，1998 年。

胡根：《澳门近代博彩业史》，广州：广东人民出版社，2009 年。

张廷茂：《晚清澳门番摊赌博专营研究》，广州：暨南大学出版社，2011 年。

张廷茂：《晚清澳门海上贸易研究》，北京：社会科学文献出版社；澳门：澳门特区政府文化局，2015 年。

叶农：《澳葡殖民政府早期政治架构的形成与演变》，汤开建主编：《澳门历史研究》（第二集），澳门历史文化研究会，2003 年。

李长森：《百年摇篮，树老花香——澳门理工学院中葡翻译课程百年沧桑》，《澳门理工学院》2005 年第 3 期。

李长森：《澳葡政府华语学校早期的课程设置》，《澳门理工学报》2009 年第 2 期。

张廷茂：《晚清澳门专营制度探源》，《文化杂志》中文版第 71 期，2009 年。

李晋华：《晚清澳门娼寮章程初探》，《文化杂志》中文版第 84 期，2012 年。

邓伟立：《晚清民国时期澳门仁慈堂彩票初探》，暨南大学硕士学位论文，2014 年。

张廷茂：《澳门译务署译学馆建置考》，《文化杂志》中文版第 91 期，2014 年。

胡锦峰：《晚清澳门猪肉专营制度发展脉络探析》，《文化杂志》中文版第 97 期，2016 年。

张廷茂：《1836—1849 年澳葡政府机构建制沿革考论》，《文化杂志》中文版第 98 期，2016 年。

后　记

此次出版《澳门历史文献辑译》是我从事澳门历史文化研究的一次尝试，希望借此引起学者同行对于葡语史料翻译的重视。一般而言，作为一个严谨的史学研究工作者，应该在其所关注的研究领域从事史料搜集的基础性研究工作，做出一些具有史料学意义的贡献。就澳门历史研究而言，除了中文资料的搜集和整理外，当然还包括外语特别是葡语史料的搜集和汉译。这既是学术规范的一般性要求，也是研究者本人得以独立行走的基本学力条件。

由于大学阶段偏爱英国史，较早接触到英语历史原著，大四时开始在张天教授的帮助下阅读和翻译英语原著；在南京大学攻读硕士学位期间，受到王觉非教授的精心指导，进行了大量的阅读翻译训练，逐渐养成了边阅读边翻译的习惯；在暨南大学攻读博士学位阶段，业师陈高华先生和邱树森先生高瞻远瞩，鞭策我修读了葡语。现如今，直接利用葡语和英语史料，已经是我研究工作的常态。

回顾走过的路程，经历了辛苦，也收获了愉快。最为重要的是，直接利用英语特别是葡语史料，使我在选题的开拓和史料的占有方面具有了较大的独立性，完成了几个在西方学者中研究成果较少的课题。在多年的研究经历中我越来越认识到，历史文献的翻译具有较强的专业性，需要一定的研究基础，应该是研究与翻译相互依存、彼此促进。一方面，研究者通过直接阅读，可以更为准确地解读史料的意义，使自己的研究成果少一些错讹，从而提升研究的原创性和可靠性；另一方面，结合研究工作的开展，以史学成果的积累为基础进行阅读和翻译，可以让史料得到更加规范而准确的表述。事实上，现有成果中出现的选题陈旧、考释不精和错讹频发等现象，主要原因之一就是语言的隔膜。这种情况应该加以改变。

19 世纪的葡语拼写与现在不尽一致，为保持史料原貌，本书译文中括注的葡语词汇，一律按照原文录入，特此说明。书中译文错讹在所难免，敬请方家批评指正。

暨南同仁李云飞、张小贵、张维缜、陈广恩、秦姗等君，曾给予我无私的帮助。每当他们出国访学，我都会给他们一份长短不一的书单，请他们搜索和下载有关书籍。值此拙作付梓之际，谨表谢意！

暨南大学出版社的各位编辑人员，在审稿和校对的各个环节做了大量的统一、规范和纠错的工作，为拙作增色颇多，在此致以诚挚谢意！

张廷茂

2016 年 9 月 21 日于广州暨南大学羊城苑